高职高专“十三五”实验实训规划教材

化学实验基本技术

(第3版)

陶满庆　李　峰　主编

U0913739

河南科学技术出版社

·郑州·

内 容 提 要

本教材是一本以培养化学实验基本操作技能和综合应用能力为目标的实验教材，内容包括化学实验基本知识、化学实验基本操作技术、物质的分离和制备技术、物质的物理参数测定技术及物质化学成分的检测技术等。本教材简明扼要地阐述了化学实验方法的基本理论和应用技术，理论知识突出“必需、够用”的原则，实际内容体现了专业应用知识和职业技能的要求。实训项目体现了化工类、医学类、药学类、食品及环境监测类专业的培养目标要求，注重操作技能，突出应用性。模块下的项目式体系的构建，具有专业可选择、教师可组织、学生可操作的特点。有关计算均采用法定计量单位。

本教材可作为高职高专院校化工类、医学类、药学类、食品及环境监测类专业，无机化学、有机化学、分析化学以及基础化学、医学化学等课程的配套实验教材，也可作为独立开设的专业课程教材使用。

图书在版编目（CIP）数据

化学实验基本技术/陶满庆，李峰主编．—3版．—郑州：河南科学技术出版社，2016.9（2018.9重印）
高职高专“十三五”实验实训规划教材
ISBN 978-7-5349-8380-1

Ⅰ．①化…　Ⅱ．①陶…　②李…　Ⅲ．①化学实验-实验技术-高等职业教育-教材　Ⅳ．①O6-33

中国版本图书馆CIP数据核字（2016）第228008号

出版发行：河南科学技术出版社
地址：郑州市经五路66号　　邮编：450002
电话：（0371）65788613　65788629
网址：www.hnstp.cn
策划编辑：范广红　赵振华
责任编辑：赵振华
责任校对：柯　姣
封面设计：张　伟
责任印制：张艳芳
印　　刷：河南新华印刷集团有限公司
经　　销：全国新华书店
幅面尺寸：185 mm×260 mm　　印张：14.75　　字数：354千字
版　　次：2016年9月第3版　　2018年9月第8次印刷
定　　价：30.00元

编写人员名单

主　编　陶满庆　李　峰

副主编　王　黎　田建坤

编　者　(按姓氏笔画排序)

于春霞　王　黎　田建坤　李　峰

张丹丹　张绪元　贺东霞　殷　杰

陶满庆

前　言

《化学实验基本技术》（第 3 版）是根据高等职业教育及课程改革的需要和“十三五”规划教材的要求，结合几年来实验教学的新成果、新经验，对原第 2 版教材做了适当的调整与增补修订而成的。这次修订主要体现在以下三个方面：第一，继续保持了原书的编写思想和结构框架，使之在反映新要求、吸纳新成果的同时，教材内容能够体现高职高专教育技能型人才的培养目标的要求和课程改革的需要，突出应用性。构建模块式的实验教学体系，使“专业可选择、教师可组织、学生可操作”，有利于提高学生的职业岗位技能。第二，调整了理论与实践应用的比例，增加了实训操作项目，让理论更好地为实践服务。第三，完善了仪器分析检验部分的内容，增加了分光光度法、色谱法内容与实训项目。

本教材根据高职高专教育的特点，把化学实验基本知识、基本操作与技能训练放在重要的位置。采用模块式的编排体系可满足不同专业、不同学时的要求。模块一介绍了化学实验基本知识，使学生明确实验课的要求、化学实验室的安全和环保常识，熟悉实验常用仪器及器材、实验用水和化学试剂的一般知识，要求学生以自学为主。模块二介绍了化学实验基本操作技术，这些基本操作技能是化学实验的基本功，是无论将来从事何种与化学实验相关的工作都需要掌握的基本操作技能。模块三介绍的是物质的分离和制备技术，列有多种分离和制备方法，并对常用的实验装置从装置特点、操作要点及应用等方面进行阐述，可以大大拓宽读者的思路，启迪创新思想。这对提高学生的两项化学基本能力具有重要意义，是本教材的重点。模块四介绍了物质的物理参数测定技术，以提高学生使用专用、成套实验仪器设备的能力为主，安排了 6 个典型的实训。模块五介绍的是物质化学成分及含量的检测技术，包含了化学分析与仪器分析的主要内容，共安排有 23 个实训，是本次修订的重点。这些实训对不同专业要求不同，可根据实际需要灵活选择。

本教材采用国家标准（GB）规定的术语、符号与法定计量单位。一些物理常数的测定，均采用国家标准规定的实验方法。为了便于掌握实验内容，有效提高技能，每一项目及每个实训前都列出了相应的知识目标和能力目标。

本教材由信阳职业技术学院陶满庆、李峰任主编，王黎、田建坤任副主编，参加编写修订的还有信阳职业技术学院于春霞、殷杰、张丹丹和海南科技职业学院张绪元及南阳医学高等专科学校贺东霞等。各位编者的具体编写内容如下：李峰编写模块一及附录，张绪元和贺东霞编写模块二，陶满庆和于春霞编写模块三，殷杰和张丹丹编写模块四，王黎和田建坤编写模块五，全书由陶满庆、李峰统稿。

本教材在编写过程中得到了信阳职业技术学院教务处领导和医学化学教学部全体教师以及河南科学技术出版社的大力支持与帮助，在此表示衷心的感谢。教材内容汲取了其他优秀教材的精华，我们对本教材所引用文献资料的原作者深表谢意。

由于编者的学识及能力所限，在内容选择、结构安排上可能有缺点和错误，诚恳希望各位专家、同行和读者批评指正。

编　者

2016 年 3 月

目　录

模块一　化学实验基本知识

化学是一门以实验为基础的自然科学，化学实验技术是一种实践性很强的技能。为有效提高实验技术与能力，学生必须明确实验课的任务要求、实验室规则和安全守则，了解实验常用仪器及器材性能、用途及使用方法，知道化学试剂的使用要求等。

项目 1　化学实验课的要求

知识目标

1. 了解化学实验的意义、目的、内容及要求。
2. 了解进入化学实验室必须遵守的规则。
3. 了解实验室 5S 管理的含义和目的。

能力目标

培养良好的实验习惯及作风。

一、实验课程的任务和目的

化学实验技术是化学课程不可缺少的一个分支，它与化学理论课紧密配合并具有独立性，甚至可以作为一门独立的学科。其主要任务是通过化学实验，训练学生的基本操作技能，提高学生的动手能力，培养学生理论联系实际、实事求是的科学态度和良好的实验习惯，为后续课程的学习及将来从事医学检验、食品及药品检验、环境监测、化工产品检验等工作奠定基础。学习化学实验基本技术是培养学生成为高素质专门人才所必需的化学实验知识和操作技能的有效途径，要求学生在学习过程中应有明确的学习目标，提高对实验的兴趣，养成良好的习惯，树立做好实验的信心。

二、实验技术分类

根据目的、方法和要求不同，化学实验基本技术可分为以下四类。

(1) 化学实验基本操作技术　主要包括玻璃仪器的洗涤和干燥、加热，以及化学品的干燥、溶解与搅拌、蒸发与结晶，沉淀的过滤与洗涤等基本技能。

（2）物质的物理参数测定技术　主要包括物质的沸点、熔点、折射率、旋光度、黏度等基本参数测定技术。

（3）物质的分离和制备技术　主要包括蒸馏（精馏）、萃取、蒸发、结晶等物质分离技术及一些典型的无机物和有机物的制备与提取技术。

（4）物质的化学成分检测技术　主要包括物质的成分及含量的定性检测技术以及滴定法、重量法、光谱法、色谱法等定量分析操作技术。

三、实验的一般进程

化学实验是一个过程，在进行技能训练时，除了要掌握要领、规范操作、勤于思考外，实验一般还应按如下进程进行。

（1）预习　实验前应根据教材认真预习，掌握实验原理、仪器安装和使用方法、药品使用和安全注意事项，了解实验中可能出现的现象等内容，写出预习报告。预习报告应简明、扼要，可操作性强，预留出记录实验现象、数据的空位。

（2）听讲　认真听指导教师对本实验的讲解和要求，根据讲解核对预习报告，将缺、漏部分和更改内容及时在预习报告中予以补充或修正。

（3）进行实验　根据教师讲解和实验教材，按实验或实训的要求进行规范操作，并仔细观察实验现象。

（4）填写实验记录　实验过程中及时在预习报告的预留位置上详细、准确、如实地记录实验中出现的现象、数据，注明日期和时间。

（5）完成实验报告　根据预习报告中的原始记录和要求，认真进行思考，建立过程、现象、数据及结果之间的联系，按实验类型采用相应的实验报告格式，写出书面报告。

四、化学实验室规则

实验前应做好一切准备工作，如复习教材中有关的章节、预习实验指导书等，做到心中有数，防止实验时“照方抓药”、边看边做，以提高实验效果。

为了保证实验的正常进行和培养良好的习惯，进入实验室必须遵守下列规则。

1）进入实验室时，应熟悉实验室及其周围的环境，严格遵守实验室安全守则和每个具体实验操作中的安全注意事项。

2）实验开始前应检查实验仪器、试剂是否齐全，如有缺损应报告教师并补齐。贵重公用仪器（如分析天平）使用前要查看该仪器使用记录，认真检查仪器，如发现部件短缺或性能不正常，应停止使用，并及时报告教师。仪器正常状态下，严格按照操作规则进行，要谨慎细致，并填写仪器使用记录。

3）在实验室内不要高声谈话，实验时要集中精力、认真操作、细致观察、积极思考，不得擅自离开操作实验台。要如实认真地做好实验记录，不准用散页纸记录，以免散失。

4）遵从教师的指导，严格按照实验指导书所规定的步骤、试剂的规格和用量进行实验。学生若有新的见解或建议而需要改变实验步骤和试剂规格及用量时，一般须征求教师同意。

5）实验台面和地面要保持整洁，暂时不用的器材，不要放在台面上，以免碰倒损坏。污水、污物、残渣、火柴梗、废纸、玻璃和碎屑等，应分别放在指定的地方，不要乱抛乱丢，更不得丢入水槽；废酸和废碱应倒入指定的容器中，不得倒入水槽内，以免堵塞或损坏下水道。

6）化学试剂使用完毕，应放回原处。要节约水、电、煤气及消耗性药品，严格控制药品的用量。

7）要爱护公物，公共器材用完后，须整理好并放回原处。实验室中的药品或器具不得随意带出室外。

8）值日生应负责整理公用器材，打扫实验室，倒净废物缸，检查水阀、电闸是否关闭，门窗是否关好后，方可离开实验室。

项目 2　化学实验室的安全和环保常识

知识目标

1. 掌握实验室用电、气及灭火知识。
2. 掌握易燃易爆、强腐蚀性和有毒化学品的使用方法和注意事项。
3. 掌握实验室废弃物的处理及事故的预防、处理和急救知识。

能力目标

1. 能正确使用实验设备、试剂。
2. 可以及时准确处理在实验室发生的事故。

保护实验人员的安全和健康，保障设备财产的完好，防止环境的污染，是实验管理工作的重要内容，也是对实验人员的基本要求。为了实验和训练顺利进行，实验人员都必须熟悉实验室中水、电、气的正确使用方法，了解各种仪器设备的性能及化学药品的性质，懂得一些环境保护知识，对废气、废液和废料要进行适当处理，以确保环境不受污染。

一、化学实验室的安全守则

1）严禁在实验室内吸烟、吃食物和存放饮食用具。

2）绝对不允许随意混合各种化学药品，以免发生意外事故。

3）切勿直接俯视容器中的化学反应或正在加热的液体。

4）熟悉安全用具如灭火器材和急救药箱的放置地点和使用方法，并妥善保管。安全用具和急救药品，不准移作他用。

5）不能用湿手、物接触电源；水、电、气、高压气瓶等一经使用完毕应立即关闭；点燃的火柴梗用后要立即熄灭；纸屑等废弃物品不许乱扔，必须放到指定的地方。

6）高压气瓶、电气设备、精密仪器等使用前必须熟悉使用说明和要求，严格按要求使用。

7）当进行有可能发生危险的实验时，要根据实验情况采取必要的安全措施，如戴防护眼镜、面罩或穿防护衣服等。

8）对易燃、易爆物质必须根据需要领取，严格按操作规程操作，使用时要远离火源；用后应将瓶塞盖紧，放在阴凉处保存。

9）凡涉及有毒、有刺激性气体的操作，一定要在通风橱中进行；取用剧毒物质时，必须有严格审批手续，按量领取；剩余废液或反应产物都必须统一回收，统一处理，绝不允许倒入下水道。

10）浓酸和浓碱具有腐蚀性，使用时应注意不溅及人身；配制酸溶液时，应将浓酸慢慢注入水中，而不得将水注入浓酸中。

11）自瓶中取用试剂后，应立即盖好试剂瓶盖。绝不可将取出的试剂或试液再倒回原试剂或试液储存瓶中。妥善处理无用的或被沾污的试剂，废酸、废碱及固体弃于废物缸内，一般水溶性液体用大量水冲入下水道。

12）接触过化学药品的手，不得接触身体的其他部位或衣物。如受化学药品灼伤，应立即用大量水冲洗皮肤，同时脱去被污染的衣物；眼睛受化学药品灼伤或有异物入眼，应立即将眼睛睁开，用大量水冲洗，至少持续冲洗 15 min；如烫伤，可在烫伤处抹上黄色的苦味酸溶液或烫伤软膏，严重者应立即送医院治疗。

13）实验进行时，不准随便离开岗位，要时刻注意反应进行的情况和装置有无漏气、破裂等现象。加热试管时，管口不要指向自己或他人；倾注试剂，开启浓氨水、浓酸等试剂瓶或进行加热操作时，不要俯视容器口，以防液体溅出或气体冲出伤人。

14）实验结束后，必须用肥皂等认真、仔细地洗手。

二、易燃易爆、强腐蚀性和有毒化学品的使用

1. 易燃易爆化学品的使用

易燃易爆化学品使用时注意的重点就是防止燃烧和爆炸。防止燃烧和爆炸的关键是识别易燃易爆化学品，并控制环境温度及其气体在空气中的浓度。

固体的燃烧危险度一般以燃点高低来区分。一级易燃固体有红磷、硝化纤维素、二硝基化合物等；二级易燃固体有硫黄、镁粉、萘、樟脑等。可燃性物质在没有明火作用的情况下就能发生燃烧的现象叫自燃，发生自燃的最低温度叫自燃温度，如黄（白）磷的自燃温度为 34～35 ℃，乙醚的自燃温度为 170 ℃等。如果液体、固体在低温下能自燃，危险性更大。

易燃易爆化学品使用注意事项：

1）实验室内不能大量存放易燃易爆物，药品库中如需少量存放易燃易爆物，要密闭存放在阴凉背光和通风处，并远离火源、电源及暖气等。

2）实验室使用易燃易爆物时，实验必须在远离火源的地方或通风橱中进行。对易燃液体加热不能直接用明火，必须用水浴、油浴或可调节电压的加热器。

3）蒸馏、回流可燃液体，须防止局部过热产生暴沸冲出而着火。

4）用过和用剩的易燃品不得倒入下水道，必须想法回收。含有有机溶剂的废液、废渣等都不能丢入废物篓中，应将它们埋入地下或经过燃烧除去。

5）金属钾、钠、钙等遇水易起火爆炸，故须保存在煤油或液体石蜡中。黄磷保存在盛有水的玻璃瓶中，银氨溶液久置后会产生爆炸物质，故不能长期存放。

6）强氧化剂和过氧化物与有机物接触，极易引起爆炸起火。混合爆炸的危险一般发生在强氧化剂和还原剂间，所以严禁将它们随意混合或放在一起。

2. 强腐蚀性药品的使用

高浓度的硫酸、盐酸、硝酸、强碱、苯酚、三氯化磷、氟化氢、浓有机酸等都有极强的腐蚀性，溅到皮肤上会造成严重伤害，它们对一些金属材料也会产生破坏作用。使用时应注意以下几点：

1）接触或使用强腐蚀性药品时，须戴防护眼镜和防护手套。

2）使用前熟悉药品性质，操作和使用时严格按要求进行。如配制氢氧化钠溶液，碱溶于水时大量放热，溶解必须在烧杯中进行，绝不能在小口瓶或量筒中进行，以防止容器受热破裂造成事故。稀释硫酸时应将浓硫酸注入水中，必须缓慢且充分搅拌。

3）强腐蚀性药品溅到桌面或地上，可用沙土吸收，清除后用大量水冲洗。切不可直接用纸、抹布清除。

3. 有毒化学品的使用

（1）有毒化学品的分级　化学品毒性分级，是根据毒物的半致死剂量（LD_{50}）或半致死浓度（LC_{50}）、急性与慢性中毒的状况与后果、致癌性、工作场所最高允许浓度等指标全面权衡的，一般将常见的56种毒物的危害程度分为四级。表1-1列出了毒物危害程度的分级依据。表1-2列出了具体毒物危害程度的级别，实验工作者必须了解。

表1-1　毒物危害程度的分级依据

指　标	分　级			
	Ⅰ 极度危害	Ⅱ 高度危害	Ⅲ 中度危害	Ⅳ 轻度危害
急性中毒				
吸入 $LC_{50}/(mg \cdot m^{-3})$	<200	200～<2 000	2 000～<20 000	>20 000
经皮 $LD_{50}/(mg \cdot kg^{-1})$	<100	100～<500	500～<2 500	>2 500
经口 $LD_{50}/(mg \cdot kg^{-1})$	<25	25～<500	500～	
急性中毒状况	易发生中毒，后果严重	可发生中毒，预后良好	偶发中毒	未见中毒，但有影响
慢性中毒状况	患病率高（≥5%）	患病率较高（<5%）或症状发生率高（≥20%）	偶发中毒或症状发生率较高（≥10%）	未见中毒，但有影响
中毒后果	脱离接触后继续进展或不能治愈	脱离接触后可基本治愈	脱离接触后，可恢复，无严重后果	脱离接触后能自行恢复，无不良后果
致癌性	人体致癌物	可能使人体致癌	实验动物致癌	无致癌性
最高允许浓度/$(mg \cdot m^{-3})$	<0.1	0.1～<1.0	1.0～<10.0	>10.0

表 1-2　毒物危害程度的级别

级　别	毒物名称
Ⅰ级（极度危害）	汞及其化合物、苯、砷及其无机化合物（非致癌的除外）、氯乙烯（单体）、铬酸盐及重铬酸盐、黄磷、铍及其化合物、对硫磷、羰基镍、八氟异丁烯、氯甲醚、锰及其无机化合物、氰化物
Ⅱ级（高度危害）	三硝基甲苯、铅及其化合物、二硫化碳、氯、丙烯腈、四氯化碳、硫化氢、甲醛、苯胺、氟化氢、五氯酚及其钠盐、镉及其化合物、敌百虫、氯丙烯、钒及其化合物、溴甲烷、硫酸二甲酯、金属镍、甲苯二异氰酸酯、环氧氯丙烷、砷化氢、敌敌畏、光气、氯丁二烯、一氧化碳、硝基苯
Ⅲ级（中度危害）	苯乙烯、甲醇、硝酸、硫酸、盐酸、甲苯、二甲苯、三氯乙烯、二甲基甲酰胺、六氟丙烯、苯酚、氮氧化物
Ⅳ级（轻度危害）	溶剂汽油、丙酮、氢氧化钠、四氟乙烯、氨

（2）使用有毒化学品基本要求

1）剧毒药品应指定专人收发保管，使用时有人监督。

2）取用剧毒药品必须完善个人防护，如穿防护服，戴防护眼镜、防护手套、防毒面具或防毒罩，穿长筒胶鞋等。严防毒物从口、呼吸道、皮肤，特别是伤口侵入人体。

3）制取、使用有毒气体必须在通风橱中进行。多余的有毒气体应先化学吸收后再排空。

4）有毒的废液残渣不得乱丢乱放，必须进行妥善处理。

5）装置尽可能密闭，防止实验中冲、溢、跑、冒等事故，绝对不能随意进行危险操作。尽量使用最小剂量完成实验。毒物量较大时，应按照要求采取各种安全防护措施。

三、实验室废弃物的处理

实验室需要排放一定量的废气、废水、废渣，即“三废”。为了保证实验人员的健康，防止环境的污染，实验室“三废”的排放应遵守我国环境保护的有关规定。

1. 废气的处理

实验室的废气处理应满足两点要求：一是使实验环境中的有害气体不得超过规定的最高允许浓度；二是排出气体不得超过居民大气中有害物最高允许浓度。因此，实验室必须安装有符合要求的通风排毒装置。

实验排出的少量有害气体，可允许直接放空，根据安全要求放空管不应低于附近房顶 3 m，放空后才能被空气稀释。废气量较多或毒性大的废气，一般应通过化学处理后再放空。例如，NO_2、SO_2、Cl_2、H_2S、HF 等废气应先用碱溶液吸收；NH_3 用酸吸收；CO 可先点燃转变成 CO_2 等。

2. 废液和废渣处理

对环境有污染的废液、废渣不能直接倒入垃圾堆，必须先经过处理使其成为无害物。例如，氰化物可用 $Na_2S_2O_3$ 溶液处理使其生成毒性较低的硫氰酸盐，也可用

$FeSO_4$、$KMnO_4$、NaClO 代替 $Na_2S_2O_3$；含硫、磷的有机剧毒农药可先用 CaO，再用碱液处理使其迅速分解，并失去毒性；酸碱废弃物先中和为中性后再排放；汞可用硫黄处理生成无毒的 HgS；铬酸洗液若变绿，先浓缩，冷却后可加 $KMnO_4$ 氧化再生；少量废铬液可用废铁屑或 $FeSO_4$ 还原残留 Cr^{6+} 成 Cr^{3+}，再加入碱或石灰使其生成 $Cr(OH)_3$ 沉淀，然后埋入地下。含汞盐或其他重金属离子的废液加 Na_2S 使其生成难溶的氢氧化物、硫化物、氧化物等，然后深埋入地下。

四、常见事故的处理和急救

1. 火灾

化学实验室如发生失火事故，室内全体人员应积极而有秩序地参加灭火。一般采用如下措施。

1）使燃着的物质与空气隔绝。小器皿内（如烧杯或烧瓶内）物质着火可盖上石棉板使之隔绝空气而熄灭，若火势小，也可用数层抹布把着火的仪器包裹起来的办法灭火，但绝对不能用口吹。

2）防止火势扩展。在失火初期，可以使用灭火器、沙、毛毡等灭火，同时还应立即熄灭其他火源，关闭室内总电闸，移开易燃物质等。实验室通常不能用水直接灭火，否则，可能会引起更大火灾。

注意：

A. 油类着火，要用沙或灭火器（一般用 ABC 干粉灭火器）灭火，也可采取在燃烧物上撒干燥的固体碳酸钠或碳酸氢钠粉末的办法灭火。

B. 电器着火，必须先切断电源，然后才用二氧化碳灭火器或四氯化碳灭火器灭火。绝不能用水和泡沫灭火器灭火，否则因为水能导电，会使人触电甚至死亡。

2. 玻璃割伤

玻璃割伤是常见的事故，受伤后要仔细观察伤口有没有玻璃碎粒，若伤势不重，让血流片刻，再用消毒棉花和硼酸水（或双氧水）洗净伤口，搽上碘酒后包扎好；若伤口深，流血不止时，可在伤口上部 10 cm 处用纱布扎紧，减慢流血及有助凝血，并随即到医务室就诊。

3. 药品的灼伤

灼伤后应根据灼伤的部位及化学物质的种类采取不同急救措施。

（1）酸灼伤　皮肤灼伤立即用大量水冲洗，然后用 5%碳酸氢钠溶液洗涤，再涂上油膏，并将伤口包扎好；眼睛灼伤立即用水冲洗溅在眼睛外面的酸，用洗眼杯或将橡皮管套上水龙头用清水慢慢对准眼睛冲洗，再用稀碳酸氢钠溶液洗涤，最后滴入少许蓖麻油；衣服灼损先用水冲洗，再用稀氨水洗，最后用水冲洗。

（2）碱灼伤　皮肤灼伤后立即先用水冲洗，然后用饱和硼酸溶液或 1%醋酸溶液洗涤，再涂上油膏，并包扎好；眼睛灼伤后立即用水冲洗溅在眼睛外面的碱，用洗眼杯或将橡皮管套上水龙头用慢水对准眼睛冲洗，再用饱和硼酸溶液洗涤后，滴入蓖麻油；衣服灼损先用水冲洗，然后用 10%醋酸溶液洗涤，再用氨水中和多余的醋酸，最后用水冲洗。

上述各种急救法，仅为暂时减轻疼痛的措施。若伤势较重，在急救之后，应速送医院诊治。

五、实验室管理

科学技术进步决定了社会生产力水平。但是，仅有先进的科学技术，没有先进的管理水平，先进的科学技术就无法得到推广、有效运用和充分发挥，甚至还会阻碍社会生产力的提高。因此，先进的科学技术和先进的管理科学是推动现代社会发展的“两个车轮”，缺一不可。随着未来社会共同劳动的规模日益扩大，劳动分工协作更加精细，社会化大生产日趋复杂，管理就更加重要。

（一）5S 管理

1. 5S 的含义、定义与目的

5S 五个项目，简称为 5S。5S 的含义、定义与目的如表 1-3 所示。

表 1-3　5S 的含义、定义与目的

项目	含义	定义	目的
1S	整理（SEIRI）	区分要与不要的东西，除保留要用的东西以外，其他一切都不放置	将“空间”腾出来活用
2S	整顿（SEITON）	要用的东西依规定定位、定方法摆放整齐，明确数量，明确标示，即实现“三定”：定名、定量、定位	不因找东西而浪费“时间”
3S	清扫（SEISO）	清除场内的脏污，并防止污染的发生	消除“脏污”，保持职场干净、明亮
4S	清洁（SEIKETSU）	将上面 3S 实施的做法制度化、规范化，维持整理、整顿、清扫后的局面，使整个场所整洁卫生	通过“制度化”来维持成果
5S	素养（SHITSUKE）	通过上面 4S，每个人都能自觉遵守各项规章制度，养成良好的工作习惯，培养文明素质	提升“人的品质”，成为对任何工作都讲究认真的人

2. 5S 的效用

5S 的五大效用可归纳为 5 个 S，即：Sales、Saving、Safety、Standardization、Satisfaction。

（1）5S 是最佳推销员（Sales）　因干净、整洁、明朗的环境和良好的工作秩序而被顾客称赞，顾客对企业有信心，乐于合作，口碑相传，提升了企业声誉，既有利于业绩的提高，也会吸引更多的人才来此求职。

（2）5S 是节约家（Saving）　能减少浪费，降低工时，提高效率。

（3）5S 对安全有保障（Safety）　宽广明亮、视野开阔的职场，工作状态一目了

然，危险易被发现而能够及时处理，以有效避免杂乱情形对顺畅工作的影响。

（4）5S 是标准化的推动者（Standardization）　规范现场作业，员工们都按照规定执行任务，业务水平提高，程序稳定，带来品质稳定。

（5）5S 形成令人满意的职场（Satisfaction）　明亮清洁的工作场所、良好的工作秩序是员工共同努力的结果，员工的责任感、成就感、认同感的增强催生了良好的人际关系和工作氛围。

3. 5S 与环境安全的目标

1）提高产品质量。

2）提高工作效率。

3）提高人员素质。

4）提高业务水平。

5）提高安全性。

（二）案例

某企业实验室 5S 管理工作。

案例 1　化学实验实训室的 5S 管理规定

1）保持清洁、整洁、明亮的工作、实验环境。

2）所有实验场地、地面、实验台、讲桌、门窗、玻璃、内墙、药品架、仪器、药品瓶等必须干净、无灰尘、无水迹、无污物，通道保持畅通，地面无杂物。

3）实验仪器整齐、有序放置于实验台或实验柜中，并在实验柜上做好标志（标签），学习文具统一摆放，个人用具应整齐集中放置。

4）公用试剂、仪器，统一发放或在规定区域使用，未经批准不得拿到自己的操作台上。

5）操作台存放的仪器、药品必须为正在使用的物品；操作台划分出专用区，专人专用，并摆放相对应的专用仪器、药品；废液有专用容器盛放，每次（天）清理干净。

6）药品存放、领取按药品管理规定严格执行，易燃、易爆、危险品定位存放，专人负责保管、使用，用毕及时回收。

7）仪器使用按仪器管理规定和操作规程严格执行。

8）上实验课时着装整洁，精神饱满，遵纪守法，互助互学，工作认真负责，操作中严格按照实验指导书规定的程序操作，数据真实准确。

9）禁止在实验室内喧哗、打闹、吃零食、吸烟等，上课时不能做无关的事，严禁串岗。

10）上课提前 10 min 到达工作岗位，做好相关的准备工作，下课前 10 min 做好相应的 5S 工作。

11）实验室内各操作台面、试剂架每堂课都须清理，保持整洁。地面清洁每天由值日生专人负责。

12）做好安全、防火、防盗、防毒工作，下课、下班时关好水、电、门窗、设备。

13）每星期五下午做全面的 5S 工作。

案例 2 实验室 5S 检查表

区域负责人：__________ 检查日期：__________ 检查人：__________

序号	项目	检查内容	得分	存在问题	整改期限
1	整理	实验台上没有与实验工作不相关的物品，清洗槽旁的清洗用品除外			
2	整洁	工作区域保持干净整洁，无垃圾、杂物、灰尘			
3	仪器	清洗仪器，分类存放并做好标记（已清洗、未清洗）			
4	用品	抹布、手套等可循环使用的需按新、旧分开存放于柜内，废旧不能使用的要及时扔掉处理			
5	实验用品存放区	清洗剂等实验用品整齐分类放置，不随意放置在实验室其他地方			
6	实验台	每个抽屉和柜子做标签并按标签名称分类存放物品			
7	实验工具	按标签整齐摆放在实验台，定期维护保养			
8	化学品柜	化学品分类整齐地放进柜子，及时更新存放表，用完的化学品须及时盖好，确保安全和在有效期内			
9	实验室	没有可疑物品（未标记物品、半成品等）			
10	实验室	制定实验室温、湿度规定，每周记录两次			
11	看板	清洗记录和实验记录准确、及时登记在看板上			
12	标签	实验室内的设备、仪器、用具等均有中英文名称标签			
13	抽风橱	台面实验用品使用后及时清理归位，下课或下班需把抽风橱关掉			
14	地面	地面保持无垃圾、无积水，通道畅通无阻			
15	清洗剂存放区	清洗剂摆放整齐、规范，贴标签，保持表面清洁			
16	手推车	用完须归位，归位后推车上不能有杂物			
17	废水收集区	废水收集桶有标签并设定最高容量标记，废水不能超过最高线			
18	废水收集区	区域内无不相关物品			
		总分			
		评级			

备注：每个项目按标准完成可得 3 分，不符合要求不计分，总分 54 分。48 分及以上为优，42~47 分为良，33~41 分为中，32 分及以下为差。

【思考题】

1. 如不慎将酒精灯中的酒精洒出着火，应怎样扑灭？
2. 做钠和水反应实验时，从煤油中取出的钠块溅水起火燃烧，怎样处理？
3. 有人将铬酸洗液碰倒洒出，应如何妥善处理？
4. 5S 的含义及目的是什么？

项目 3　化学实验常用仪器及器材

知识目标

1. 了解化学实验常用玻璃仪器和器材。
2. 掌握各种常用仪器的用途和使用注意事项。

能力目标

能正确识别并合理地选择和使用化学实验常用玻璃仪器及器材。

化学实验常用仪器、设备种类很多。本项目只介绍常用的玻璃仪器及器材。对于成台成套的仪器、设备将在相应实验或实训使用时单独说明。

一、常用玻璃仪器及器材

（一）普通玻璃仪器及使用

玻璃仪器是化学实验中使用最多的仪器，实验中要首先熟悉常用仪器的种类、规格、性能及使用要求等。

1. 烧杯（图 1–1）

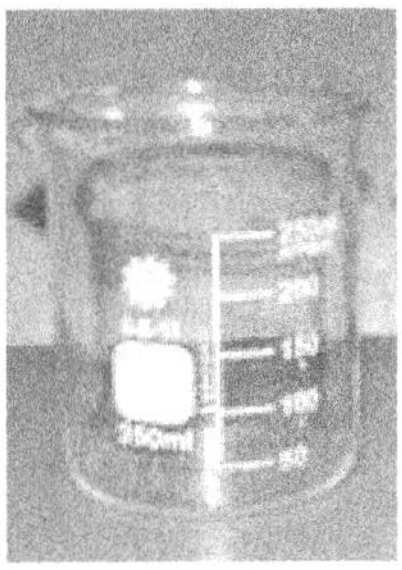

图 1–1　烧杯

规格（容量/mL）：5，10，25，50，100，150，200，250，300，400，600，1 000，2 000，5 000 等。

主要用途：溶解固体、配制溶液以及溶液的稀释、浓缩；可做简易水浴；也可用作较大量的物质间的反应器。

使用注意事项：

1）加热时应在热源（如酒精灯）与杯底之间加隔石棉网，或使用其他热浴（如沙浴、水浴或油浴等），使其受热均匀，加热时勿使温度变化过于剧烈。不可烧干。

2）加热时其中的液体不超过总容积的 2/3。

2. 量筒（图 1–2）

规格（容量/mL）：5，10，25，50，100，250，500，1 000，2 000 等。

主要用途：粗略地量取一定体积的液体，但不适合作为定量分析时的量取器具。

使用注意事项：

1）不能加热，也不能量取热的液体。

2）不能做反应容器，也不能用作混合液体或稀释用的容器。

3）必须选用合适规格的量筒，不要用大量筒量取小体积，也不要用小量筒多次量取大体积的溶液。

4）量度亲水溶液的浸润液体时，视线与液面水平，读取与弯月面最低点相切的刻度。

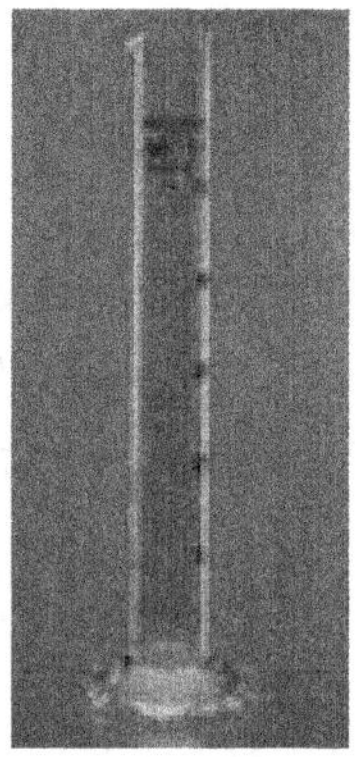

图 1-2　量筒

3. 移液管（图 1-3）

规格（容量/mL）：0.1，0.2，0.5，1，2，5，10，20，25，50，100 等。

有分刻度线直管形（图 1-3，b 称吸量管，也称分度吸管）和单刻度线大肚形（图 1-3，a 称大肚移液管）两种；还分为完全流出式和不完全流出式，此外还有自动移液管。

主要用途：准确移取一定体积的液体或溶液。

使用注意事项：

1）用后立即洗净。

2）具有准确刻度线的量器不能放在烘箱中烘干，更不能用火加热烘干。

3）移液管与容量瓶配合使用，因此使用前常进行两者的相对体积的校正。

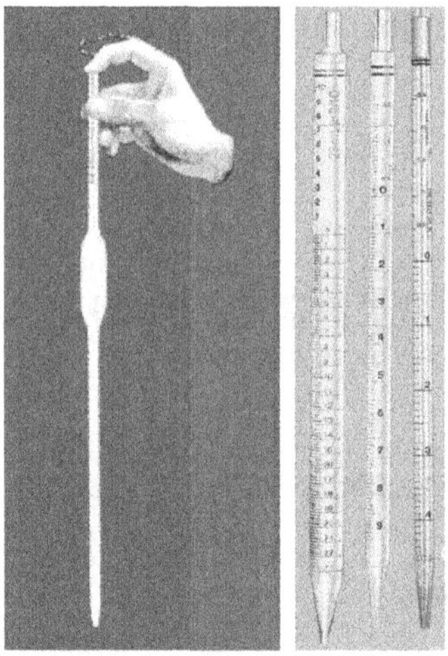

a　　b

图 1-3　移液管

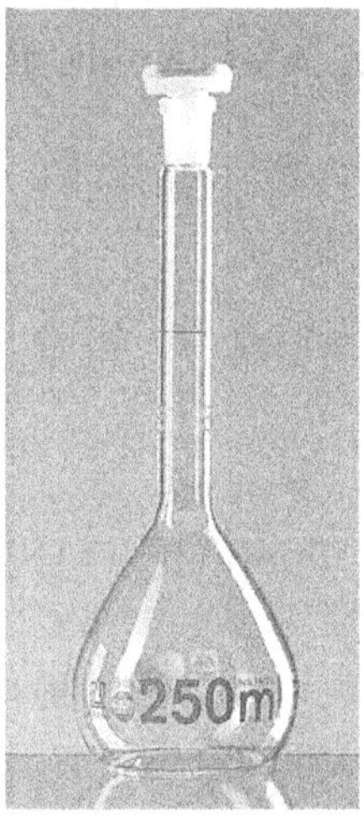

图 1-4　容量瓶

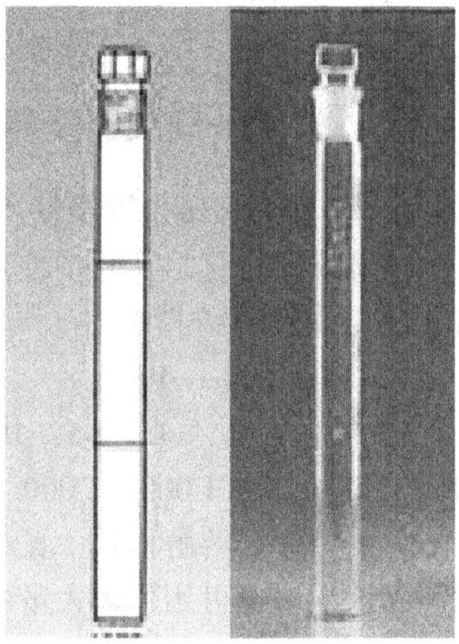

图 1-5　比色管

4. 容量瓶（图 1-4）

规格（容量/mL）：10，20，25，50，100，200，250，500，1 000 等。有无色、棕色，量入式等。

主要用途：量取准确的定量液体，用于配制准确体积的标准溶液或被测溶液。

使用注意事项：

1）磨口塞与瓶配套，不能互换。

2）不能长期储存溶液，不能在其中溶解固体。

3）其他注意事项同移液管。

5. 比色管（图 1–5）

规格（容量/mL）：10，25，50，100 等。

主要用途：比色分析。

使用注意事项：

1）比色时必须选用质量、口径、厚薄、形状完全相同的一套比色管。

2）不能用毛刷擦洗，不能加热。

3）比色时最好把比色管放在白色背景的平面上。

6. 称量瓶（图 1–6）

规格（容量/mL）：10，15，20，30，50 等。分扁型和高型两种。

主要用途：用来准确称量一定量的物品，而且这些物品是容易受到氧化，易挥发或有腐蚀性的固体或液体。扁型用于测定水分或在烘箱中烘干基准物；高型用于称量基准物、样品。

使用注意事项：

1）称量时不可直接用手拿取，应戴手套或垫洁净纸条拿取。

2）盖子是磨口配套的，不能互换。

3）使用前应洗净烘干，存放在干燥器内备用。不用时洗净，并在磨口处垫上纸条。

7. 滴瓶和滴管（图 1–7）

规格（容量/mL）：30，60，125 等。有无色、棕色两种，滴管上配有橡皮胶帽。

主要用途：滴瓶用于盛装滴加的试剂。滴管常用于吸取或滴加少量（数滴或 1～2 mL）试剂溶液，或吸取沉淀的上层清液以分离沉淀。

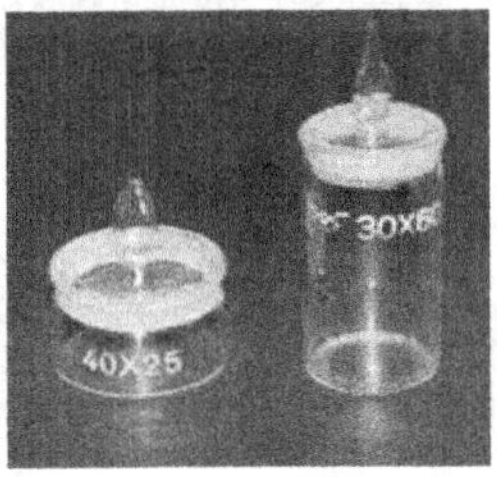

图 1–6　称量瓶

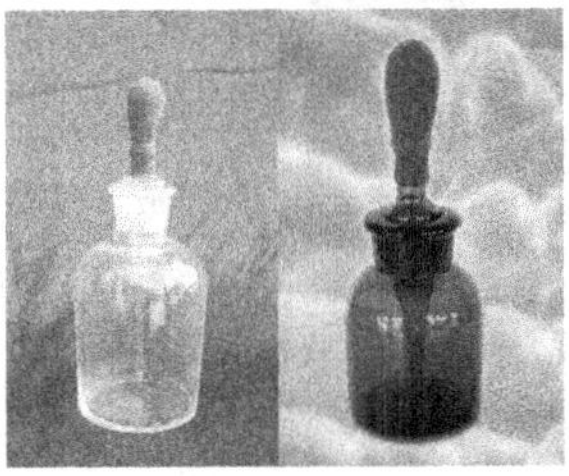

图 1–7　滴瓶和滴管

图 1–8　试剂瓶

使用注意事项：

1）管口向下，滴管不能吸得太满，也不能倒置，保证液体不进入胶帽。

2）滴管专用，除吸取和滴加滴瓶内试剂外，不可接触其他器物，不得弄乱、弄脏。

3）滴管要保持垂直，不能使管端接触接收容器内壁，更不能插入其他试剂瓶中。

8. 试剂瓶（图 1–8）

规格（容量/mL）：30，50，100，250，500，1 000，2 000 等。有广口、细口、磨口、非磨口及无色、棕色等种类。

主要用途：广口瓶盛放固体试剂，细口瓶盛放液体试剂；棕色瓶用于盛放见光易分解和不太稳定的试剂。

使用注意事项：

1）不能加热。

2）盛碱溶液时要用胶皮塞。

3）使用中不要弄乱、弄脏塞子。

4）试剂瓶上必须保持标签完好，液体试剂瓶倾倒时标签要对着手心。

9. 锥形瓶（图 1–9）

规格（容量/mL）：5，10，50，100，200，250，500，1 000 等。有具塞、无塞等种类。

主要用途：用作反应容器，可避免液体大量蒸发，用于滴定的容器，方便振荡。

使用注意事项：

1）滴定时所盛溶液不超过容积的 1/3。

2）其他同烧杯。

10. 碘量瓶（图 1–10）

规格（容量/mL）：50，100，250，500，1 000 等。具有配套的磨口塞，且有一水封槽。

主要用途：与锥形瓶相同，可用于防止液体挥发和固体升华的实验。

使用注意事项：

1）防止内容物挥发，瓶口可用水封。

2）其他同锥形瓶。

图 1–9　锥形瓶

图 1–10　碘量瓶

图 1–11　布氏漏斗和抽滤瓶

11. 布氏漏斗和抽滤瓶（图 1–11）

规格（抽滤瓶容量/mL）：250，500，1 000，2 000 等。布氏漏斗有瓷制品和玻璃制品。

主要用途：连接到水冲泵或真空系统中进行晶体或沉淀的减压过滤（如果处理量少，抽力要求较小时可以用吸滤管代替抽滤瓶）。

使用注意事项：

1）不能直接用火加热。

2）漏斗、橡皮塞和抽滤瓶大小要配套，滤纸直径要略小于漏斗内径。

3）过滤前，先抽气；结束时，先断开抽气管与抽滤瓶连接处再停止抽气，以防止液体倒吸。

12. 烧瓶（图 1-12）

规格（容量/mL）：50，100，250，500，1 000 等。有圆底、平底或带支管、多口等种类。

图 1-12　圆底烧瓶、蒸馏烧瓶、三口烧瓶

主要用途：用作反应物较多且需较长时间加热的、有液体参加反应的容器；发生蒸气或作为气体发生器；用作蒸馏液体的容器。

使用注意事项：

1）圆底烧瓶可以加热，平底烧瓶不宜加热。

2）加热时应放在石棉网上，使之均匀受热。

3）注入的液体不超过其容积的 2/3。

4）蒸馏或分馏要与胶塞、导管、冷凝器等配套使用；实验完毕后，应先撤去热源，静止冷却后，再进行废液处理，洗涤。

13. 表面皿（图 1-13）

规格（直径/mm）：45，60，75，90，100，120 等。

图 1-13　表面皿

主要用途：可盖在蒸发皿上或烧杯上，防止液体溅出或落入灰尘。也用作称取固体药品的容器。

使用注意事项：

1）不能用火直接加热。

2）做盖用时直径要比容器口直径大些。

3）用作称量试剂的容器时要事先洗净、干燥。

14. 漏斗（图 1-14）

规格（口径/mm）：30，60，75 等。有短颈、长颈、粗颈、无颈等种类。

主要用途：短颈漏斗用于过滤、倾注液体至小口容器中；粗颈漏斗可用来转移固体试剂；长颈漏斗常用于装配气体发生器、过滤沉淀；无颈漏斗用于热过滤。

使用注意事项：

1）不能用火直接加热。

2）过滤时漏斗颈尖应紧贴承接容器的内壁。

3）长颈漏斗在气体发生器中做加液用时，颈尖端应插于液面以下。

15. 分液、滴液漏斗（图 1-15）

规格（容量/mL）：50，100，250，1 000 等。有球形、梨形、筒形、锥形等。

主要用途：

1）互不相溶的两种液体的分离。

2）在气体发生器中作为滴加液体装置。

3）对液体进行洗涤、萃取分离和富集。

4）作为反应器的加液装置。

使用注意事项：

1）不能用火直接加热。

2）漏斗旋塞不能互换。

3）进行萃取时，振荡初期应放气数次。

4）滴液加料到反应器中时，下尖端应在反应液面以下。

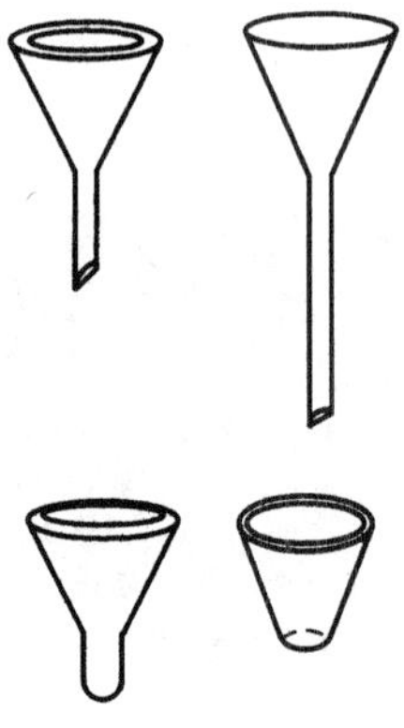

图 1-14　漏斗

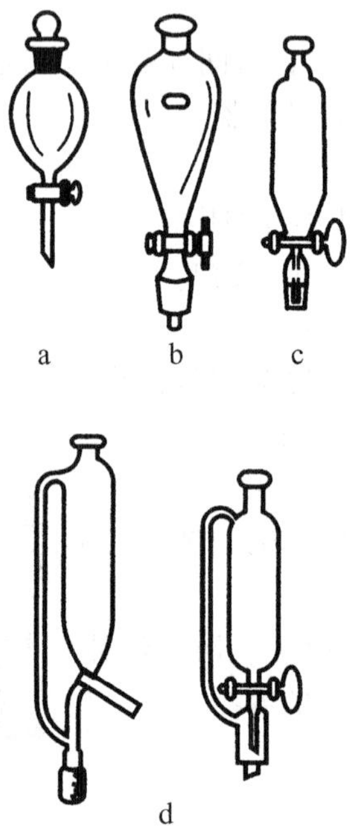

图 1-15　分液、滴液漏斗

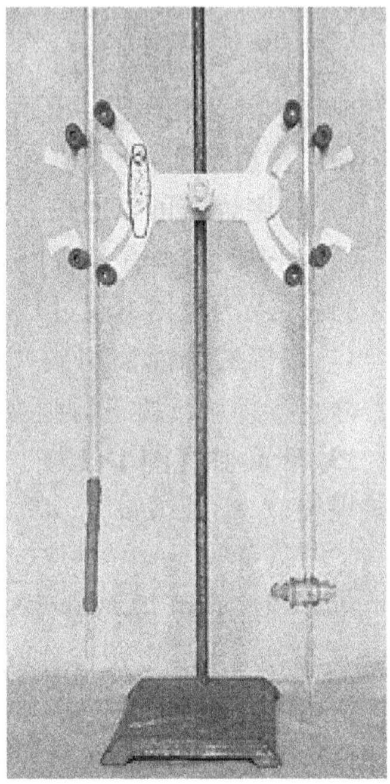

图 1-16　滴定管

16. 滴定管（图 1-16）

规格（容量/mL）：1，2，5，10，25，50，100 等。具有玻璃旋塞的为酸式滴定管，具有橡皮滴头的为碱式滴定管。用聚四氟乙烯制的滴定管则无酸碱式之分。还有微量滴定管、自动滴定管。

主要用途：用于准确测量液体或溶液的体积。容量分析中的滴定仪器。

使用注意事项：

1）酸式滴定管的旋塞不能互换，不能装碱溶液。

2）其他同移液管。

17. 洗气瓶（图 1-17）

规格（容量/mL）：125，250，500，1 000 等。

主要用途：内装适当试剂，用于除去气体中的杂质。

使用注意事项：

1）根据气体性质选择洗涤剂，加入洗涤剂的量应为其容积的 1/2。

2）使用时，进气管和出气管不能接反。

18. 干燥器（图 1-18）

规格（内径/mm）：150，180，210，300 等。分普通干燥器和真空干燥器两种。

主要用途：保持烘干及灼烧过的物质的干燥；存放试剂防止吸潮；在定量分析中将灼烧过的坩埚放在其中冷却。

使用注意事项：

1）放入干燥器的物品温度不能过高。

2）搬移干燥器时，要用双手拿着，并用大拇指紧紧按住盖子。

3）打开干燥器时，不能往上掀盖，应用左手按住干燥器，右手握住盖的圆顶，小心向前推开器盖。真空干燥器打开时还应先排去真空。

4）下室的干燥剂要及时更换。

图 1-17　洗气瓶

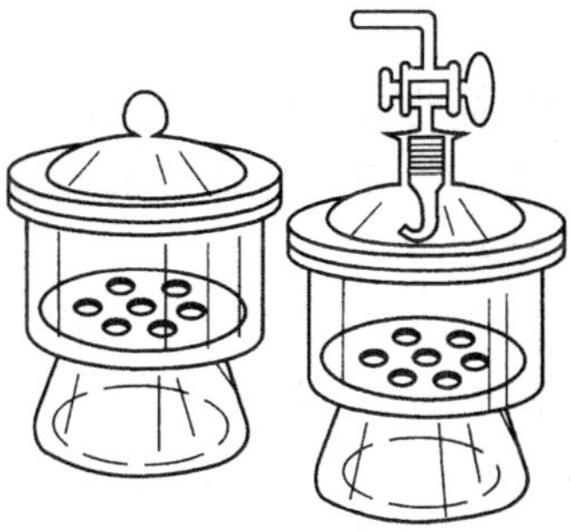

图 1-18　干燥器

（二）标准磨口玻璃仪器及使用

1. 常用标准磨口玻璃仪器及规格（图 1-19）

标准磨口玻璃仪器是具有标准磨口和磨塞的单元组合式玻璃仪器。标准磨口仪器全部为硬质料制造，品种类型以及规格较多，磨口和磨塞均采用国际型通用的锥度(1∶10)，标准磨口规格（mm）有 10、14、19、24、29 等多种，数字是指标准磨口的最大外径。凡属同类型规格的接口均可任意互换，由于口塞的标准化、通用化，可按需要选择某些单元仪器组装各种形式的组合仪器，这不仅为使用者带来很大方便，还可节约资金，在实际工作中使用广泛。

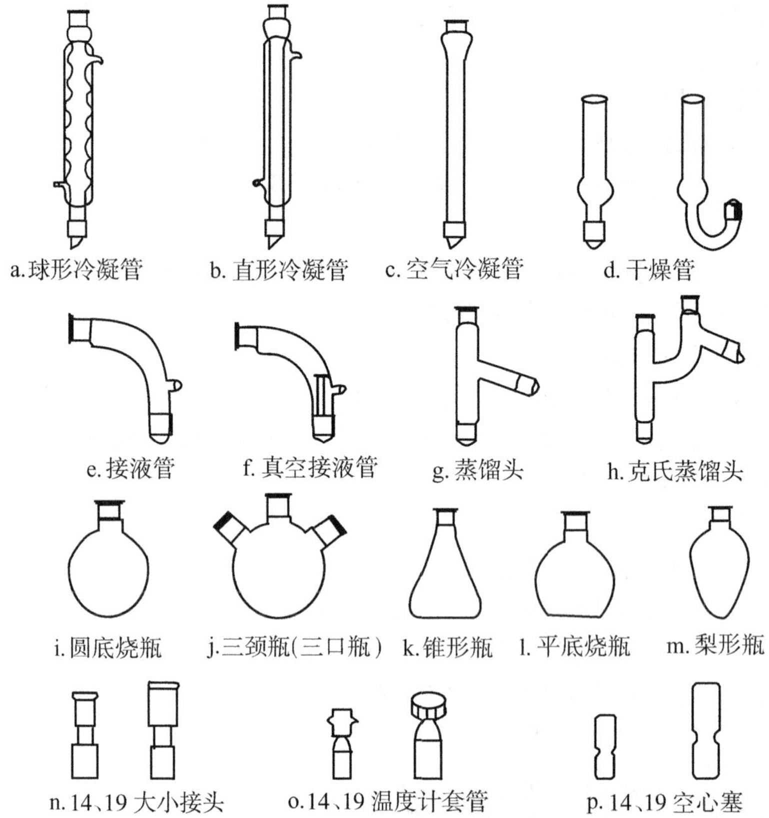

图 1-19　标准磨口玻璃仪器

2. 使用标准磨口玻璃仪器注意事项

1）标准磨口玻璃仪器有统一编号，当编号不同无法连接时，可通过不同编号磨口接头连接起来。

2）装配时磨口必须清洁无杂物，一般用时不要涂抹润滑脂，以免污染反应物或生成物，但在减压操作时要在磨口上均匀涂抹少量凡士林或真空脂，使磨口紧密连接，以免漏气或实验结束拆卸时破损。

3）装配时要注意操作方法正确，磨口型号匹配、对接严密，不扭歪，以免漏气或使仪器磨口破损。

4）实验结束后应及时拆卸、洗净，在磨面间加上纸条，以免长时间不用而使磨口的连接处发生黏结，难以拆开。

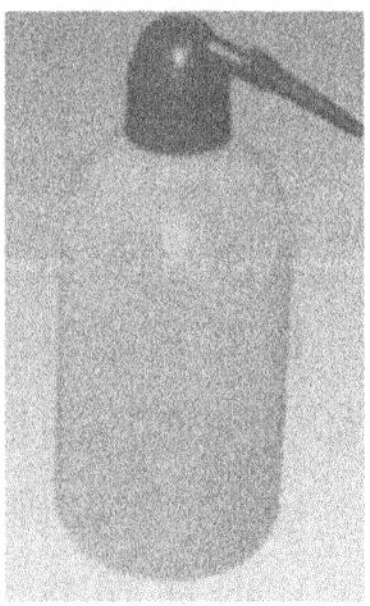

图 1-20　洗瓶

（三）其他实验用具

1. 洗瓶（图 1-20）

规格（容量/mL）：250，500，1 000 等。

主要用途：盛装蒸馏水，用来洗涤沉淀和容器。

使用注意事项：

1）不能装自来水。

2）不能加热。

2. 蒸发皿（图 1–21）

规格：有直径为 60～150 mm 等多种，分无柄和有柄两种。常用瓷制蒸发皿，也有玻璃、石英、铂等材质制品。

主要用途：蒸发或浓缩溶液，还可用于 500 ℃以下灼烧物料。

使用注意事项：

1）能耐高温，但不宜骤冷。

2）一般放在铁环上直接用火加热，但要预热后再提高加热强度。

3. 坩埚（图 1–22）

规格（容量/mL）：30，50，100 等。有瓷、石墨、铁、镍、铂等材质制品。

主要用途：熔融和灼烧固体。

图 1–21　蒸发皿

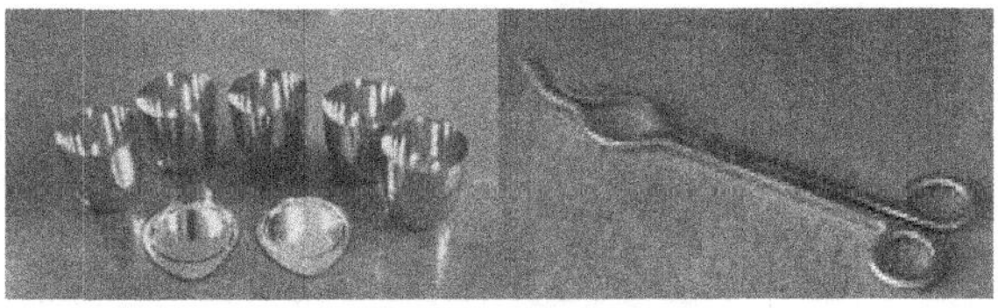

图 1–22　坩埚和坩埚钳

使用注意事项：

1）根据灼烧物质的性质选用不同材质的坩埚。

2）耐高温，直接用火加热，但不宜骤冷。受热时放在泥三角上。

3）铂制品使用时要遵守专门的规定。

4）用坩埚钳（图 1–22）夹取。

4. 研钵（图 1–23）

规格（口径/mm）：70，90，105 等。有玻璃、瓷、铁、玛瑙等材质制品。

主要用途：混合、研磨固体物质。

使用注意事项：

1）不能做反应容器，放入物质的量不超过容积的 1/3。

2）根据物质性质选用不同材质的研钵。

3）易爆物质只能轻轻压碎，不能研磨。

图 1–23　研钵

5. 石棉网（图 1–24）

规格：由铁丝编成，涂上石棉层，有大、小之分。

主要用途：承放受热容器使加热均匀。

使用注意事项：

1）不要浸水或扭拉，以免损坏石棉。

2）石棉致癌，注意防护（已用高温陶瓷代替）。

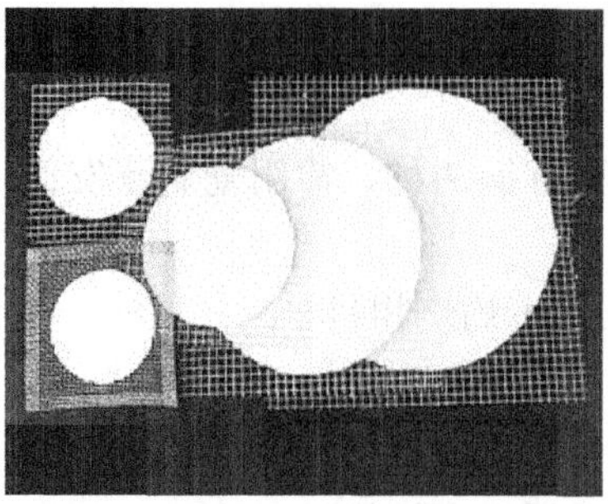

图 1-24　石棉网

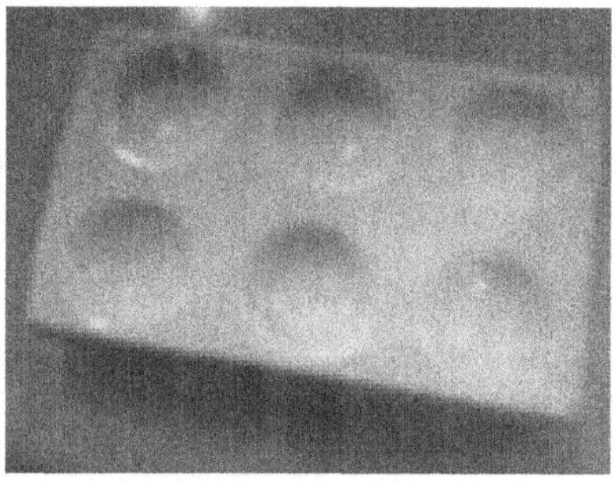

图 1-25　点滴板

6. 点滴板（图 1-25）

点滴板是由陶瓷材料制成的上釉瓷板，分黑、白两种。

主要用途：进行点滴反应，观察沉淀生成或颜色变化。

7. 铁架台、铁圈和铁夹（图 1-26）

规格：铁架台用高度（cm）表示。铁圈以直径（cm）表示。铁夹又称自由夹，有十字夹、双钳、三钳、四钳等类型。也有铝、铜等材质的制品。

主要用途：固定仪器或放容器，铁环可代替漏斗架使用。

使用注意事项：

1）固定仪器应使装置重心落在铁架台底座中部，保证稳定。

2）夹持仪器不宜旋得过紧或过松，以仪器不转动为宜。

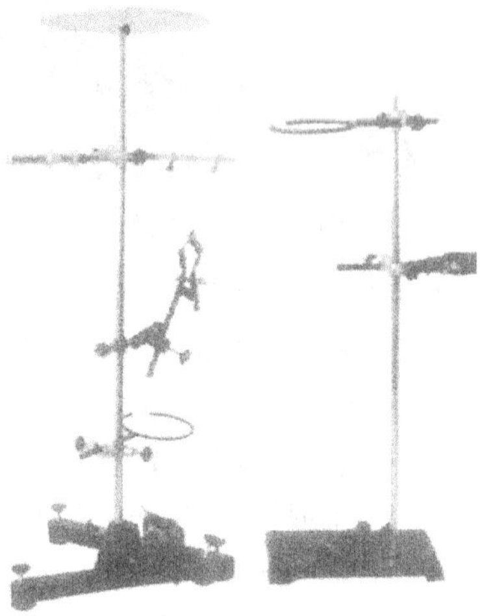

图 1-26　铁架台、铁圈和铁夹

8. 高压钢瓶

按所充气体不同，钢瓶涂以不同颜色，以便识别。高压钢瓶的颜色和标志见表 1-3。

表 1-3　高压钢瓶的颜色和标志

气体类别	瓶身颜色	标志颜色	气体类别	瓶身颜色	标志颜色
氧气	天蓝	黑	二氧化碳	黑	黄
氨气	黄	黑	氢气	深绿	红
氯气	草绿	白	氮气	黑	黄
乙炔	白	红	氦	棕	白
氩气	灰	绿	压缩空气	黑	白

使用注意事项：

1）搬运钢瓶时，要戴上瓶帽，不可撞击。

2）钢瓶须分类保管，远离热源和易爆物，存放在阴凉处，直立并固定。避免暴晒、敲打和强烈震动。

3）高压钢瓶必须安装好减压阀后方可使用。一般可燃性气体钢瓶上阀门的螺纹为反扣（如氢、乙炔），不燃性或助燃性气体（如 N_2、O_2）钢瓶上阀门的螺纹为正扣。各种减压阀不能混用。

4）开闭钢瓶阀门时，工作人员应避开瓶口方向，站在侧面，并缓慢操作。

5）钢瓶内气体不能全部用尽，应留有剩余压力（略高于 0.05 MPa），以防重新灌气时发生危险。

二、常用化学实验仪器和器材的分类

常用化学实验仪器和器材有多种分类方法，按用途分类如下。

（1）计量类　用来测量物质某种特定性质的仪器。如天平、温度计、移液管、滴定管、容量瓶、量筒（杯）等。

（2）反应类　用来进行化学反应的仪器。如试管、烧杯、锥形瓶、多口烧瓶等。

（3）加热类　能提供热源来加热的器具。如酒精灯、水浴锅、电热套等。

（4）分离类　用于过滤、分馏、蒸发、结晶等物质分离提纯的仪器。如蒸馏瓶、漏斗、分液漏斗等。

（5）容器类　盛装药品、试剂的器皿。如试剂瓶、滴瓶、培养皿等。

（6）干燥类　用于干燥固体、气体的器皿。如干燥器、干燥塔等。

（7）配套类　在组装仪器时用来连接的器具。如各种塞子、磨口接头、玻璃管、T形管等。

（8）固定夹持类　固定、夹持各种仪器的器具。如各种夹子、铁架台、漏斗架等。

（9）电器类　干电池、蓄电池、开关、导线、电极等。

（10）其他类。

三、常用化学实验仪器的装配要求

仪器装配的正确与否，与实验的成败有很大的关系，装配时应满足以下要求。

1）在装配一套装置时，所选用的玻璃仪器和配件都要干净。否则，往往会影响产物的产量和质量。

2）所选用的器材要恰当。例如，在需要加热的实验中，如需选用圆底烧瓶时，应选用坚固的，其容积大小应使所盛的反应物占其容积的 1/2 左右，最多不超过 2/3。

3）装配时，应首先选好主要仪器的位置，按照一定的顺序逐个地装配起来，先下后上，从左到右。在拆卸时，按相反的顺序逐个拆卸。

仪器装配要做到严密、正确、整齐和稳妥。在常压下进行反应的装置，应与大气相通，不能密闭。铁夹的双钳应贴有橡皮或绒布，或缠上石棉绳、布条等。否则容易将仪器夹坏。

【思考题】

1. 实验室配制 150 mL 稀硫酸一般使用哪些玻璃仪器？如何配制？

2. 按先后顺序列示出在实验室中将粗食盐提纯后，再配制成一定浓度的溶液常使用的玻璃仪器及设备。

项目 4　化学实验室用水

知识目标

1. 了解实验室用水标准。
2. 了解制备实验室用水的方法。

能力目标

能根据不同的实验要求正确选择实验用水。

实验中水常用于溶解、稀释和配制溶液，但天然水和自来水中都含有很多杂质，不能直接用于实验工作，必须根据实验的要求先将水经过纯化后，才能使用。

分析实验室用水规格和试验方法国家标准 GB/T 6682—2008 规定了分析实验室用水的规格，如表 1-4 所示。分析实验室用水的制备、用途和储存如表 1-5 所示。

表 1-4　分析实验室用水的规格

指标名称	一级	二级	三级
pH 值范围（25 ℃）	—	—	5.0~7.5
电导率（25 ℃）/（$mS\cdot m^{-1}$）	≤0.01	≤0.10	≤0.50
吸光度（254 nm，1 cm 光程）	≤0.001	≤0.01	—
可溶性硅［以 SiO_2 计/（$mg\cdot L^{-1}$）］	≤0.01	≤0.02	—
可氧化物质含量［以 O 计/（$mg\cdot L^{-1}$）］	—	≤0.08	≤0.4
蒸发残渣［（105±2）℃/（$mg\cdot L^{-1}$）］	—	≤1.0	≤2.0

注：①由于在一级水、二级水的纯度下，难于测定其真实的 pH 值，因此，对一级水、二级水的 pH 值范围不做规定。②由于在一级水的纯度下，难于测定可氧化物质和蒸发残渣，对其限量不做规定，可用其他条件和制备方法来保证一级水的质量。

表 1-5　分析实验室用水的制备、用途和储存

	一级	二级	三级
制备	可用二级水经过石英设备蒸馏或离子交换混合床处理后，再经 0.2μm 微孔滤膜过滤来制取	可用多次蒸馏或离子交换等方法制取	可用蒸馏或离子交换等方法制取
用途	用于有严格要求的分析试验，包括对颗粒有要求的试验。如高效液相色谱分析用水	用于无机痕量分析等试验，如原子吸收光谱分析用水	用于一般化学分析试验
储存	各级用水在储存期间，其沾污的主要来源是容器可溶成分的溶解、空气中二氧化碳和其他杂质。因此，一级水不可储存，使用前制备。二级水、三级水可适量制备，分别储存在预先经同级水清洗过的相应容器中		

一、蒸馏水的制备

将自来水在蒸馏装置中加热汽化，然后将蒸汽冷凝即可得到蒸馏水。由于很多杂质离子一般不挥发，所以蒸馏水中所含杂质比自来水少得多，比较纯净。但还含有少量杂质，如二氧化碳溶在水中生成碳酸，使蒸馏水显弱酸性；冷凝管和接收器本身的材料组成物质可能或多或少地进入蒸馏水等。故蒸馏水只能作为一般化学实验之用。

为了获得比较纯净的蒸馏水，可以进行重蒸馏，并在准备重蒸的蒸馏水中加入适当的试剂以抑制某些杂质的挥发。如加入碱性高锰酸钾可破坏有机物并防止二氧化碳蒸出。若要使用更纯净的蒸馏水，可进行第三次蒸馏。实验证明，更多次的重复蒸馏无助于水质的提高。

高纯度的蒸馏水要用石英、银、铂、聚四氟乙烯等材质的蒸馏器。同时采用各种特殊措施，如近年来出现的石英亚沸蒸馏器，它的特点是在液面上加热，使液面始终处于亚沸状态，蒸馏速度较慢，可将水蒸气带出的杂质减至最低，同时蒸馏时弃去头和尾的馏分，整个蒸馏过程中避免与大气接触，可制得高纯水。

高纯水不能储于玻璃容器，应储于有机玻璃、聚乙烯塑料或石英容器中。

二、去离子水的制备

用离子交换法制得的实验用水，常称去离子水或离子交换水。制备时一般将水依次通过阳离子交换树脂柱、阴离子交换树脂柱及阴、阳离子树脂混合交换柱。这种方法得到的水纯度高、操作与设备简单、出水量大、成本低。在大量用水的场合有替代蒸馏法制备纯水的趋势。离子交换法能除去原水中绝大部分的阴、阳离子，但不能完全除去有机物和非电解质。因此，要获得既无电解质又无微生物等杂质的纯水，还须将离子交换水再进行蒸馏。为了除去非电解质杂质和减少离子交换树脂的再生处理频率，提高离子交换树脂的利用率，最好利用市售的普通蒸馏水或电渗水代替原水，进行离子交换处理。

离子交换树脂及其交换原理如下：

离子交换树脂是由苯酚、甲醛、苯乙烯、乙烯等各种原料合成的高分子聚合物，通常是呈半透明和不透明球状物，颜色有浅黄、黄、棕色等。离子交换树脂不溶于水，对酸、碱、氧化剂、还原剂、有机溶剂具有一定的稳定性。

在离子交换树脂的网状结构的骨架上有许多可以与溶液中离子起交换作用的活性基团。根据活性基团不同，阳离子交换树脂又分为强酸性和弱酸性，阴离子交换树脂则分为强碱性和弱碱性两种。市售的用来净化水的离子交换树脂一般为强酸性的钠型和强碱性的氯型。

钠型树脂（阳离子交换树脂）用稀盐酸浸泡转变成氢型，其结构中的 H^+ 可与水中的阳离子进行交换，使得阳离子吸附在树脂上，交换出来的 H^+ 进入水中；氯型树脂（阴离子交换树脂）在稀 NaOH 溶液中浸泡转变成氢氧型，OH^- 可与水中阴离子进行交换，使得阴离子吸附在树脂上，交换出来的 OH^- 进入水中。通过交换，水中绝大部分的阴、阳离子都吸附在树脂上，交换出来的 H^+ 和 OH^- 结合成水，从而使水得到纯化。

交换后的树脂用稀盐酸、稀 NaOH 溶液处理，又恢复原型的过程，称为树脂再生。再生的树脂可继续使用。

离子交换树脂净化水在离子交换柱中进行，实验室中使用的交换装置，柱材料一般用有机玻璃，柱内装树脂，净化过程如图 1-27 所示。图中表示自来水经过阳离子交换柱除去阳离子，经过阴离子交换柱除去阴离子，再通过阴、阳离子混合交换柱进一步净化，可得到较纯净的去离子水。

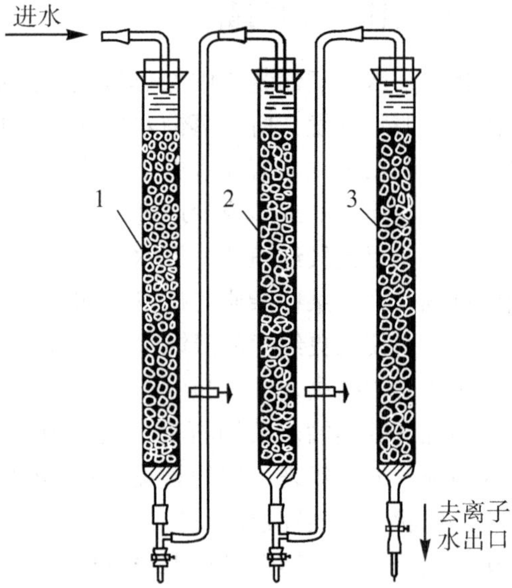

图 1-27　联合床式离子交换装置

1. 阳离子交换柱；2. 阴离子交换柱；3. 阴、阳离子混合交换柱

三、电渗析法制纯水

电渗析法是指把树脂制作成阴、阳离子交换膜，在外加电场的作用下，利用膜对溶液中的离子的选择性吸附，使杂质分离的方法。此法除去杂质不够完全，适用于要求不高的分析工作。特点是设备可自动化，节省人力，仅消耗电能，不消耗酸碱，不产生废液等。电渗析法与离子交换法联用，可制得较好的实验纯水。

【思考题】

1. 自来水为什么不能用来做定性和定量的化学实验？
2. 制备实验室用水有哪些方法？

项目 5　化学试剂的一般知识

知识目标

1. 了解化学试剂的分级、规格及使用范围。
2. 掌握试剂的取用和注意事项。

能力目标

能正确合理地使用化学试剂。

一、化学试剂的分级和规格

对于化学试剂，国家标准规定了各级化学试剂的纯度及杂质含量，并规定了标准分析方法。我国生产及使用的试剂一般可分为四个等级，其分级和使用范围见表1-6。

表 1-6　试剂的分级和使用范围

等级	名称	英文名称	符号	适用范围	标签标志
一级品	优级纯（保证试剂）	Guaranteed reagent	GR	纯度很高，适用于精密分析工作和科学研究工作	绿色
二级品	分析纯（分析试剂）	Analytical reagent	AR	纯度仅次于一级品，适用于多数分析工作和科学研究工作	红色
三级品	化学纯	Chemical pure	CP	纯度较二级品差些，适用于一般分析工作	蓝色
四级品	实验试剂医用	Laboratorial reagent	LR	纯度较低，适用于做实验辅助试剂	棕色

现以化学试剂重铬酸钾的国家标准（GB/T 642—1999）为例来说明试剂的规格。

1）优级纯、分析纯的 $K_2Cr_2O_7$ 含量不少于 99.8%，化学纯含量不少于 99.5%。

2）杂质最高含量（以质量分数计），如表 1-7 所示。

除把化学试剂分为四级外，尚有其他特殊规格的试剂，如光谱纯试剂、基准试剂、色谱纯试剂等。这类高纯试剂的生产、储存和使用都有一些特殊的要求。

指示剂的纯度往往不太明确，除少数标明“分析纯”“试剂级”外，经常只写明“化学试剂”“企业标准”等。

基准试剂的纯度相当于或高于保证试剂。基准试剂作为滴定分析中的基准物质是非常方便的，也可用于直接配制标准溶液。

表 1-7　重铬酸钾试剂中杂质的最高含量（质量分数，以%表示）

名称	优级纯	分析纯	化学纯
水不溶物	0.003	0.005	0.01
干燥失重	0.05	0.05	—
氯化物（Cl^-）	0.001	0.002	0.005
硫酸盐（SO_4^{2-}）	0.005	0.01	0.02
钠	0.02	0.05	0.1
钙	0.002	0.002	0.01
铁	0.001	0.002	0.005
铜	0.001	—	—
铅	0.005	—	—

二、试剂的取用技能及注意事项

（一）试剂的取用

1. 固体试剂的取用

1）取固体试剂要用洁净干燥的药匙，并应专匙专用，用过的药匙必须洗净擦干后才能再使用。

2）取用试剂时应少量多次，尽量不要超过指定用量，多取的试剂不能倒回原瓶，可以放到指定的容器中供他人使用。

3）取用一定质量的试剂时，把固体试剂放在称量纸上称量，具有腐蚀性或易潮解的固体应放在干燥洁净的表面皿上或玻璃容器内称量。例如，称取 14 g 食盐，可以按图 1-28 所示的操作进行。

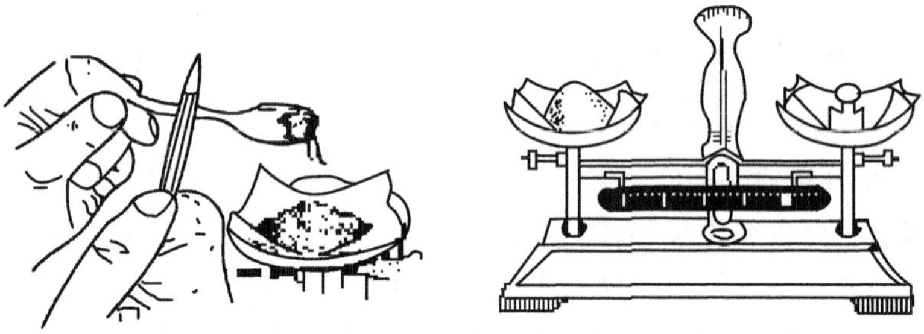

图 1-28　固体试剂的称量

用铅笔或手指轻轻敲打药匙柄部，使试剂缓缓落下，直到天平平衡为止

4）有毒药品要在教师指导下取用。

2. 液体试剂的取用

液体试剂的取用比较复杂，操作技能也不同。

（1）从滴瓶中取用试剂　取用试剂时，首先提取滴管使管口离开液面，用手指紧捏胶帽排出管中空气，然后插入试剂中放松手指吸入试剂，再提取滴管垂直地放在试管口或承接容器上方将试剂逐滴滴下，切不可将滴管伸入试管或其他承接器中。一般滴管中余下试剂应挤回原瓶，并随即将滴管放回原处，滴管不能盛液倒置或管口向上倾斜放置，以避免试剂被胶帽污染。滴管只能专用，绝对不能用一支滴管吸取几种不同的试剂。

有些实验试剂用量不必十分准确，要学会估计液体量，一般滴管 20~25 滴约1 mL，若 10 mL 试管中试剂约占 1/5，则试剂量约为 2 mL。

（2）从细口瓶中取用试剂　量少时使用滴管，量多时使用倾注法。使用倾注法时，将瓶塞取下，反放在桌面上或用食指与中指夹住，一般右手心握持试剂瓶贴有标签的一面，左手持试管或其他小口接收器，“两口”相接（参见图 1-29），逐渐倾斜试剂瓶让试剂沿着洁净的试管内壁流下，或者左手持玻璃棒，沿着洁净的玻璃棒注入烧杯中。取出所需量后，应将试剂瓶口在容器口边或玻璃棒上靠一下，再逐渐竖起试剂瓶，以免遗留在瓶口的液滴流到瓶的外壁。悬空倒和瓶塞底部沾桌都是错误的。

（3）用量筒（杯）定量取用试剂　选用容量适当的量筒（杯）按图 1-29 所示的

方法将试剂慢慢倒入量筒（杯）中。读取量筒（杯）内的试剂体积时，对于浸润玻璃的透明液体（如水溶液），视线与量筒（杯）内液体凹液面最低点水平相切，如图 1-30 所示；对浸润玻璃的有色不透明液体或不浸润玻璃的液体如水银，则要看凹液面上部或凸液面的上部。

（4）用移液管量取试剂　移取溶液时，用右手的拇指和中指拿住移液管管颈标线上方，将移液管插入待吸试剂的液面下 1~2 cm 处，左手握住洗耳球并紧密连接在移液管的上口将试剂慢慢吸入，注意容器中液面和移液管尖的位置，应使移液管尖随液面下降而下降。当管内液面上升至标线稍高位置时，迅速移去洗耳球，并用右手食指按住管口，将移液管向上提，使其离开液面，移液管垂直，微微松开食指，并用拇指和中指轻轻转动移液管，让多余试剂慢慢流回原试剂瓶，当移液管中试剂的弯月面与标线相切时（注意：观察时眼睛与移液管的标线应处在同一水平位置上），立刻用食指按住管口，使试剂不再流出。取出移液管，左手改拿接收器，并将接收器倾斜，移液管放入接收器中，使管尖与容器内壁紧贴成 45°左右，移液管保持垂直，松开右手食指，使试剂自由地沿壁流下，待液面下降到管尖后，再等待约 15 s 液体不再流出时，再把移液管拿开。

注意：绝不能用未经洗净的同一移液管插入不同的试剂瓶中取用试剂。

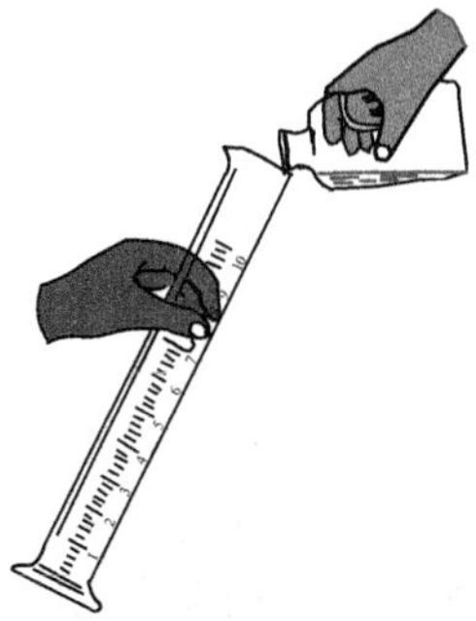

图 1-29　向量筒倾注液体

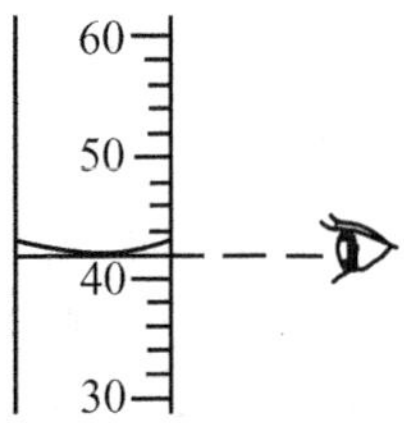

图 1-30　量筒内液体读数

（二）取用试剂的注意事项

1）在实验工作中，选择试剂的纯度除了要与所用方法相当外，其他如实验用水、操作器皿等也要与之相适应。若试剂都选用 GR 级的，则不宜使用普通的蒸馏水或去离子水，而应使用重蒸馏水。对所用器皿的质地也要求较高，使用过程中不应有物质溶解到溶液中，以免影响测定的准确度。

2）固体试剂装在广口瓶中，液体试剂和配制的溶液则盛放在细口瓶中或带有滴管的滴瓶中，见光易分解的试剂如硝酸银、高锰酸钾等盛放在棕色瓶中。每一个试剂瓶上都必须保持标签完好，注明试剂名称、规格、制备日期、浓度等。试剂存放时间较长时，可以在标签外面涂上一层薄蜡来保护。

3）取用药品应先核对标签上的说明，看其是否与欲取试剂一致，打开瓶塞将它反放在桌面上，如果瓶塞顶不是平顶而是扁平的，则用食指和中指夹住瓶塞（或放在清洁的表面皿上），绝不可以将它横放桌上而受到污染。不得用手直接接触化学试剂。取量要合适，既能节约药品又能得到良好的实验结果；过浓或过多，不仅造成浪费，而且还可能产生副反应，甚至得不到正确的结果。取完药品后一定要把瓶塞即时盖好，将试剂瓶放回原处，标签朝外。

4）取用有毒有害试剂或药品时，要做好防护，切不可与身体的任何部位直接接触。

【思考题】

1. 化学试剂的标签上包含哪些内容？

2. 如何取用固体试剂、液体试剂？

3. 用量筒取 10 mL 水、$KMnO_4$ 溶液、碘溶液时，如何读数？如果是温度计中的水银柱，应该怎样读数？

项目 6　试纸的类型与使用

知识目标

1. 了解常用试纸的类型。
2. 掌握试纸的使用方法。

能力目标

能正确使用试纸。

试纸是用滤纸浸渍了指示剂或特定液体试剂制成的。在检验分析中经常使用试纸来代替试剂，用来定性检验一些溶液的酸碱性质或某些物质是否存在。由于试纸操作简单，使用方便，在实验室及实际工作中得到广泛应用。通常使用的试纸有酸碱试纸和特性试纸两大类。

一、试纸类型

1. 酸碱试纸

（1）pH 试纸　pH 试纸的应用非常广泛，其基本原理是基于酸碱指示剂的变色原理。pH 试纸的制备方法是将滤纸浸入一定比例的甲基红、溴百里酚蓝、百里酚蓝、酚酞的乙醇溶液，取出晾干后制得。国产 pH 试纸分为广泛 pH 试纸和精密 pH 试纸两类。广泛 pH 试纸按变色范围分为 1～10，1～12，1～14，9～14 四种，最常用的是 1～14 的 pH 试纸。精密 pH 试纸按变色范围分类更多，如 pH 变色范围在 2.7～4.7，3.8～5.4，5.4～7.0，6.8～8.4，8.2～10.0，9.5～13.0 等。精密 pH 试纸测定的 pH，其变化值小于 1，但很容易受空气中酸碱性气体影响，不易保存。

（2）石蕊试纸　石蕊试纸分红色和蓝色两种。酸性溶液使蓝色石蕊试纸变红，碱性溶液使红色石蕊试纸变蓝。

（3）其他酸碱试纸　其中，酚酞试纸为白色，遇碱变红；中性红试纸有黄色和红色两种，黄色中性红试纸遇碱变红，遇强酸变蓝，红色中性红试纸遇碱变黄，在强酸性溶液中变蓝。

2. 特性试纸

（1）碘化钾-淀粉试纸　试纸的制备是将2.5 g可溶性淀粉加25 mL水搅匀，倾入225 mL沸水中，再加1 g KI和1 g Na_2CO_3，用水稀释成500 mL。将滤纸浸入浸渍，取出在阴凉处晾干成白色，剪成条状储存于棕色瓶。

碘化钾-淀粉试纸用来检验Cl_2、Br_2、NO_2、O_2、HClO、H_2O_2等氧化剂，它们均可使试纸变蓝，效果明显。

（2）醋酸铅试纸　醋酸铅试纸的制备是将滤纸用10%的$Pb(Ac)_2$溶液浸泡后，在无H_2S的环境中晾干。醋酸铅试纸用来检验痕量H_2S是否存在。H_2S气体与润湿的醋酸铅试纸反应生成PbS沉淀，沉淀呈黑褐色并有金属光泽，有时颜色较浅，但定有金属光泽为特征。若溶液中的S^{2-}的浓度较小，加酸酸化逸出的H_2S太少，用此试纸就不易检出。

（3）硝酸银试纸　将滤纸放入2.5%的$AgNO_3$溶液中浸泡，取出晾干后制得，可保存在棕色瓶中备用。试纸为黄色，遇AsH_3有黑斑形成：

$$AsH_3+6AgNO_3+3H_2O = 6Ag(\text{黑斑})+6HNO_3+H_3AsO_3$$

二、试纸的使用

1. 使用方法

（1）pH试纸的使用　用镊子取一小块试纸放在干净的表面皿边缘上或滴板上。用玻璃棒将待测溶液搅拌均匀，然后用棒端蘸少量溶液点在试纸中部，待试纸变色后与色阶板的标准色阶比较，确定溶液的pH。

（2）石蕊试纸和酚酞试纸的使用　用镊子取一小块试纸放在干净的表面皿边缘上或滴板上。用玻璃棒将待测溶液搅拌均匀，然后用棒端蘸少量溶液点在试纸中部，观察试纸颜色的变化，确定溶液的酸碱性。

（3）碘化钾-淀粉试纸的使用　将一小块试纸用蒸馏水润湿后，放在盛待测溶液的试管口上，如有待测气体逸出，试纸则变色。必须注意，操作时不要使试纸直接接触待测溶液。

（4）醋酸铅和硝酸银试纸的使用　与碘化钾-淀粉试纸基本相同，区别是将湿润后的试纸盖在试管口上。

2. 注意事项

1）试纸要妥善保管，使用试纸时，每次用一小块即可。

2）取用时不要直接用手接触，以免手上沾有化学药品污染试纸。

3）从容器中取出所需试纸后要立即盖好容器，避免剩余试纸受空气中杂质的污染。

4）切勿将试纸直接投入被测溶液中，以免污染溶液。用过的试纸投入废物缸中。

【思考题】

1. 试纸的保存应注意哪些问题？
2. 能否将试纸直接“插入”待测溶液中，为什么？

模块二 化学实验基本操作技术

化学实验基本操作技术是进行化学实验必须掌握的基本技能。主要包括常用玻璃仪器的洗涤，仪器和化学品的加热与干燥，溶解及搅拌，过滤、蒸发、结晶，以及药品的取用和溶液的配制等，这些技能的掌握与提高是进行实验的基础，也是开展科学研究及做好相关实际工作的基本保证。

项目 1 常用玻璃器皿的洗涤和干燥技术

知识目标

1. 掌握常用玻璃仪器的洗涤方法。
2. 掌握玻璃仪器的干燥方法。
3. 掌握各种电热干燥设备的使用方法及注意事项。

能力目标

1. 能正确洗涤并干燥玻璃仪器。
2. 能正确使用电热干燥设备。

一、常用玻璃仪器的洗涤技能

1. 玻璃仪器的洗涤

化学实验室经常使用各种玻璃仪器，而这些仪器是否干净，常常影响到实验结果的准确性。“干净”两字的含义比日常生活中所说干净程度要求要高，主要是指“不含有妨碍实验准确性的杂质”的意思。一般来说，玻璃仪器洗干净后，内壁附着的水均匀，既不聚集成滴，也不成股流下。

洗涤玻璃仪器的方法很多，应根据实验的要求、污物的性质和沾污的程度来选用。一般来说，附着在仪器上的污物既有可溶性物质，也有尘土和其他不溶物质，还有油污和有机物质。针对这种情况，可分别采用下列洗涤方法。

（1）直接使用自来水冲洗　用自来水冲洗对于水溶性物质以及附在仪器上的尘土及其他不溶物的除去有效，但难以除去油污及某些有机物。

（2）用去污粉、肥皂或合成洗涤剂刷洗　肥皂和合成洗涤剂的去污原理已众所周知，不再重述。去污粉是由碳酸钠、白土、细沙等混合而成。碳酸钠是一种碱性物质，具有强的去污能力，而细沙的摩擦作用以及白土的吸附作用则增强了仪器清洗的效果。使用时，一般先用自来水浸泡润洗；然后加入少量去污粉，用毛刷刷洗污处，待仪器的内外器壁都经过仔细的擦洗后，再用自来水冲去仪器内外的去污粉，要冲洗到没有细微的白色颗粒状粉末留下为止；最后，用蒸馏水冲洗仪器内壁三次，把自来水中带来的钙、镁、铁、氯等离子洗去，洗涤应坚持少量多次原则。

注意使用毛刷刷洗试管时，应将毛刷顶端的毛顺着伸入试管中，用食指抵住试管末端，来回抽拉毛刷进行刷洗，不可用力过大。也不要同时抓住几支试管一起刷洗。

（3）用洗液清洗　在进行精确定量实验时，或者所使用的仪器口径小、管细、形状特殊时，应该用洗液洗涤。洗液具有强的酸碱性、强氧化性以及较强的去油污和有机物的能力，但对衣物、皮肤、桌面及橡皮的腐蚀性也较强，使用时应小心。具体做法是：先将仪器用自来水刷洗，倒净其中的水，再加入少量洗液，转动仪器使内壁全部为洗液所浸润，一段时间后，将洗液倒回原瓶，随后将仪器先用自来水冲洗，再用蒸馏水冲洗 2~3 次。

使用洗液时应注意：

1）尽量把仪器内的水倒掉，以免把洗液冲稀。

2）洗液具有强的腐蚀性，会灼伤皮肤、破坏衣物，如不慎把洗液洒在皮肤、衣物和桌面上，应立即用水冲洗。

3）洗液吸水性强，用完后应立即将洗液瓶子盖严。

4）洗液可反复使用，但是若洗液变为绿色（重铬酸钾被还原成硫酸铬的颜色）时即失效，不能再使用。

5）铬（Ⅵ）有毒，清洗残留在仪器上的洗液时，第一、二遍的洗涤水不要倒入下水道，应回收处理，因为它具有毒性，流入下水槽后对环境有严重污染。能用别的洗涤方法洗干净的仪器，就不要用铬酸洗液洗。

（4）用蒸馏水（或去离子水）淋洗　经过上述方法洗涤的仪器，仍然会沾有来自自来水的钙、镁、铁、氯等离子。因此必要时应该用蒸馏水（或去离子水）淋洗2~3次。洗涤仪器时，应注意按照少量多次的原则，尽量将仪器洗涤干净；洗涤干净的仪器内外壁上不应附着不溶物、油污，仪器可被水完全湿润，将仪器倒置水即沿器壁流下，器壁上留下一层既薄又均匀的水膜，不挂水珠。

为了避免有些污迹难以洗去，要求每次实验完毕后立即将所用仪器洗涤干净，养成用完即洗净的习惯。凡是洗净的仪器，决不能再用布或纸擦拭。否则，布或纸的纤维将会留在器壁上而沾污仪器。

2. 沉淀垢迹的洗涤

一些不溶于水的沉淀垢迹经常牢固地黏附在仪器的内壁，需要根据沉淀的性质选用合适的试剂，用化学方法除去。表 2-1 介绍了几种常见垢迹的化学处理试剂，可在洗涤时参考。

表 2-1 常见垢迹的化学处理试剂

垢迹类别	化学处理试剂	垢迹类别	化学处理试剂
MnO_2、$Fe(OH)_3$ 或碱土金属的碳酸盐	盐酸（MnO_2 需用浓盐酸）	不溶于水及酸碱的有机物	相应有机溶剂
银、铜等	硝酸	煤焦油	有机溶剂汽油、丙酮等
难溶银盐	一般用硫代硫酸盐，Ag_2S 可用热浓硝酸	$KMnO_4$	稀草酸溶液
		硫黄	煮沸石灰水

二、玻璃仪器的干燥技能

仪器的干燥方法很多，要根据具体情况，选用具体的方法。

1. 用加热法干燥仪器

（1）烘箱干燥　洗净的仪器可以放在恒温箱内烘干。箱内放置仪器时，应注意使仪器的口朝下（倒置后不稳定的仪器则平放），还应该在恒温箱的最下层放一搪瓷盘，承接从仪器上滴下的水珠，以免电炉丝碰到水珠而损坏。

（2）烘烤干燥　可直接用火加热的仪器，如烧杯、试管、蒸发皿等。烘干时，一般先将外壁擦干，再用小火烘烤。烧杯或蒸发皿可置于石棉网上烘干；试管用试管夹夹持，管口略微向下倾斜，开始先加热试管底部，待底部水分被赶尽后，沿着从底部到管口方向加热试管，并不时来回翻转试管，以便把水汽赶尽。

注意：带有刻度的度量仪器不能用加热的方法进行干燥，因为加热会影响这些仪器的精确度。厚薄不匀的玻璃仪器也不宜用加热的方法进行干燥（特别不能烤干），因为受热时容易破裂。

2. 用不加热的方法干燥仪器

（1）自然干燥　不急用的仪器，洗净后可倒置于干净的实验柜或仪器架上晾干。

（2）热气干燥　可用电吹风或气流干燥器把小件急用的仪器快速吹干。方法是先热风吹，再冷风吹。

（3）用有机溶剂干燥　不能加热的厚薄不匀或有精密刻度的仪器，可在仪器内加入可以和水互溶的少量易挥发有机溶剂（无水乙醇、丙酮等），把仪器倾斜，转动仪器使溶剂浸润内壁后倒出。反复 2~3 次，待留在仪器内的有机溶剂挥发后，使仪器干燥。若往仪器内吹入干燥空气，可以使水分挥发得快一些。

三、电热恒温鼓风干燥箱的使用技能

1. 干燥箱类型

电热恒温鼓风干燥箱（图 2-1）是实验室常用的干燥设备，一般用于烘焙、熔蜡、干燥、灭菌、固化等。鼓风干燥箱分台式和立式两种结构，台式结构是指箱体和控制面板成左右分布，风道设于后侧，风在工作室内形成水平对流；立式结构箱体和控制面板成上下分布，风在工作室内形成垂直对流。鼓风干燥箱温度范围有RT（室温）+10～250 ℃、RT+10～300 ℃和100～400 ℃三种，正常升温速率一般平均在3～5 ℃/min。

图 2-1　台式电热恒温鼓风干燥箱

2. 操作方法

1）把需干燥处理的物品放入干燥箱内，关好箱门。

2）把电源插头插好，合上电闸，把开关拨至“1”处，此时电源开关亮，显示屏有数字显示。

3）箱上插上温度计，调节自动恒温控制按钮至所需要的温度、升温速率及工作时间。电热丝开始加热，干燥箱进入工作状态，此时也可开鼓风机帮助箱内热空气对流。

4）工作一定时间后需要将潮气排出，可打开放气调节器，也可打开鼓风机。

5）使用完后，关闭鼓风机开关，断开电闸。

3. 注意事项

1）使用前应检查电源（电压、电流）是否符合规定，地线是否接妥。

2）挥发性物品，如盛有有机溶剂的器皿，不能放入干燥箱内，以防火灾和爆炸。

3）箱内安放物品时，应小心，以免损坏部件。搁板最大平均负荷为15 kg，放置物品切勿过重、过密，工作室底板上不能放置物品。

4）安放物品后应立即关好箱门，工作时箱门不宜经常打开，以便保持温度恒定。

5）若温度超过180 ℃，箱内棉花或纸张则被烤焦，玻璃器皿则易破损。

6）干燥箱必须有良好的地线。

7）附近不能放置易燃物品。

8）检修时不能带电操作。

项目 2　加热和化学品的干燥技术

知识目标

1. 了解酒精灯、酒精喷灯、电炉、马福炉的构造。

2. 掌握固体、液体物质的加热方法。

3. 了解气体、液体、固体物质的干燥仪器，掌握正确的使用方法。

能力目标

能合理使用实验室的加热设备和干燥仪器及设备。

一、加热仪器（设备）

加热是化学实验中最基本的操作之一。在化学实验室最常用的加热仪器（设备）有酒精灯、酒精喷灯、煤气灯、煤气喷灯、电加热套、电炉以及马福炉等。

1. 酒精灯的构造和使用方法

常用的酒精灯是玻璃制的，有磨口的灯帽，灯头中心有一条棉纱芯，酒精灯不用时，总是罩上灯帽（图2-2）。酒精灯灯焰温度为 300～600 ℃，适用于温度不需要太高的实验。

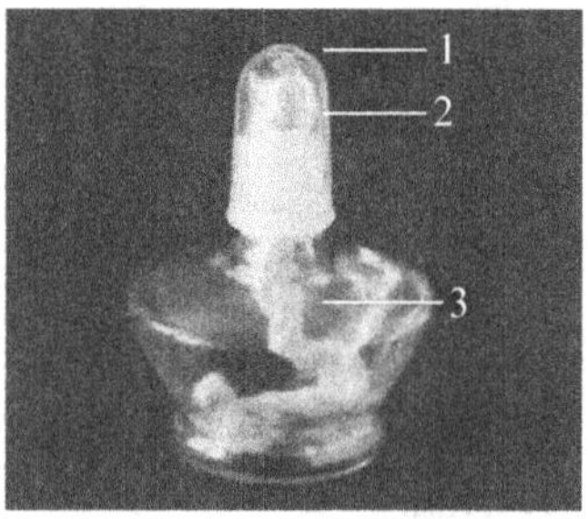

图 2-2　酒精灯的构造

1. 灯帽；2. 灯芯；3. 灯壶

使用酒精灯应注意以下几点：

1）点燃酒精灯之前，先把灯帽拿下，并把灯头的瓷管向上提一下，使灯内的酒精蒸气逸出，这样才可避免点燃时酒精蒸气因燃烧膨胀而使瓷管连灯芯一并弹出，引起燃烧事故。

2）点燃酒精灯应用燃烧的火柴梗引燃，绝不能拿燃着的酒精灯去引燃另一个酒精灯，因为这样做将使灯内的酒精从灯头流出而引起燃烧事故。

3）熄灭酒精灯时，不能用口吹熄，应把灯帽罩上，让火焰熄灭，片刻后再把灯帽提起一下，然后再罩上，以免灯帽揭不开。

4）添加酒精时，应先熄灭灯焰，然后借助漏斗把酒精加入灯内，灯内酒精的储量以充满酒精灯总容量的 2/3 为宜。

2. 酒精喷灯的构造及使用方法

酒精喷灯是金属制成的，它的火焰温度很高，可达 1 000 ℃以上，灼烧固体或加工玻璃管时常使用这种喷灯。

座式酒精喷灯的构造如图 2-3 所示，灯座储存酒精，旋盖为酒精加入口（加酒精后，应立即把盖旋紧），管 2 上端封闭，下端连接灯座，管 3 与管 2 并排焊接，中间由一细管沟通。点燃时，盛少量酒精于预热盘中，点燃酒精使管 2 受热，此时灯座中的酒精被汽化，并由管 2 经细管冲入管 3 中，在管 3 上口引燃酒精蒸气，此时可调节升降器以控制空气的进入量（提高升降器，则空气的入口大，因而燃烧更完全，获得最高温度，此时火焰是蓝色的）。不用时，旋开旋盖，使酒精蒸气由此逸出，火焰就自行熄灭。火焰熄灭后，应把管口再旋紧，避免酒精挥发。

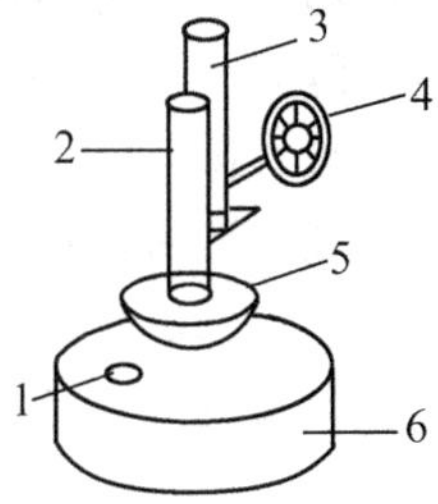

图 2-3　座式酒精喷灯的构造

1. 旋盖；2、3. 管；4. 升降器；5. 预热盘；6. 灯座

使用酒精喷灯应注意以下几点：

1）酒精喷灯的酒精蒸气喷出口（即细管末端的小孔），应经常用特制的金属针穿通，以防阻塞。

2）应注意保护升降器的螺旋，不得猛力旋紧，以免损伤其中的螺纹。

3）酒精喷灯用一段时间以后，应把灯座内部清洗干净。

3. 灯焰的构造和温度

（1）灯焰的构造　任何灯的火焰皆有三个锥形区（图 2-4），内层（焰心）是没燃烧的气体。中层（还原焰）气体燃烧不完全，并有灼热的炭粒，故具还原性。最外层（氧化焰）空气充足，气体燃烧完全，具有过量的氧气，因此有氧化性（表 2-2）。其中以最外层的火焰温度最高，加热时应充分利用这一层火焰。

（2）几种灯焰的温度　酒精灯的火焰温度较低（300～600 ℃），而酒精喷灯和煤气灯的火焰温度很高（1 000～1 500 ℃）。若用一支镍铬丝插入灯内各层火焰，根据镍铬丝灼烧后的颜色可粗略估计火焰的温度。

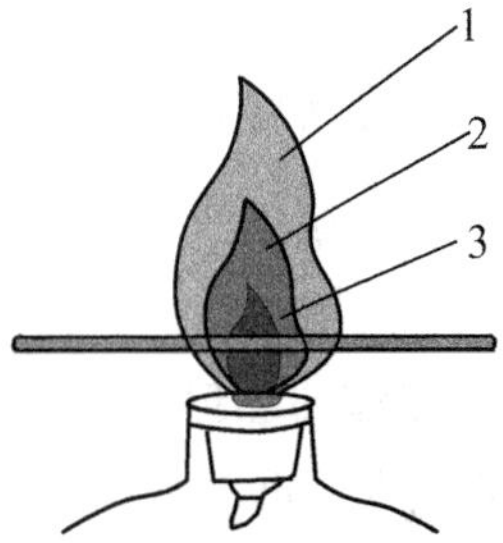

图 2-4　灯焰的构造

1. 氧化焰；2. 还原焰；3. 焰心

暗红色—500 ℃；橙色—1 100 ℃；红色—700 ℃；炽白色—1 500 ℃。

表 2-2　灯焰的构造

项目	各层火焰中所含的物质			灯焰温度
	酒精灯	酒精喷灯	煤气灯	
焰心	酒精蒸气	酒精蒸气	煤气与空气混合物	最低
还原焰	C，H_2O	C，H_2O	C，H_2O	较高
氧化焰	CO_2，O_2	CO_2，O_2	CO_2，O_2	最高

4. 电炉、电加热套、电热板、马福炉

根据需要，实验室还经常用到电炉、电加热套、电热板、马福炉等加热设备（图 2-5）。电炉、电加热套、电热板是一种利用电阻丝将电能转化为热能的装置，使用温度的高低可通过调节外电阻来控制。为保证容器受热均匀，使用时反应容器与电炉间利用石棉网隔离。马福炉是利用电热丝或硅碳棒加热的密封炉子，炉膛利用耐高温材料制成，呈长方体。一般电热丝炉最高温度为950 ℃，硅碳棒炉为1 300 ℃，炉内温度利用热电偶和毫伏表组成的高温计测量，并使用温度控制器控制加热速度。使用马福炉时，被加热物体必须放置在能够耐高温的容器（如坩埚）中，不要直接放在炉膛上，同时不能超过最高允许温度。

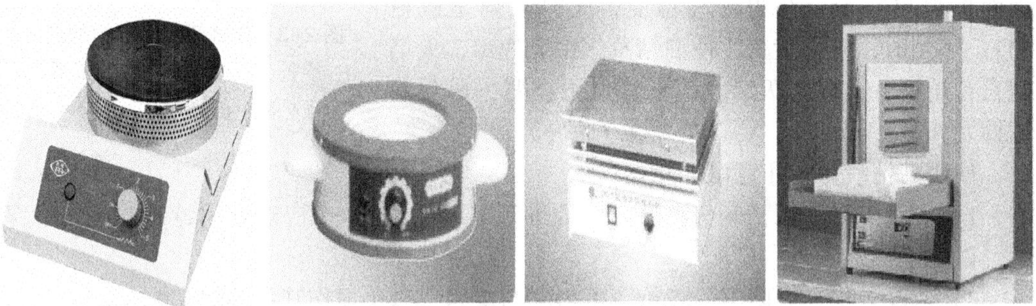

a.电炉　b.电加热套　c.电热板　d.马福炉

图 2-5　常用高温电加热器

二、加热方法

为了提高化学反应速率，或者加速固态物质在溶剂中的溶解，或者进行溶液的浓缩，常常采用加热的办法。因此必须熟练掌握加热的操作方法。

1. 液体的加热

液体加热的热源有酒精灯、煤气灯和电炉等，加热容器常用烧杯、烧瓶、试管及表面皿等。

1）在烧杯或烧瓶中加热液体时，应先将烧杯或烧瓶的外壁擦干，容器底部垫上石棉铁丝网，使加热时底部受热均匀，防止破裂。

2）在试管中加热液体时，管内所盛的液体不得超过试管总容积的1/3。加热时，用试管夹夹住试管上端离管口约为试管长度的1/3处（图2-6）。把试管倾斜并使其底部置于火焰最外层（不得触及灯芯），试管与火焰的接触部位应比管内液面低，且加热时应不断摇动试管内液体使液体受热均匀。如果加热部位在液面附近，常因高于液面和低于液面部分使管壁因散热速度不同而破裂。在加热过程中，管口始终不能对着任何人，以防溶液沸腾时溅出伤人。

图 2-6　加热试管内的液体

3）在蒸发皿内加热液体使其蒸发时，盛在蒸发皿内的液体不得超过蒸发皿容积的2/3。加热时可把蒸发皿放在泥三角架上直接加热。为了不使液体溅出或者避免尘埃掉入液体中，常在蒸发皿上放一玻璃三角架（也可用玻璃钩），并盖上表面皿。

在用蒸发皿蒸发溶液以获得固态物质的操作中，当溶液蒸发至较少量时，应不停地搅动溶液，以免发生暴溅；当有固态物质析出时，应立即停止加热，在继续搅拌下利用余热把溶液蒸干。

2. 固体的加热

1）加热较少量的固体时可在试管内进行。把盛有固体的试管用铁夹固定在铁架台上，为了避免加热过程中产生的水分在管口冷凝、倒流而使试管破裂，加热时必须使管口稍微向下倾斜（图 2-7）。应先小火预热一下试管底部，然后集中加热放置固体的部位。

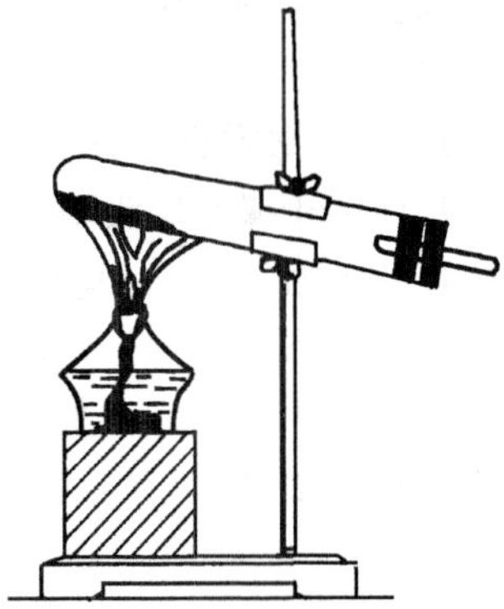

图 2-7　加热试管内的固体

2）加热较多的固体时，可把固体放在蒸发皿中进行。应注意在加热过程中充分搅动，以使固体受热均匀。

3）灼烧或熔融固态物质应在耐热的坩埚中进行，根据物质的性质不同可选用瓷坩埚、铁坩埚、镍坩埚或铂坩埚。灼烧时，应将盖盖严，以免坩埚内容物迸出，影响实验结果。夹持高温的坩埚时，必须用坩埚钳，而且夹坩埚之前最好把坩埚钳的钳爪预热片刻。坩埚钳用后，应将钳爪朝上，平放在桌上。

3. 水浴加热

当要求被加热的物质受热均匀，温度不超过 373 K（100 ℃）时，或者加热离心管、小试管中的溶液时，一般采用水浴加热。

水浴加热蒸发皿或烧杯等容器内的溶液时，使用恒温水浴锅（图 2-8）。

图 2-8　恒温水浴锅

使用水浴加热时应注意以下几点：

1）浴锅内盛水量一般占其总容量的 2/3，应随时往水浴锅中补充少量热水，以保持其中的水量，防止烧干。

2）当不慎把水浴锅中的水烧干时，应立即停止加热，待水浴锅冷却后，再加水继续加热。

4. 油浴和沙浴加热

当要求被加热物质受热均匀，温度又要高于 373 K 时，可使用油浴或沙浴加热。

以油代替水浴锅中的水即为油浴，油浴所能达到的最高温度取决于所用油的沸点。使用油浴要小心，防止烫伤或着火事故发生。

沙浴是将均匀细沙盛在一个加热的铁制器皿内，把被加热的器皿的底部部分埋入沙中。若要测量沙浴的温度，可同时把温度计插入沙中。

三、化学品的干燥技术

干燥是指除去潮湿物质中的少量水分。干燥的方法有物理法和化学法两种，物理法是通过烘干吸收、分馏、共沸蒸馏等除去物质中的水分。其中分馏和共沸蒸馏主要用于除去液体物质中较大量的水分，化学法利用干燥剂吸收水分，通常是吸收物质中的微量水分。

1. 气体物质的干燥

气体的干燥常用吸附法。常用的吸附剂是氧化铝和硅胶。氧化铝的吸水量可达到其质量的15%~20%，硅胶可达到20%~30%。也可使气体通过装有干燥剂的干燥管、干燥塔或洗涤瓶进行干燥。干燥剂的选择需依气体的性质而定。一般液体（如浓硫酸）装在洗气瓶中，固体（如无水氯化钙、硅胶）装在干燥塔或U形干燥管内。常用气体干燥剂见表2-3。

表 2-3 常用气体干燥剂

被干燥气体	常用干燥剂
H_2，O_2，CO，CO_2，SO_3	H_2SO_4(浓)，$CaCl_2$，P_2O_5
Cl_2，HCl，H_2S	$CaCl_2$
NH_3	CaO(或 CaO+KOH)
HI，HBr	CaI_2，$CaBr_2$
NO	$Ca(NO_3)_2$

注意：

干燥管或干燥塔中盛放的块状或粒状固体干燥剂不能装得太实，也不宜使用粉末，以使气流通过顺畅。

使用装在洗气瓶中的浓硫酸做干燥剂时，其用量不可超过洗气瓶容量的1/3，通入气体的流速也不宜太快，以免影响干燥效果。

几种常见的气体干燥装置如图2-9所示。

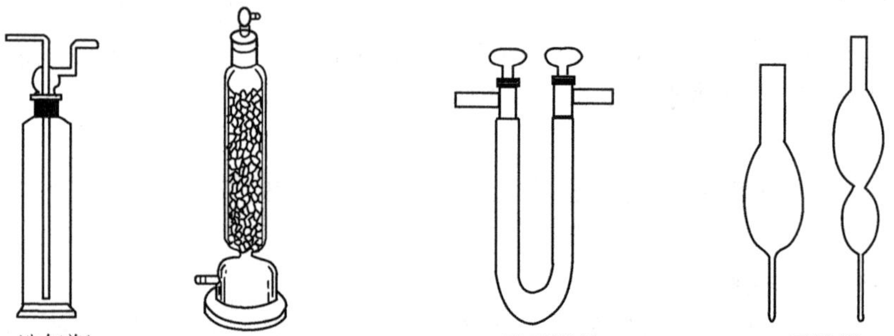

a.洗气瓶　b.干燥塔　c.U形干燥管　d.干燥管

图 2-9 气体干燥装置

2. 液体物质的干燥

需要进行干燥的液体物质大多为有机物，液体有机物中的微量水分可通过选用适量的干燥剂予以脱除。

（1）干燥剂的选择　干燥剂的种类很多，效能也不尽相同（表2-4和表2-5）。

选用干燥剂时应考虑以下因素：①不与被干燥物质发生化学反应；②不能溶解于被干燥物质中；③吸水量大，干燥效能高；④干燥速度快，节省实验时间；⑤ 价格低廉，用量较少，利于节约。

（2）干燥剂用量 干燥剂的用量可根据被干燥物质的性质、含水量及干燥剂自身的吸水量来决定。分子中有亲水基团的物质（如醇、醚、胺、酸等），其含水量一般较大，需要的干燥剂多些。如果干燥剂吸水量较小，效能较低，需要量也较大。一般每 10 mL 液体加 0.5~1 g 干燥剂即可。

表 2-4 干燥有机物常用的干燥剂

干燥剂	酸碱性	适用有机物	干燥效能
H_2SO_4(浓)	强酸性	饱和烃、卤代烃	吸湿性较强
P_2O_5	酸性	烃、醚、卤代烃	吸湿性很强，吸收后需蒸馏分离
Na	强碱性	卤代烃、醇、酯、胺	干燥效果好，但速度慢
Na_2O，CaO	碱性	醇、醚、胺	效率高，作用慢，干燥后需蒸馏分离
KOH，NaOH	强碱性	醇、醚、胺、杂环化合物	吸湿性强，快速有效
K_2CO_3	碱性	醇、酮、胺、酯、腈	吸湿性一般，速度较慢
$CaCl_2$	中性	烃、卤代烃、酮、醚	吸水量大，作用快，效率不高
$CaSO_4$	中性	烷、醇、醚、醛、酮、芳香烃	吸水量小，作用快，效率高
Na_2SO_4	中性	烃、醚、卤代烃、醇、醛、酮、酯、胺、酸	吸水量大，作用慢，效率低，但价格便宜
$MgSO_4$	中性	同 Na_2SO_4	较 Na_2SO_4 作用快，效率高
3A、4A 分子筛		各类有机物	快速有效吸附水分，并可再生使用

表 2-5 几种干燥剂的残留水分

干燥剂	P_2O_5	$MgSO_4$	BaO	分子筛	KOH	$CaSO_4$	H_2SO_4	$CaCl_2$
残留水分 /（$mg \cdot L^{-1}$）	2×10^{-5}	5×10^{-4}	7×10^{-4}	1×10^{-3}	2×10^{-2}	5×10^{-2}	1×10^{-2}	0.2

（3）干燥操作技术 液体有机物的干燥通常在锥形瓶中进行。将已初步分离水分的液体倒入锥形瓶中，加入适量干燥剂，塞紧瓶口，轻轻振摇后静置观察，如发现液体混浊或干燥剂粘在瓶壁上，应继续补加干燥剂并振摇，直至液体澄清后，再静置30 min 或放置过夜。若干燥剂能与水发生反应生成气体，还应配气体出口干燥管，如图 2-10 所示。可用无水硫酸铜（白色，遇水变为蓝色）检验干燥效果。加入干燥剂的颗粒大小要适中，太大吸水缓慢、效果差；若过细则吸附有机物多，影响收率。

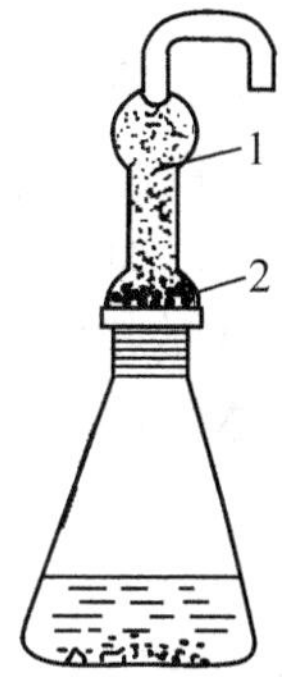

图 2-10 液体的干燥装置

1. 无水氯化钙；2. 脱脂棉

3. 固体物质的干燥

固体物质的干燥是指除去残留在固体中的微量水分或有机溶剂。可根据实验需要和物质的性质不同，选择适当的干燥方法。

（1）自然晾干 对于在空气中稳定、不分解、不吸潮的固体物质，可将其放在洁净干燥的表面皿上，摊成薄层，上面盖一张滤纸，以防污染，在空气中自然晾干。此法既简便又经济，但速率较慢。

（2）烘干　对于熔点较高且遇热不分解的固体物质，可放在表面皿或蒸发皿中，用烘箱烘干。固体有机物烘干时应注意加热温度必须低于其熔点。定量分析中使用的基准试剂或固体试剂应按实验要求的温度干燥至恒重。

（3）用干燥器干燥　对于易吸潮、易分解或易升华的固体物质，可放在干燥器内进行干燥，一般需要时间较长。干燥器（图 1-18）是磨口的厚壁玻璃器皿。磨口处涂有凡士林，以便使其更好地密合，内有一带孔的瓷板，用以存放被干燥物品。瓷板下面装有干燥剂。常用的干燥剂有硅胶、氯化钙（可吸收微量水分）和石蜡片（可吸收微量有机溶剂）等。干燥剂吸水较多后应及时更换。

项目 3　溶解与搅拌技术

知识目标

1. 了解溶剂选择的原则。
2. 了解搅拌器的种类，掌握其使用方法。
3. 掌握固体物质溶解的基本方法。

能力目标

能正确地使用搅拌设备，熟练进行固体物质溶解的基本操作。

一、溶解技术

在化学实验中，为使反应物混合均匀，以便充分接触、迅速反应，常需将固体溶解，制成溶液。在选定某一溶剂溶解固体样品时，还应考虑对大颗粒固体的粉碎、加热和搅拌等以加速溶解。

1. 固体的粉碎

若固体颗粒较大时，在进行溶解前通常用研钵将固体研碎。在研磨前，应先将研钵洗净擦干，加入不超过研钵总体积 1/3 的固体，缓慢沿一个方向进行研磨，不要在研钵中敲击固体样品，以免研钵破裂或药品跳出。研磨过程中，可将已经研细的部分取出，过筛，较大的颗粒继续研磨。

2. 溶剂的加入

固体物质的溶解一般在烧杯中进行，为避免烧杯内的溶液溅出而损失，加入溶剂时应通过玻璃棒使溶剂慢慢地流入。如溶解时会产生气体，应先加入少量水使固体样品润湿为糊状，用表面皿将烧杯盖好，再用滴管将溶剂自烧杯嘴加入，以避免产生的气体将样品带出。

3. 加热

物质的溶解度受温度的影响，加热的目的主要在于加速溶解，应根据被加热的物质的稳定性的差异选用合适的加热方法。加热时要防止溶液的剧烈沸腾和迸溅，因此容器上方应该用表面皿盖住。溶解完全，停止加热以后，要用溶剂冲洗表面皿和容器内壁。另外，并不是加热对一切物质的溶解都有利，应该具体情况具体分析。

4. 搅拌

搅拌是加速溶解的一种有效方法，搅拌时手持玻璃棒并转动手腕，使玻璃棒在液体中均匀地转圈，注意转速不要太快，更不要使玻璃棒碰到容器壁发出响声。

二、溶剂的选择

溶解前，需根据固体的性质，选择适当的溶剂。水通常是溶解固体的首选溶剂。它具有不带入杂质、容易分离提纯以及价廉易得等优点。因此凡是可溶于水的物质应尽量选择水作为溶剂。

某些金属的氧化物、硫化物、碳酸盐以及钢铁、合金等难溶于水的物质可选用盐酸、硝酸、硫酸或混合酸等无机酸加以溶解。

大多数有机化合物根据“相似相溶”原理，需要选择极性相近的有机溶剂如丙酮、四氯化碳等进行溶解。

三、搅拌器的种类和操作技术

搅拌可以加快溶解速度，也可以使加热、冷却或化学反应体系中溶液的温度均匀。实验室中常用的搅拌器有玻璃棒、磁力搅拌器和电动搅拌器等。

1. 玻璃棒及其使用

玻璃棒是化学实验中最常用的搅拌器具。使用时，手持玻璃棒上部，轻轻转动手腕用微力使其在容器中的液体内均匀搅动。

搅拌液体时，应注意不能将玻璃棒沿容器壁滑动，也不能朝不同方向乱搅使液体溅出容器外，更不能用力过猛以致击破容器。

2. 磁力搅拌器

磁力搅拌器又叫电磁搅拌器（图2-11）。使用时，在盛有溶液的容器中放入转子（密封在玻璃或合成树脂内的强磁性铁条），将容器放在磁力搅拌器上。通电后，底座中的电动机使磁铁转动，所形成的磁场使置于容器中的转子跟着转动，转子又带动了溶液的转动，从而起到搅拌作用。带有加热装置的磁力搅拌器可在搅拌的同时进行加热，使用十分方便。

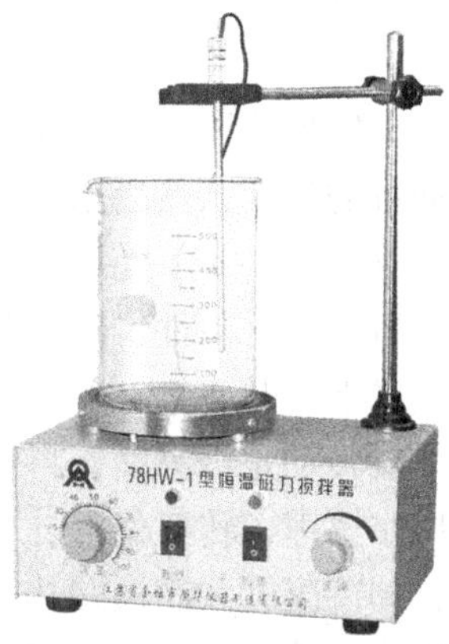

图 2-11　磁力搅拌器使用示意

使用磁力搅拌器时应注意以下几点：

1）转子要沿器壁缓慢放入容器中。

2）搅拌时应逐渐调节调速旋钮，速度过快会使转子脱离磁铁的吸引。如出现转子不停地跳动的情况时，应迅速将旋钮调到停位，待转子停止跳动后再逐步加大转速。

3）实验结束后，应及时清洗转子。

磁力搅拌适用于溶液量较小、黏度较低的情况。如果溶液量较大或黏度较高则可选用电动搅拌器进行搅拌。

3. 电动搅拌器

在实验室中，对于溶液量较大，又需要快速和长时间的搅拌时，如反应釜的搅拌，常采用电动搅拌器。它由如下三部分构成。

（1）动力部分　常采用的动力为电动机。电动搅拌器可以通过调节电压改变转速。

（2）搅拌棒　搅拌棒一般由玻璃或镍铬丝制成，根据搅拌的剧烈程度，可采用不同的形式。常用的形式如图 2-12 所示。

（3）密封部分　用以连接搅拌器的最简单的密封，是用一段短的软橡皮套住塞子上的玻璃管和搅拌器的搅拌棒，也可用液封管密封（图 2-13）。搅拌棒与玻璃管或液封管的软木塞或橡皮塞的孔必须钻得光滑笔直。

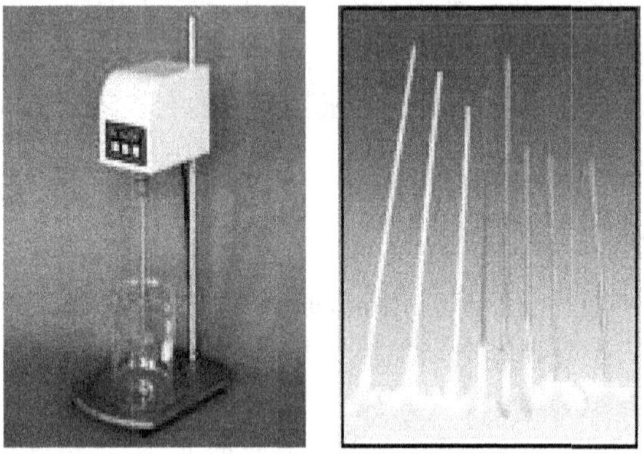

图 2-12　电动搅拌器及其搅拌棒

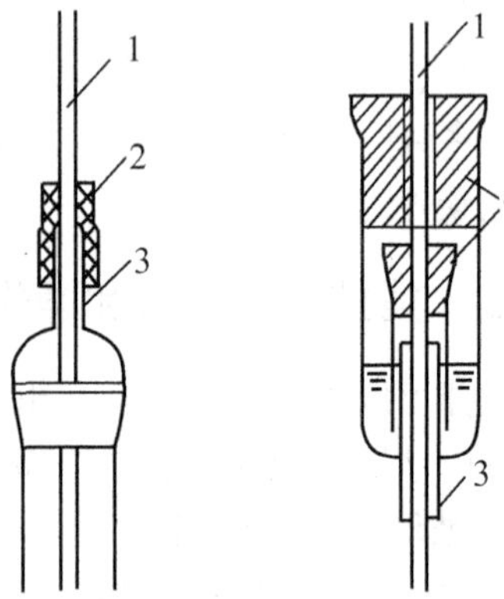

图 2-13　常用的密封装置

1. 搅拌棒；2. 乳胶管；
3. 玻璃管；4. 橡皮塞

电动搅拌装置的安装比较复杂，需要认真进行操作。一般先根据所需要的高度固定电动机的高度，然后用橡皮管把已插入封管中的搅拌棒连到轴上，再小心地将盛液容器（如三口烧瓶）套上去，至搅拌棒下端距瓶底约 5 mm，将三口烧瓶用烧瓶夹固定，最后检查这几件仪器安装得是否正直、稳固，搅拌器、电动机的轴与搅拌棒应在同一直线上（从正面和侧面检查）。仪器安装好以后，试验运转情况。先用手转动搅拌棒，检查转动是否灵活，再以低速开动搅拌器，试验运转情况。当搅拌棒与封管之间不发出摩擦声，转速稳定才能认为仪器装配合格，否则需要进行调整。最后装上辅助设备，如冷凝管和滴液漏斗（或温度计），并用固定夹夹紧。

用橡皮管密封时，在搅拌棒和橡皮管之间可用少量凡士林或甘油润滑。用液封管时，可在封管中装液体石蜡、甘油或浓硫酸、汞等。

项目 4　蒸发和结晶技术

知识目标

1. 了解溶液的蒸发原理。
2. 掌握重结晶原理和基本方法。

能力目标

能合理地进行重结晶等基本操作。

一、溶液的蒸发操作技术

1. 蒸发浓缩

用加热的方法从溶液中除去部分溶剂，从而提高溶液的浓度或使溶质析出的操作叫蒸发浓缩。蒸发浓缩一般是在水浴上进行的，若溶液太稀且该物质对热稳定时，也可先放在石棉网上直接加热蒸发，再用水浴蒸发。蒸发速度不仅与温度、溶剂的蒸气压有关，还与被蒸发液体的表面积有关。化学实验中常用的蒸发容器是蒸发皿，它能使被蒸发液体具有较大的表面积，有利于蒸发。蒸发浓缩装置及操作见图 2-14。

图 2-14　蒸发操作

2. 蒸发浓缩操作

1）使用蒸发皿蒸发液体时，蒸发皿内所盛放的液体不得超过总容量的 2/3，若待蒸发液体较多时，可随着液体的被蒸发而不断添补。

2）蒸发到一定程度后冷却，就可析出晶体。当物质的溶解度较大且随温度的下降而变小时，只要蒸发到溶液出现晶膜时即可停止加热；若物质溶解度随温度变化不大时，为了获得较多的晶体，需要在结晶膜出现后继续蒸发。由于晶膜妨碍蒸发，继续加热时，应不时地用玻璃棒将晶膜打碎。如果希望得到好的结晶（大晶体）时，则不宜过度浓缩。

二、结晶与重结晶操作技术

1. 结晶与重结晶

当溶液蒸发到一定程度（饱和）后，从溶液中析出晶体的过程叫结晶。结晶常用于固体混合物的分离提纯。

结晶提纯法的原理是利用混合物中各组分在某种溶剂中的溶解度不同，将被提纯物质溶解在热的溶剂中达到饱和（被提纯物质溶解度一般随温度升高而增大），趁热过滤除去不溶性杂质，然后冷却。冷却时由于溶解度降低，溶液变成过饱和而使被提纯物质从溶液中析出结晶，让杂质全部或大部分仍留在溶液中，从而达到提纯的目的。

当一次得到的晶体纯度不符合要求时，重新加入尽可能少的溶剂溶解晶体，然后再蒸发、结晶、分离，得到纯度较高的晶体的操作过程叫重结晶。重结晶是提纯固体有机化合物的一种重要的方法。一般适用于提纯杂质含量在5%以下的固体化合物，如果杂质含量大于5%时，必须先采用其他方法进行初步提纯，如萃取、水蒸气蒸馏等，然后再用重结晶法提纯。

2. 结晶操作技术

（1）选择适宜的溶剂　进行结晶特别是重结晶时，溶剂的选择是关键，一般要求溶剂对被提纯物及杂质有适宜的溶解度；否则，达不到提纯的目的。如果难以找到一种合适的溶剂时，可采用混合溶剂。混合溶剂一般由两种能以任何比例互溶的溶剂组成，其中一种对被提纯物质的溶解度较大，而另一种对被提纯物质的溶解度较小。使用混合溶剂的结晶操作与使用单一溶剂时的情况相同。

常见的溶剂有水、乙醇、丙酮、石油醚、四氯化碳、苯和乙酸乙酯等。

一般常用的混合溶剂有乙醇与水，乙醇与乙醚，乙醇与丙酮，乙醚与石油醚，苯与石油醚等。

（2）结晶操作的步骤及要求　结晶或重结晶操作的一般步骤可表示如下。

选溶剂 → 热溶解 → 脱色 → 热过滤 → 静置冷却结晶 → 减压过滤 → 干燥

析出晶体的大小与纯度是分离提纯效果的关键因素。在结晶或重结晶过程中，析出晶体颗粒的大小与外界环境条件有关。若溶液浓度较高，溶质的溶解度较小，快速冷却并加以搅拌（或用玻璃棒摩擦容器器壁），都有利于析出细小晶体。反之，若让溶液慢慢冷却或静置有利于生成大晶体，特别是加入一小颗晶体（晶种）时更是如此。从纯度来看，快速生成小晶体时由于不易裹入母液及别的杂质而纯度较高，缓慢生长的大晶体纯度较低，但是晶体太小且大小不均匀时，会形成稠厚的糊状物，其携带母液过多，导致难以洗涤而影响纯度。因此，在晶体制备中，晶体颗粒的大小要适中、均匀才有利于得到高纯度的晶体。

项目5　过滤与洗涤技术

知识目标

1. 了解常压过滤、减压过滤、保温过滤的设备构造和过滤原理。
2. 了解结晶的洗涤方法。
3. 掌握各种过滤的操作方法。

能力目标

能合理地使用过滤设备进行过滤操作。

一、过滤和过滤方法

实验室中，通过置于漏斗中的滤纸将沉淀（或晶体）与液体分离的操作称为过滤。过滤是分离沉淀和溶液的最常用的操作方法，包括常压过滤、减压过滤和保温过滤等。溶液的温度、黏度、过滤时的压力、过滤器空隙的大小以及沉淀物的性质均影响过滤速度（表 2-6）。选用不同的方法过滤时，应综合考虑上述各种因素。

表 2-6　影响过滤速度的因素

影响因素	结果
温度	热溶液较易过滤
黏度	溶液的黏度越大越难过滤
压力	减压比常压过滤得快
胶体	胶体可穿过滤纸，将滤纸空隙堵住，难以过滤
孔隙	滤纸的孔隙越大，过滤得越快

1. 常压过滤技术

常压过滤是实验中常用的方法，基本技能包括以下几点。

（1）玻璃漏斗及滤纸的选择　玻璃漏斗应选择使用锥体角度为60°，并且漏斗下管又有一定的长度的。滤纸有定量滤纸和定性滤纸两种，同时按孔隙的大小，滤纸又可分为“快速”“中速”和“慢速”三种，可根据实际情况和实验要求选用不同的滤纸和漏斗。

（2）滤纸的折叠与放置　滤纸一般折叠成四层（对折再对折），如图 2-15 所示，折成扇形，展开成圆锥体，恰与60°角的漏斗密合；若不密合（漏斗角度大于或小于60°）可改变滤纸一般折叠角度，直到与漏斗密合为止。为使滤纸能紧贴在漏斗壁上，放置时应在三层滤纸的外面两层处撕去一角，使三层滤纸的那边紧贴漏斗，用食指按住三层滤纸一边，用少量蒸馏水润湿滤纸，再用玻璃棒轻压滤纸，赶走滤纸与漏斗壁间的气泡。加水至滤纸边沿，此时漏斗颈应充满水，形成水柱（若不能形成完整的水柱，可一边用手指堵住漏斗下口，一边稍稍翘起三层那一边的滤纸，在滤纸和漏斗间加水，使漏斗颈和锥体大部分被水充满，然后一边轻轻按下掀起的滤纸，一边缓慢放开堵住出口的手指，即可形成水柱）。在过滤过程中，为使过滤速度较快，漏斗颈应一直被液体充满。

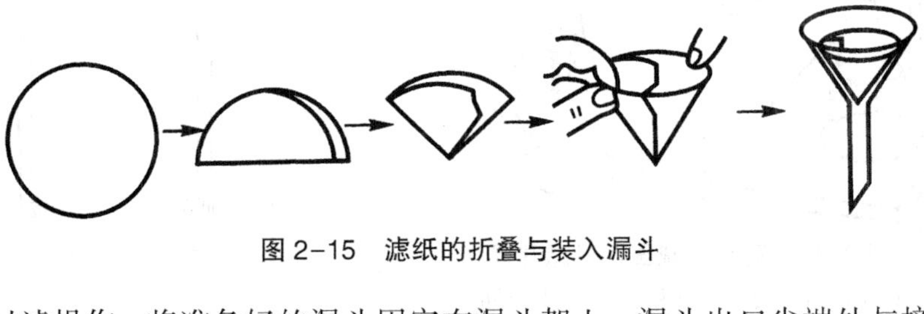

图 2-15　滤纸的折叠与装入漏斗

（3）过滤操作　将准备好的漏斗固定在漏斗架上，漏斗出口尖端处与接收容器的内壁接触（图 2-16）。过滤时应注意：①先转移溶液后转移沉淀，这样就不会由于沉淀堵塞滤纸孔隙而减慢过滤速度。②转移溶液时，应用玻璃棒引流，玻璃棒下段对着三层滤纸处，尽量靠近但不要接触。③加入漏斗的溶液不要超过滤纸高度的 2/3。④若沉淀需要洗涤，待溶液转移完后，再加入洗涤剂，搅拌沉淀，将清液转移到漏斗中，重复操作数次，最后加入少量洗涤剂，把沉淀搅起，将沉淀和溶液一起转入过滤漏斗，此时每次转移沉淀及溶液的量不能超过滤纸高度的 2/3，以便收集沉淀。也可以将沉淀先转移到滤纸上，用洗瓶加洗涤剂来洗涤，洗涤沉淀时应注意遵循少量多次的原则以提高洗涤效率。最后检查滤液中的杂质，判断沉淀是否洗净。

图 2-16　常压过滤操作

2. 减压过滤技术

减压可加快过滤速度，还可以将沉淀抽吸得比较干燥。但是胶体沉淀在快速过滤时易透过滤纸，颗粒太小太细的沉淀易在滤纸上形成一层密实的沉淀层，使溶液不易透过，反而达不到快速过滤的目的，因此胶体沉淀和颗粒太小的沉淀不宜采用此法。

（1）仪器与安装　减压过滤的仪器装置（图 2-17）是由抽滤瓶、布氏漏斗、安全瓶和减压装置（水泵、真空泵等）组成的。

由于减压装置带走了空气，使抽滤瓶减压，在布氏漏斗液面上和滤瓶内造成一个压力差，从而加快了过滤速度。布氏漏斗（图 1-11）是带有许多小孔的瓷漏斗，借橡皮塞与抽滤瓶连接［有时也用玻璃砂芯漏斗（酸洗漏斗）］，抽滤瓶承接流下来的溶液（母液），并有支管与抽气系统连接。安装时注意漏斗的下口斜角应朝着支管的方向（图 2-17）。

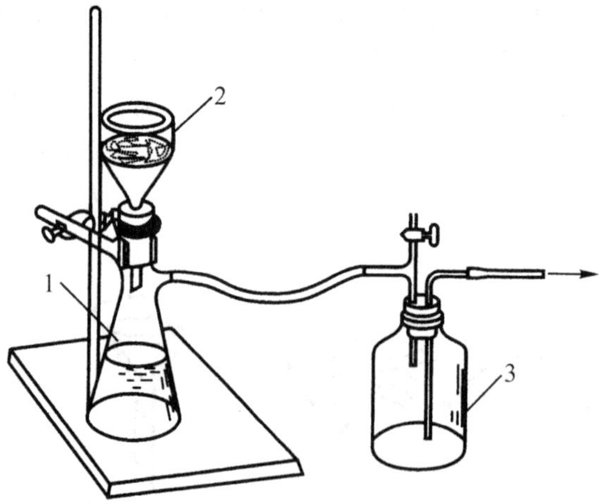

图 2-17　真空（减压）过滤装置

1. 抽滤瓶；2. 布氏漏斗；3. 安全瓶

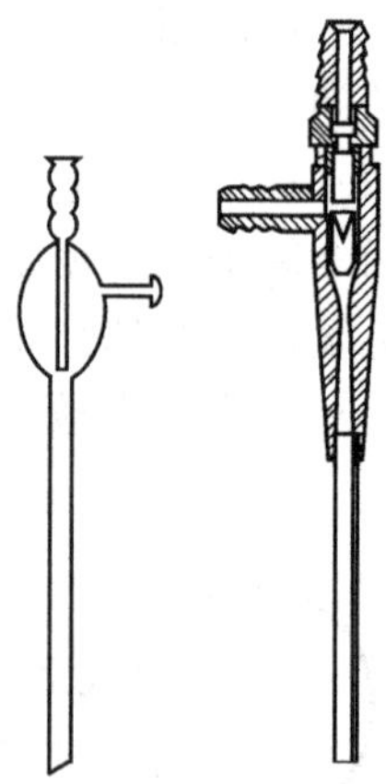

a.玻璃制品　b.金属制品

图 2-18　水泵

由于使用水泵（图 2-18）减压时水的流量的突然增加又变小，以及关闭水门都会因抽滤瓶内压力低于外界压力而使自来水进入抽滤瓶（反吸）；同时，当抽滤瓶的真空度大时，水泵的水汽泡也可能进入抽滤瓶，因此在抽滤瓶和水泵之间安装安全瓶是非常重要的。

（2）减压抽滤操作

1）准备滤纸。在减压过滤前，先将滤纸剪成直径略小于布氏漏斗直径，又能将漏斗的全部小孔盖住的圆形（也可以根据布氏漏斗直径的大小，选择合适的不同型号的滤纸）。将滤纸平铺于布氏漏斗的瓷板上，用少量蒸馏水将其润湿，缓慢打开自来水龙头稍微减压使滤纸紧紧地贴在漏斗的瓷板上。

2）转移沉淀。将溶液（也可将溶液和沉淀一起）转入布氏漏斗（每次转入的量不得超过漏斗总容量的 2/3），开大水龙头抽滤，并用玻璃棒将沉淀铺平，继续至沉淀被抽滤得比较干燥。

3）沉淀洗涤。需要对沉淀进行洗涤时，应先放空（或者拔掉与抽滤瓶相连的橡皮管），然后关闭水泵，将洗涤剂加入到布氏漏斗至盖没沉淀（浸润），搅拌（注意不要将滤纸搅破），再连接减压装置，使沉淀尽量抽干，重复操作直到符合要求为止。

4）取出固体。过滤完毕以及其他原因需停止抽滤时，应首先放空，将布氏漏斗从抽滤瓶上拿下，再关闭水泵，用玻璃棒轻轻挑起滤纸边缘，取出滤纸和沉淀。

5）母液回收。从抽滤瓶中的上口倒出母液（注意不能从侧口倒抽滤瓶中的母液）。

3. 保温过滤技术

保温过滤又叫趁热过滤，常用于重结晶操作中。当用普通玻璃漏斗过滤热的饱和溶液时，常常由于温度降低而在漏斗颈中或滤纸上析出结晶，不仅造成损失，而且使过滤困难。如果使用保温漏斗（又叫热水漏斗）趁热过滤，就不会发生这种情况。

（1）保温过滤装置　保温过滤装置如图 2-19 所示。将一支普通的短颈玻璃漏斗通过胶塞与带有侧管的金属夹套装配在一起制成保温漏斗，用铁夹夹住胶塞部位，将其固定在铁架台上，夹套中充热水，并在侧管处加热。这样就可使玻璃漏斗维持较高温度，保证热溶液通过时不降温，顺利过滤。注意，若溶剂为易燃性物质，过滤时侧管处不能加热。

（2）扇形滤纸的折叠　热过滤时，为充分利用滤纸的有效面积，加快过滤速度，常使用扇形滤纸，其折叠方法如图 2- 20 所示。

先将圆形滤纸对折成半圆形，再对折成 1/4 圆形，展开后得折痕 1-2，2-3 和2-4（图 2-20a）。再以 1 对 4 折出 5，3 对 4 折出 6，1 对 6 折出 7，3 对 5 折出 8（图 2-20b）；以 3 对 6 折出 9，1 对 5 折出 10（图 2-20c）；然后在每两个折痕间向相反方向对折一次，展开后呈双层扇面形（图 2-20d 和图 2-20e），拉开双层，在 1 和 3 处各向内折叠一个小折面（图 2-20f）即可放入漏斗中使用。注意，折叠时，折纹不要压至滤纸的中心处，以免多次压折造成磨损，过滤时容易破裂透滤。

在热过滤操作时，可分多次将溶液倒入漏斗中，每次不宜倒入过多（溶液在漏斗中停留时间长易析出结晶），也不宜过少（溶液量少散热快，易析出结晶）。未倒入的溶液应注意随时加热，保持较高温度，以便过滤。

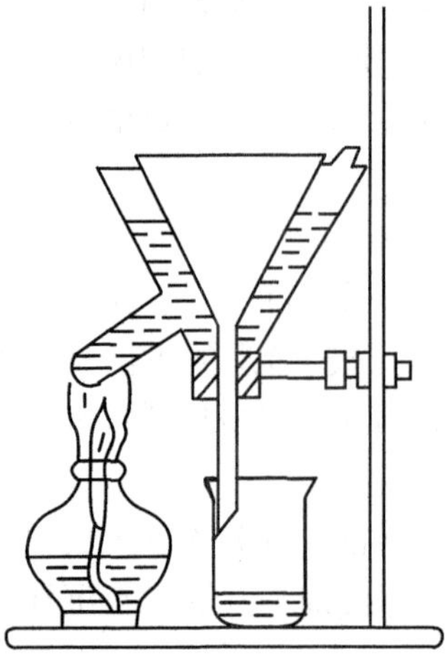

图 2-19　保温过滤装置

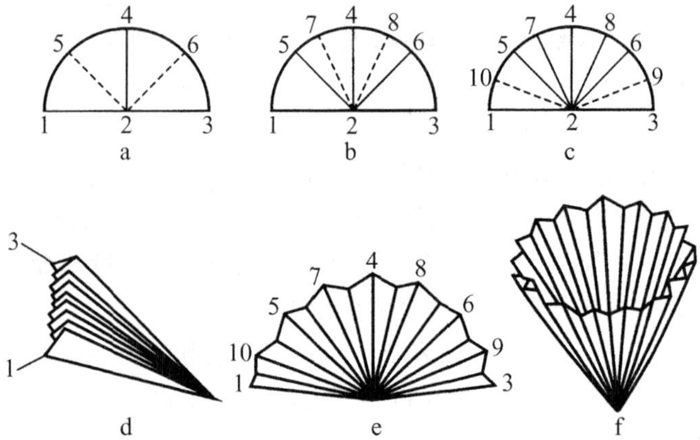

图 2-20　扇形滤纸的折叠方法

二、洗涤技术

沉淀过程是沉淀法制备目的产物的重要步骤，然而沉淀结束后的操作过程，如过滤、洗涤、干燥等也会对产品性能产生影响。

沉淀是难溶性物质，沉淀中带入杂质是由于表面吸附、产生混晶以及母液机械地包藏在沉淀物中等原因所致。因此，为了获得较纯的沉淀产物，沉淀分离后应采用适当的洗涤剂对沉淀物进行洗涤，其目的是洗去沉淀物表面吸附的杂质及混杂在沉淀物中的母液。

1. 洗涤液的选择

洗涤液常用蒸馏水或去离子水，在某些情况下经实验证明无不良影响时，也可采用自来水或软化水来洗涤。一般情况下可以根据下述情况来选择洗涤液：

1）溶解度很小而不易形成胶体的沉淀物，可用蒸馏水或去离子水洗涤。

2）溶解度较大的晶形沉淀物，宜用沉淀剂稀溶液来洗涤，这样可以减少沉淀物因溶解而造成的产品损失。

3）溶解度较小的非晶形沉淀物，应该选用易分解、易挥发的电解质稀溶液洗涤，这样可以避免非晶形沉淀物在洗涤过程中又分解成胶体。

4）温热的洗涤液容易将沉淀物洗干净，还能防止产生胶体液，也容易通过滤纸或滤布。但热洗涤液中沉淀物的损失也增加。所以，溶解度很小的非晶形沉淀物才宜用热洗涤液进行洗涤，溶解度很大的晶形沉淀物，还是用冷洗涤液为好。

2. 洗涤操作

洗涤的开始阶段，一般采用倾泻法清洗。操作前先放尽母液，加入适量洗涤剂，充分搅拌后静置澄清，再将澄清液放尽。照此，反复洗涤几次。洗涤时洗涤液用量少，但洗涤次数多一些比较适宜。洗涤中使用过滤操作可以提高洗涤效果。

此外，洗涤必须连续进行，不能中途停顿，更不能放置过久，尤其是一些非晶形沉淀，放置过久会发生凝聚，很难洗净。

项目 6　化学实验数据记录和实验报告

知识目标

1. 掌握有效数字及其运算规则。
2. 熟悉误差的来源及表示方法。
3. 掌握数据的记录方法和处理方法。

能力目标

能科学合理地对实验数据进行处理并获得可靠的实验结果。

一、有效数字及其运算规则

在科学上，任何直接或间接测量值的有效数字都说明其准确度，一般最后一位有效数字是可疑数字，前面各位均为可靠数字。因此不论是读取、记录实验数据还是进行实验数据处理，正确取舍有效数字都是十分重要的。

1. 有效数字

一个数从左边第一位不为零的数字至最后一位数字称有效数字。一般情况下，数中小数点位于有效数字之间或最后时，此数字可直接表示，否则用科学记数法表示。科学记数法 10^n 不是有效数字。

读取直接测量值时，根据测量仪器示数部分的刻度读出数值的可靠数字，再由刻度间估计一位可疑数字。如某个温度测量值为 12.0 ℃，表示它是用 1 ℃分度温度计测量的，最后一位“0”是根据水银柱在刻度间的位置估计的。而 12.00 ℃则表示使用 0.1 ℃分度温度计测量的，可以认为其读数误差为±0.01 ℃或±0.02 ℃。

2. 有效数字运算规则

（1）加减运算　运算结果只保留第一位可疑数字，第二位可疑数字采用“四舍六入五成双”规则舍入，后面各位舍弃。例如：

$$19.5(5)+3.24(6)-20.1(0)=2.4(9)(6)$$

取 2.50，式中（ ）内数字为可疑数字。

（2）乘除运算　计算结果的有效数字位数与数中有效数字位数最少者相同。如果因数中有效数字位数最少者的首位数大于或等于 8 时，计算结果可多取一位有效数字。例如：

$$5.32\times2.3/28.00=0.44$$

$$2.430\times0.0601/8.1=1.80\times10^{-2}$$

（3）对数及指数运算　对数尾数的有效数字应与真数的有效数字位数相同。例如：

$$\lg401.2=2.6032$$

在多步计算中，对于运算中间值，通常比原应有的有效数字多保留一位，以免舍入对最终结果影响太大。最终结果应按上述规则只保留应有的有效数字。

二、误差

1. 基本概念

（1）直接测量和间接测量　直接测量是利用测量仪器对某物理量进行的测量，测量结果直接用实验数据表达。例如，用尺测量长度，用天平测量质量，用滴定管测量液体体积等。

间接测量是指根据若干个直接测量结果，通过某些方程式的计算，得到所求量的测量。例如，用直接测量的质量与体积计算得到液体的密度。化学实验结果中有很大一部分都要由间接测量而得，如摩尔质量、溶液的浓度、化学平衡常数、反应速率常数等测定都是间接测量。

（2）误差　在实际测量过程中，由于受测量工具、测量方法、测量条件及测量者的主观因素等方面的影响，测量结果和真实值之间总是存在或大或小的差值。测量值和真实值之差值，称为误差或绝对误差。误差反映了测量值偏离被测物理量真实值的程度。误差越小，测量值越接近真实值。

由于任何测量都有误差，一般情况下真实值是得不到的，常用高精度测量值、多次测量结果的算术平均值或用文献、手册所载的公认值代替真实值。

（3）准确度和精密度　是表示测量结果可靠程度的两个不同的概念。准确度表示测量值和真实值的接近程度，反映测量结果的正确性；精密度表示同一物理量多次测量结果的彼此符合程度，反映测量结果的重复性和再现性。精密度高的测量结果，只表示多次测量重复性好，但并不一定准确度高，可能与真实值有较大的偏差，这是由于相同的因素引起恒定误差（系统误差）所致。准确度高的测量结果必须有好的精密度来保证，否则，精密度不高说明测量值本身就不可靠，当然就不能说准确度高。

2. 误差的来源和分类

根据误差的来源及性质，可将误差分为系统误差和随机误差。

（1）系统误差　这种误差是由一定原因引起的。它对测量结果的影响是固定的或是有规律变化的。它使测量结果总是偏向一方，即总偏大或偏小。这类误差的数值或是基本不变，或是按一定规律变化。因而，在多数情况下，它们对测量结果的影响可以用修正值来消除。

系统误差按产生原因的不同，又可分为以下 4 类：

1）仪器误差。这是由于仪器结构上的缺陷引起的。如天平砝码不准确，气压计的真空度不高，仪器刻度划分不准确等。这类误差可用标定的方法加以校正。

2）试剂误差。它是在化学实验中，所用试剂纯度不够而引起的误差。在某些情况下，试剂所含杂质可能给实验结果带来严重影响。消除这类误差的方法是换用纯度合乎要求的试剂。

3）方法误差。这是由于实验方法的理论依据有缺点而引起的。例如，根据理想气体状态方程测定气体的摩尔质量时，由于实际气体对理想气体的偏差，使所得摩尔质量有误差。只有用多种方法测量同一物理量，所得数据相一致时，才可认为方法误差已基本消除，结果是可靠的。

4）操作误差。这是由于测量者的习惯或主观因素引起的误差。如观测某一信号的时间总是滞后，读取仪器示值时眼睛位置总是偏向一边，判定滴定终点的颜色也因人而异等。

因为系统误差的数值可能比较大，所以必须消除系统误差的影响，才能有效提高测量的精度。实验工作者的重要任务之一就是发现系统误差的存在，找出其来源，选择有效地消除或减小误差的办法。

（2）随机误差　即使系统误差已被修正，在同一条件下对某一个量进行多次重复测量时，多次测量值之间仍会存在微小的差异。这些差异是由于一些暂时未能掌握的或不便掌握的微小因素所引起的，这类差异称为随机误差。这类误差的出现没有确定的规律，即前一次测量误差出现后，不能预料下一次测量误差的大小和方向，但就其总体而言，具有统计规律性。

系统误差是可以设法避免或减小的，而随机误差则不能消除，因此，最佳实验结果应仅含有微小的随机误差。

3. 误差的表示方法

误差可以用绝对误差和相对误差来表示。它们都是测量值准确度的度量，误差绝对值越小，测量值的准确度越高。绝对误差等于测量值减去真实值，它具有与测量值相同的单位。相对误差等于测量值的绝对误差在真实值中所占的分数或百分数，它是量纲为 1 的量。

$$绝对误差=测量值-真实值$$

$$相对误差=绝对误差/真实值$$

绝对误差可以评定测量值与真实值的偏差大小。例如，用分析天平称量两个样品的质量，测量值分别为 1.000 1 g 及 0.100 1 g，若真实值分别为 1.000 g 及 0.100 0 g，则它们的绝对误差都是 0.000 1 g，说明与真实值偏离了相同的值。但它们的相对误差分别为 0.01%及 0.1%，前者是后者的 1/10，说明前一样品测量准确度更高。此外，相对误差可以比较不同物理量测定的准确度大小，而绝对误差则不能。

计算误差时都需要用到真实值，物理化学实验中常将文献值、手册值作为真实值，有时也用更精确的仪器测量真实值，或将用更精确的方法测量的结果作为真实值。

三、实验预习、原始记录和实验报告

1. 实验预习

实验预习是化学实验的重要环节，要求在实验前完成。为了使实验能够达到预期的目的，避免照方抓药，在实验之前必须做好充分的预习和准备。预习除了反复阅读实验内容，领会实验原理，了解有关实验步骤和注意事项外，还需在实验记录本上写好预习提纲。预习提纲包括以下内容：

1）实验题目、实验目的和要求。

2）实验原理。简要地用文字和化学反应方程式说明。

3）仪器药品。所用仪器规格、型号，药品的规格、用量（单位：g，mL，mol）及溶液浓度等，合成实验还需原料、产物、副产物和试剂的物理常数（查手册或文献等)；计算理论产量。

4）装置图。简单明了地画出实验中各种仪器、设备的连接图。

5）实验步骤。简明扼要地写出基本操作步骤，并明确各步操作的目的和要求。

6）找出本实验的关键步骤和相应的实验操作注意事项。

2. 原始记录

原始记录是实验工作原始情况的记载，要确保记录真实可靠。原始数据不准随意涂改，不能缺项。在实验过程中，如发现数据算错、记错或测错需要改动时，可将该数据用一横线划去，并在其上方写上正确数字，不能涂改，更不允许私自拼凑数据。

记录实验过程中的测量数据，应注意有效数字的位数，只保留一位可疑数字。如常用的几个重要物理量的测量误差一般为：质量，±0.000 1 g（万分之一天平）；体积，±0.01 mL（滴定管、容量瓶、移液管）；pH，±0.01；电位，±0.000 1 V；吸光度，±0.001 单位等。由于测量仪器不同，测量误差不同，所以应根据具体实验情况及测量仪器的精度，正确记录测量数据。

3. 实验报告

实验操作完成之后，更为重要的工作是分析实验现象，整理实验数据，把直接的感性认识提高到理性认识阶段，对所学知识举一反三，获得更多的东西。撰写实验报告是培养学生思维能力、书写能力、总结能力的有效方法，也是学习学术论文写作的一个途径。

实验报告是整个实验的一个重要组成部分，是对本实验的总结，是分析问题和知识理性化的必要步骤，撰写规范的实验报告是一种能力。

（1）实验报告的格式　实验报告一般包括以下内容。

【实验题目】

【实验目的】

【实验原理】

【仪器和药品】

【实验步骤】真实实验步骤的描述、装置图和现象记录。

【结果与讨论】

（2）报告基本要求

1）实验目的、原理应简明扼要。

2）实验步骤，可采用简要的流程示意图表示，实验装置图应使用铅笔按一定比例画图，工作曲线应使用坐标纸。

3）实验结果，对于制备与合成类实验，要求有理论产量计算、实际产量及产率计算；对于分析类实验，要求写出计算公式和计算过程，并计算实验误差且报告结果；对于物理化学参数的测定，要求有必要的计算公式和计算过程，并用列表法或图解法表达出来。

4）对实验中遇到的问题、异常现象进行讨论，分析原因，提出解决办法，对实验结果误差进行分析，说明原因。失败的实验操作，更要仔细分析失败的原因。

实验报告是实验结果的记录，是思维的记录，是实验的永久性的记录，因此要用钢笔或水笔简洁、准确地填写，字迹端正、清晰。

【思考题】

1. 什么叫有效数字？“0”在有效数字中有什么特殊意义？

2. 下列各数的有效数字是几位？

（1）0.007 7　（2）1.98×10^6　（3）65.06%　（4）0.109 8　（5）0.034 0

实训 2-1 固体药品的取用与溶液的配制

知识目标

1. 掌握固体药品的取用方法。
2. 掌握固体化学品溶解和溶液配制的原理与基本操作。

能力目标

1. 能正确地取用固体化学药品。
2. 能规范化地使用台秤、量筒或量杯等仪器。
3. 能进行溶液的配制与稀释操作。
4. 培养细心观察、准确操作、认真记录的良好习惯。

【仪器和试剂】

仪器：烧杯，量筒，试剂瓶，玻璃棒，台秤等。

试剂：NaCl 固体，NaOH 固体。

【原理】

药品的种类繁多，其性质、作用、物质形式、储藏方式等不尽相同，有些药品甚至具有毒性和强腐蚀性，会对人体产生危害。因此，在取用药品之前，最重要的是要搞清药品的性能，万不可莽撞取用，切忌人体皮肤直接接触、嗅药品的气味、尝药品的味道。

药品取用量的多少，应根据实验的具体情况而定，在实验对药品取用量无定量要求时，药品取量宜少不宜多。取用块状固体药品，应用镊子夹取。取用粉状、颗粒状固体药品应用药匙取。取用过药品的工具应当立即擦净，取用过的药品应立刻盖好密封，以防止药品受潮、氧化、失效。

使用托盘天平或分析天平称量固体药品时，药品一定要放在称量纸上称量，具有腐蚀性或易潮解的固体应放在干燥洁净的表面皿上或玻璃容器内称量，绝对不能直接放到天平的托盘上称量。

块状药品或金属颗粒放入玻璃容器时，应先把容器横置，放入药品或金属颗粒后再把容器缓慢竖起，使其滑至容器底部，以免撞破容器。

溶液的浓度是指一定量的溶液或溶剂中所含溶质的量。常用的浓度表示方法有：物质的量浓度（c_B）、质量浓度（ρ_B）、质量分数（ω_B）、体积分数（φ_B）等。根据溶液的浓度、体积等准确性要求的不同，应使用不同的仪器。若准确性要求不高，一般使用台秤、量筒、带刻度的烧杯等低准确度的仪器；若对溶液浓度、体积等的准确性要求较高，必须使用精确度较高的分析天平、移液管、容量瓶等仪器进行准确配制。

一定浓度溶液的配制方法有两种：

1）用一定量的溶液中所含的溶质的量来表示溶液的浓度，如 ω_B，其配制的方法是将定量的溶质和溶剂混合均匀。

2）用一定体积的溶液中所含溶质的量来表示溶液的浓度，如 c_B、ρ_B、φ_B，其配制的方法是将一定量的溶质与适量的溶剂先混合，使得溶质完全溶解，定量转移到量筒或容量瓶中，然后再加溶剂到溶液总体积，最后用玻璃棒搅匀。

【实训内容与操作】

1. 配制 $\rho_B=9\ g\cdot L^{-1}$ 的生理盐水 100 mL

计算：由 $\rho_B=m_B/V$

得　$m_{NaCl}=\rho_{NaCl}\times V=9\times 0.1=0.9\ (g)$；

称取：在台秤上准确称取 0.9 g NaCl（操作方法见模块一项目 5），放入 50 mL 的小烧杯中；

溶解：加 20 mL 蒸馏水于盛放 0.9 g NaCl 的小烧杯中，搅拌使 NaCl 固体溶解；

转移配制：用玻璃棒引流，将小烧杯中的溶液转移到 100 mL 量筒（或容量瓶）中，并用蒸馏水洗涤小烧杯 3 次，洗涤液一并倒入量筒（或容量瓶）中，加蒸馏水到 100 mL 刻度线，搅匀，然后将此溶液倒入试剂瓶中，贴上标签。

2. 配制 $1\ mol\cdot L^{-1}$ NaOH 溶液 100 mL

计算：由　$c_B=n_B/V$　　$n_B=\dfrac{m_B}{M_B}$　计算所需固体 NaOH 的质量 m_{NaOH}；

称取：在台秤上用干净的小烧杯称取 mg 固体 NaOH；

溶解：将称量的 NaOH 放入小烧杯中，加约 40 mL 蒸馏水，搅拌至 NaOH 完全溶解；

转移配制：将已溶解的（冷却的）溶液转移到 100 mL 量筒中，用蒸馏水洗涤小烧杯 2~3 次。洗涤液一并转移到 100 mL 量筒中，加蒸馏水至刻度线，搅匀，再将此溶液倒入试剂瓶中，贴上标签。

3. 配制 $0.1\ mol\cdot L^{-1}$ NaOH 溶液 100 mL

配制浓度较小、体积或质量又较少的溶液，一般通过较浓溶液的稀释得到。

计算：由式　$c_{浓}V_{浓}=c_{稀}V_{稀}$　　计算所需 $1\ mol\cdot L^{-1}$ NaOH 溶液的体积 $V_{浓}$；

配制：用 20 mL 量筒量取所需体积的 $1\ mol\cdot L^{-1}$ NaOH 溶液，倒入 100 mL 量筒中，用蒸馏水洗涤 20 mL 量筒 3 次，一并转入 100 mL 量筒中，加蒸馏水至刻度线。最后将此溶液倒入试剂瓶中，贴上标签。

【思考题】

1. 称量及溶解 NaOH 固体时，应注意什么问题？
2. 要配制较准确浓度的溶液，对称量和定容过程有何要求？

实训 2-2　容量瓶、移液管、滴管的使用与溶液的配制

知识目标

1. 掌握容量瓶、移液管、滴管的使用方法。

2. 掌握一般溶液的配制原理和基本操作步骤。

能力目标

1. 能规范地使用容量瓶、移液管、滴管等仪器。
2. 能进行一般溶液的配制和稀释操作。
3. 培养细心观察、准确操作、认真记录的良好习惯。

【仪器和试剂】

仪器：烧杯，容量瓶，移液管，试剂瓶，滴管，玻璃棒等。

试剂：$\varphi_B = 0.95$ 的乙醇，浓硫酸。

【原理】

在实验室，配制一定物质的量浓度的溶液，可以用固体直接配制（见实训 2-1），也可以将浓溶液稀释成稀溶液，例如，各种盐酸、硫酸、酒精溶液等的配制。无论何种溶液的配制，都应计算出所用试剂的用量，包括固体试剂的质量或液体试剂的体积。对于溶液浓度、体积等要求较高的溶液的配制，需要使用准确度较高的分析天平、移液管、容量瓶等设备仪器。

盐酸、硫酸、酒精溶液等的配制都是通过其浓溶液的配制来实现的，计算时常用下列关系式：

$$c(\text{浓溶液}) \cdot V(\text{浓溶液}) = c(\text{稀溶液}) \cdot V(\text{稀溶液})$$

液体药品的种类繁多，其性质、作用、物质形式、储藏方式等不尽相同，有些药品甚至具有毒性和强腐蚀性，例如，H_2S、HCl、H_2SO_4 等都可能对人体产生危害。因此，在取用药品之前，最重要的是要搞清药品的性能，万不可莽撞取用，切忌人体皮肤直接接触、嗅药品的气味、尝药品的味道，也不能随意混合药品及试剂。

【实训内容与操作】

1. 移液管、容量瓶、滴管的使用

（1）使用方法

1）移液管。要准确地移取一定体积的溶液时，可用各种不同容量的移液管。移液管有各种形状，最普通的是中部有一膨大的球部，上下均为较细的管颈，上部的管颈刻有一环状刻度的移液管。一只移液管只能准确移取某一确定体积（如 25 mL 或 50 mL 等）的试剂。还有一种带分刻度的移液管，它的中间没有球部，一般称为吸量管，每支移液管上都标有它的容量和使用温度。一只吸量管可以准确移取小于其容量的任意体积的试剂。

移液管的使用方法：

A. 使用前依次用洗液、自来水、蒸馏水洗涤，自然沥干，并用少许待量取的溶液荡洗 3 次，以免被移取的液体为残留在移液管内壁的蒸馏水所稀释。

B. 用右手的大拇指和中指拿住移液管管颈标线上方，将移液管插入待吸试剂的液面下 1~2 cm 处，左手握住洗耳球并紧密连接在移液管的上口将试剂慢慢吸入，注意容器中液面和移液管尖的位置，应使移液管尖随液面下降而下降。当管内液面上升至标线稍高位置时，迅速移去洗耳球，并用右手食指按住管口，将移液管向上提，使其离开液面，移液管垂直，微微松开食指，并用拇指和中指轻轻转动移液管，让试剂慢慢流入原试剂瓶，当移液管中试剂的弯月面与标线相切时（注意：观察时眼睛与移液管的标线应处在同一水平位置上），立刻用食指按住管口，使试剂不再流出。

C. 取出移液管，左手改拿接收器，并将接收器倾斜，移液管放入接收器中，使管尖与容器内壁紧贴成45°左右，使移液管保持垂直，然后松开右手食指，使试剂自由地沿壁流下，待液面下降到管尖后，等待约15 s液体不再流出时，再把移液管拿开。

2）容量瓶。容量瓶（也叫量瓶）为准确配制一定浓度溶液用的精确仪器。它是一种细长颈、梨形的平底玻璃瓶，配有磨口塞。瓶颈上刻有标线，当瓶内体积在所指定温度下达到标线处时，其体积即为所标明的容积数。常和移液管、滴管等配合使用。

使用容量瓶的准备工作：

A. 选择与要求相符的容量瓶（容积、颜色等），检查磨口塞是否配套。使用时不可将玻璃磨口塞放在桌面上，以免沾污和搞错，打开瓶塞操作时，可用右手的食指和中指夹住瓶塞的扁头（也可用橡皮圈或细尼龙绳将瓶塞系在瓶颈上，细绳应稍短于瓶颈）。

B. 先用自来水冲洗，再用洗涤液清洗（必要时可用洗液，但不能用毛刷刷洗），用自来水冲洗干净，最后用蒸馏水冲洗3次。

C. 瓶中注入自来水至标线附近，盖好瓶塞，左手食指按住瓶塞，其余手指拿住瓶颈标线以上部分，右手指尖托住瓶底边缘，然后将瓶倒立2 min，观察瓶塞周围是否有水渗出（可用滤纸查看），如不漏水，将瓶直立；将瓶塞旋转180°后，再如上述进行检查，如不漏水，即可使用。

3）滴管。滴管又称胶头滴管，由胶帽和玻璃管组成。有直形、直形有缓冲球及弯形有缓冲球等几种形式。多用于滴加少量液体试剂。一般20滴液体约1 mL。

滴管的使用方法：

A. 使用时胶头在上，管口在下，防止液体试剂进入胶头而使胶头受腐蚀或将胶头里的杂质带进试液。

B. 滴管管口不能伸入容器，更不能接触容器。应垂直悬空于容器上方0.5 cm处。

C. 不能倒置，也不能平放于桌面上。应插入干净的瓶中或试管内。

D. 滴管不可交叉使用，用后应立即洗涤干净。

E. 滴瓶上的滴管，不能吸取其他液体，也不可用清水冲洗。

（2）操作练习

1）移液管的使用。分别选用25 mL、10 mL移液管进行操作练习，依次完成以下操作。

洗涤→润洗→吸液（用容量瓶中的水）→调液面→移液（移至锥形瓶中）或放液（按不同刻度把溶液移入锥形瓶中）。

2）容量瓶的使用。按规范要求依次进行如下操作，并重复2~3次。

洗涤→试漏→装溶液（以水代替）→调液面至标线。

3）移液管和容量瓶的相对校准。用25 mL移液管准确移取蒸馏水10次于250 mL容量瓶中，仔细地观察容量瓶中液体弯月面下缘，是否与标线相切，若不相切，用滴管调整，并估算添加或取出的蒸馏水体积（重复2~3次）。

2. 液体溶液的配制

1）由市售乙醇（$\varphi_B=0.95$）配制$\varphi_B=0.50$的酒精100 mL：

计算：由 $\varphi_1V_1=\varphi_2V_2\rightarrow0.95\times V=0.50\times50$ 计算所需无水乙醇（$\varphi_B=0.95$）的体积 V（mL）；

量取：用移液管准确量取无水乙醇（$\varphi_B=0.95$）的体积 V mL；

移液配制：将 V mL 无水乙醇（$\varphi_B=0.95$）转移至 100 mL 容量瓶中，加蒸馏水至刻度线约 1 cm 处，改用滴管逐滴滴加至凹液面与刻度线相切，摇匀，再将此溶液倒入试剂瓶中，贴上标签，备用。

2）由市售浓盐酸（$\omega_B=36.5\%$，$\rho=1.19\ kg\cdot L^{-1}$）配制 0.1 $mol\cdot L^{-1}$稀盐酸溶液 250 mL：

计算：市售浓盐酸的浓度 $c_B=\omega_B\times\rho\times V/M=0.365\times1.19\times1\times10^3/36.5=12$（$mol\cdot L^{-1}$）；

由式 $c_{浓}V_{浓}=c_{稀}V_{稀}$计算出浓盐酸的体积 V（mL）；

量取：用移液管准确量取浓盐酸 V mL 至 250 mL 容量瓶中；

加水稀释：在干净的烧杯中加入约 300 mL 蒸馏水，然后用量酸的移液管分多次将烧杯中的蒸馏水转移至 250 mL 容量瓶中，加蒸馏水至刻度线约 1 cm 处，改用滴管逐滴滴加至凹液面与刻度线相切，摇匀，将此溶液倒入试剂瓶中，贴上标签，备用。

3）由市售浓硫酸（$\omega_B=0.98$，$\rho=1.84\ kg\cdot L^{-1}$）配制 3.0 $mol\cdot L^{-1}$稀硫酸溶液 100 mL：

计算：市售浓硫酸的浓度 $c_B=\omega_B\times\rho\times V/M=0.98\times1.84\times1\times10^3/98=18.4$（$mol\cdot L^{-1}$）；

由式 $c_{浓}V_{浓}=c_{稀}V_{稀}$计算出浓硫酸的体积 V（mL）；

量取稀释：用干燥的移液管吸取浓硫酸 V mL，缓慢加到已先加有约 50 mL 蒸馏水的小烧杯中，边加边搅拌，放置冷却；

转移配制：将已冷却的硫酸溶液小心倒入 100 mL 容量瓶中，然后用少量蒸馏水洗涤小烧杯 3 次，一并倒入容量瓶中，加蒸馏水至刻度线约 1 cm 处，改用滴管逐滴滴加至凹液面与刻度线相切，摇匀，将此溶液倒入试剂瓶中，贴上标签，备用。

【注意事项】

1）容量瓶只能准确配制容量瓶上规定容积的溶液。

2）稀释浓硫酸是把酸加入水中，并不断用玻璃棒搅拌。

3）容量瓶在使用前必须检漏。

4）移液前应静置至溶液温度恢复到室温，以免造成容量瓶的热胀冷缩。

【思考题】

1. 用容量瓶配制溶液时，要不要把容量瓶干燥？要不要用被稀释溶液洗三遍，为什么？

2. 怎样洗涤移液管？水洗净后的移液管在使用前还要用吸取的溶液来洗涤，为什么？

3. 用移液管量取浓硫酸时，为什么要使用干燥的移液管？

实训 2-3　粗食盐的提纯与产品纯度的检验

知识目标

1. 了解提纯盐的方法和原理。
2. 了解食盐纯度的简易检验方法。
3. 掌握台秤和酒精灯的使用方法。

能力目标

1. 能正确使用沉淀、过滤、蒸发、结晶、干燥所用的仪器和设备。
2. 掌握沉淀、过滤、蒸发、结晶、干燥等基本操作技术。

【仪器和试剂】

仪器：台秤，烧杯（150 mL），普通漏斗，漏斗架，布氏漏斗，抽滤瓶，量筒（100 mL），蒸发皿，石棉网，玻璃棒，酒精灯，滤纸。

试剂：pH 试纸，粗食盐，盐酸（2 mol · L^{-1}），Na_2CO_3溶液（1 mol · L^{-1}），NaOH 溶液（2 mol · L^{-1}），$BaCl_2$ 溶液（1 mol · L^{-1}），$(NH_4)_2C_2O_4$ 溶液（0.5 mol · L^{-1}），镁试剂，KSCN 溶液。

【原理】

粗食盐中含有不溶性杂质（如泥沙等）和可溶性杂质（主要是 Ca^{2+}、Mg^{2+}、Fe^{3+}、K^+、SO_4^{2-}）。其中不溶性杂质，可用溶解、过滤的方法除去。

可溶性杂质常用下列方法除去。

在粗食盐溶液中加入稍过量的 $BaCl_2$ 溶液，可将 SO_4^{2-}转化为难溶解的 $BaSO_4$，将溶液过滤，除去 $BaSO_4$ 沉淀，即除去粗食盐中的 SO_4^{2-}。

$$Ba^{2+}+SO_4^{2-} = BaSO_4\downarrow$$

再在滤液中加入 NaOH 和 Na_2CO_3 溶液，食盐溶液中的杂质 Ca^{2+}、Mg^{2+}、Fe^{3+}以及沉淀 SO_4^{2-}时加入的过量 Ba^{2+}便相应转化为难溶的 $CaCO_3$、$Mg(OH)_2$、$Fe(OH)_3$ 和 $BaCO_3$，再通过过滤的方法除去。过量的 NaOH 和 Na_2CO_3 可以用盐酸中和除去。

$$OH^-+H^+ = H_2O$$

$$CO_3^{2-}+2H^+ = H_2O+CO_2$$

稍过量的盐酸在加热浓缩时，氯化氢即挥发除去。还有少量可溶性的杂质（如 KCl）由于含量很少，在蒸发浓缩和结晶过程中仍留在溶液中，不会和 NaCl 同时结晶出来。

【实训内容与操作】

1. 粗食盐的提纯

（1）称量与溶解　在台秤上称取 8 g 粗食盐，放入小烧杯中，加 30 mL 蒸馏水，加热并用玻璃棒搅动使其溶解。

（2）除杂质

1）粗食盐溶液加热至沸腾时，在搅动下一滴一滴加入 1 mol · L^{-1} $BaCl_2$ 溶液，至沉淀完全（约 2 mL），继续加热，使 $BaSO_4$ 颗粒长大而易于过滤。

为了检验沉淀是否完全，可将烧杯从石棉网上取下，待沉淀沉降后，在上层清液中加入 1~2 滴 $BaCl_2$ 溶液。观察澄清液中是否还有混浊现象，如果无混浊现象，说明 SO_4^{2-} 已沉淀完全；如果仍有混浊现象，则需继续滴加 $BaCl_2$ 溶液，直至沉淀完全。

过滤热溶液，除去 $BaSO_4$ 沉淀（装置见图 2-19）。

2）在滤液中加入 1 mL 2 mol · L^{-1} NaOH 溶液和 3 mL 1 mol · L^{-1} Na_2CO_3 溶液，并加热至沸。待沉淀沉降后，在上层清液中加 1 mol · L^{-1} Na_2CO_3 溶液至不再产生沉淀为止，再用普通漏斗过滤。

3）在滤液中逐滴加入 2 mol · L^{-1} 盐酸，并用玻璃棒蘸取滤液在 pH 试纸上试验，直至溶液呈微酸性为止（pH = 6）。

（3）结晶与抽滤

1）将滤液倒入蒸发皿中，用小火加热蒸发（操作见图 2-14），浓缩至稀粥状为止，切不可将溶液蒸发至干。

2）将冷却后的结晶和母液转移至布氏漏斗进行减压过滤（装置见图 2-17），尽量将结晶抽干。

（4）计算产率

1）将结晶放在蒸发皿上，在石棉网上用小火加热干燥。

2）称出产品的质量，并计算产率。

2. 产品纯度的检验

取少量（约 1 g）提纯前和提纯后的食盐，分别用 5 mL 蒸馏水溶解，然后各盛于 4 支试管中，组成 4 组，对照检验它们的纯度。

（1）SO_4^{2-}的检验　在第一组溶液中，分别加入 3 滴 $BaCl_2$ 溶液，比较沉淀产生的情况，在提纯的食盐溶液中应该无沉淀产生。

（2）Ca^{2+}的检验　在第二组溶液中，分别加入 2 滴 0.5 mol · L^{-1} $(NH_4)_2C_2O_4$ 溶液，在提纯的食盐溶液中应无白色难溶的 CaC_2O_4 沉淀产生。

（3）Mg^{2+}的检验　在第三组溶液中，分别加入 2~3 滴 2 mol · L^{-1}NaOH 溶液，使溶液呈碱性（用 pH 试纸试验），再各加入 2~3 滴镁试剂[1]，在提纯的食盐溶液中应无天蓝色沉淀产生。

（4）Fe^{3+}的检验　在第四组溶液中，分别加入 2 滴盐酸，使其呈酸性。再各加入 1 滴 KSCN 溶液，若变成红色，说明有 Fe^{3+}存在。在提纯的食盐溶液中应无颜色变化。

【思考题】

1. 怎样除去粗食盐中的不溶性杂质和 Ca^{2+}、Mg^{2+}、K^+、SO_4^{2-} 等？
2. 怎样除去过量的沉淀剂如 $BaCl_2$、NaOH、Na_2CO_3？
3. 提纯后的食盐溶液浓缩时为什么不能蒸干？
4. 怎样检验提纯后的食盐？

[1] 镁试剂是一种有机染料，它在酸性溶液中呈黄色，在碱性溶液中呈红色或紫红色，但被 $Mg(OH)_2$ 沉淀吸附后，则呈天蓝色，因此可以用来检验 Mg^{2+}的存在。

实训 2-4　苯甲酸的提纯

知识目标

1. 掌握重结晶的基本原理。
2. 掌握溶解、加热、热过滤、减压过滤等基本操作方法。

能力目标

1. 能正确安装实验装置。
2. 具备溶解、加热、热过滤、减压过滤等基本操作的能力。

【仪器和试剂】

仪器：烧杯（200 mL，150 mL），锥形瓶，减压抽滤装置，保温漏斗，电炉。

试剂：苯甲酸（粗品），活性炭。

【原理】

苯甲酸俗称安息香酸，纯品为无色晶体，熔点为 114.3 ℃。粗品由于含有杂质而显出微黄色。利用不同温度下苯甲酸在 100 g 水中的溶解度分别为 0.27 g（18 ℃），0.55 g（25 ℃），0.84 g（50 ℃），3.45 g（80 ℃），5.7 g（100 ℃），将粗苯甲酸溶于沸水中，加活性炭脱色，趁热过滤，不溶性杂质与活性炭在过滤时除去，可溶性杂质在冷却后苯甲酸结晶析出时，由于浓度小仍留在母液中除去。

【实训内容与操作】

1. 溶解粗品

在 250 mL 烧杯中，加 3 g 粗苯甲酸、60 mL 水，在电炉上缓慢加热并不断用玻璃棒搅动，使固体溶解。此时若有未溶解固体，再每次加 3~5 mL 热水，直至沸腾溶液中的固体不再溶解。然后再加入 5 mL 热水（目的是溶剂稍过量，可以避免热滤时因温度下降在滤纸上析出晶体，造成损失），记录用去水的总体积。

2. 活性炭脱色并趁热过滤

苯甲酸是无色晶体，如果所得溶液有色，则稍冷后加入少量活性炭，搅拌下继续加热微沸 3 min。

在热水漏斗中加入沸水，安置在铁圈上，过滤时热水漏斗中放一配套的玻璃漏斗，在玻璃漏斗中放一叠好的折叠滤纸，并用少量热水润湿。将上述热溶液倒入玻璃漏斗中（装置见图 2-19），用 150 mL 烧杯收集滤液。

注意：每次倒入漏斗中的液体不要太多，也不要等溶液全部滤完后再加，在过滤过程中要用小火加热热水漏斗以保持溶液的温度，待所有溶液过滤完毕后，要用少量热水洗涤烧杯和滤纸。

3. 结晶

将盛滤液的烧杯用表面皿盖好，放置稍冷后，再用冷水进一步冷却使苯甲酸完全结晶。如要获得较大颗粒的结晶，可将滤液及析出的结晶重新加热溶解，于室温下放置，让其慢慢冷却后，进行重结晶。

4. 减压抽滤

结晶完成后，用布氏漏斗抽滤（装置见图 2-17），使晶体和母液分离，并用玻璃塞挤压晶体，使母液尽量除去。拔下抽滤瓶上橡皮管（或打开安全瓶上的旋塞），停止抽气，再加少量冷水至布氏漏斗中，使晶体湿润（可用刮刀使晶体松动），然后重新抽干，如此重复 1~2 次。

5. 干燥

用刮刀将晶体转移至表面皿上，摊开成薄层，自然晾干或在红外灯下烘干，也可在干燥器中干燥。

6. 称量

晶体干燥后，称其质量并计算回收率（产品可留作测熔点用，并与粗产品的熔点做比较。测定粗苯甲酸的熔点，方法参见实训 4-2）。

【思考题】

1. 溶解重结晶粗产物时，为何要渐渐添加溶剂至恰好溶解，而后再多加少量溶剂？
2. 活性炭能在溶液沸腾时加入吗？为什么？
3. 使用布氏漏斗过滤之后洗涤产品的操作中，要注意哪些问题？

模块三　物质的分离和制备技术

物质的分离和制备是化学中的两个基本问题，根据化学物质的种类、性质等选择科学的方法、合适的仪器与设备，掌握分离和制备的操作技能以及正确处理操作过程中可能出现的问题，是对高素质技能型人才的基本要求。

项目1　物质的分离技术

知识目标

1. 了解不同分离方法所适应的范围。
2. 掌握蒸馏、分馏、重结晶、萃取及升华的原理。
3. 能解释分离操作过程中出现的现象和问题。

能力目标

1. 掌握蒸馏、分馏、重结晶、萃取及升华装置的操作方法。
2. 能处理分离操作中的常见问题。

从自然界获取或者合成初步得到的物质绝大多数都是混合物，往往需要采用适当的分离技术予以分离才能获得较为纯净的物质。分离过程中一般要求不破坏混合物中各物质的结构和性质，根据物理性质的差异采用不同的物理分离方法，常用的分离方法有蒸馏、分馏、重结晶、萃取和升华等。

一、蒸馏技术

蒸馏是分离和提纯液态物质的最重要的方法。最简单的蒸馏是通过加热使液体沸腾，产生的蒸气在冷凝管中冷凝下来，并收集在另一容器中的操作过程。液体在一定的温度下具有一定的蒸气压，当液体的蒸气压与外界压力相等时，液体沸腾，此时的温度称为液体的沸点。每种纯液态化合物在一定压力下具有固定的沸点，蒸馏就是根据不同组分在一定压力下沸点不同，而将其分离的过程。根据被蒸馏物质的物理特性不同，采用普通蒸馏、水蒸气蒸馏和减压蒸馏等方法。

1. 普通蒸馏

普通蒸馏可用于测定液体混合物的沸点、提纯液体混合物、除去不挥发性杂质、回收溶剂或浓缩溶液等，最常用于分离液体混合物。由于很多有机物在150 ℃以上已显著分解，而沸点低于40 ℃的液体用普通蒸馏操作又难免造成损失，故普通蒸馏主要用于沸点为40~150 ℃的液体混合物的分离，同时普通蒸馏只是进行一次蒸发和冷凝的操作，因此被分离的混合物中各组分的沸点通常相差30 ℃以上时才能达到有效的分离。

（1）普通蒸馏装置　目前实验室中普遍使用的普通蒸馏装置见图3-1。所用仪器主要包括三部分：

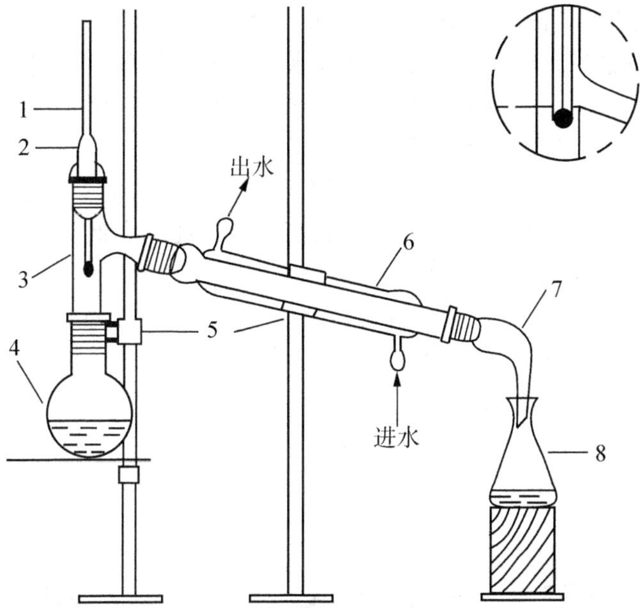

图3-1　普通蒸馏装置

1. 温度计；2. 橡皮管；3. 蒸馏头；4. 蒸馏瓶；5. 夹子；
6. 冷凝管；7. 接液管；8. 接收瓶

1）汽化部分。由圆底蒸馏烧瓶、蒸馏头、温度计组成。液体在瓶内受热汽化，蒸气经蒸馏头侧管进入冷凝器中。蒸馏烧瓶的大小通常选择待蒸馏液体的体积应为其容量的1/3~2/3。在蒸馏低沸点液体时，选用长颈蒸馏瓶；而蒸馏高沸点液体时，选用短颈蒸馏瓶。

2）冷凝部分。由冷凝管组成，蒸气在冷凝管中冷凝成为液体，当液体的沸点高于140 ℃时选用空气冷凝管，低于140 ℃时则选用水冷凝管（通常采用直形冷凝管而不采用球形冷凝管）。冷凝管下端侧管为进水口，上端侧管为出水口。安装时应注意上端出水口侧管应向上，保证套管内能充满水。

3）接收部分。由接液管、接收器（锥形瓶或梨形瓶）组成，用于收集冷凝后的液体，当所用接液管无支管时，接液管和接收器之间不可密封，应与外界大气相通。

热源：当液体沸点低于80 ℃时通常采用水浴，高于80 ℃时采用油浴或封闭式的电加热器配上调压变压器控温（电加热套）。

（2）装置安装　安装的顺序一般是先从热源处开始，由下而上，从左往右依次安装。卸仪器与安装的顺序相反。

1）以热源高度为基准，用铁夹夹在烧瓶颈上端并固定在铁架台上。

2）装上蒸馏头和冷凝管，使冷凝管的中心线和蒸馏头支管的中心线成一直线，然后移动冷凝管与蒸馏头支管紧密连接起来，在冷凝管中部用铁架台和铁夹夹紧，再依次装上接液管和接收器。整个装置要求准确端正，无论从正面或侧面观察，全套仪器中各个仪器的轴线都要在同一平面内，所有的铁架台和铁夹都应尽可能整齐地安装在仪器的背部。

3）在蒸馏头上装上配套专用温度计，如果没有专用温度计可用搅拌套管或橡皮塞装上温度计，调整温度计的位置，使温度计水银球上端与蒸馏头支管的下端在同一水平线上，如图 3-1 所示，以便在蒸馏时水银球能完全被蒸气所包围，若水银球偏高则引起所测量温度偏低，反之，则偏高。

4）如果蒸馏所得的产物易挥发、易燃等，可在接液管的支管上接一根长橡皮管，通入水槽的下水管内或引出室外。若室温较高，馏出物沸点低甚至与室温接近，可将接收器放在冷水浴或冰水浴中冷却。

5）假如蒸馏出的产品易吸潮分解或是无水产品，可在接液管的支管上连接装有无水氯化钙的干燥管，如图 3-2 所示。如果在蒸馏时放出有害气体，则在接液管的支管上需装配气体吸收装置，如图 3-3 所示。

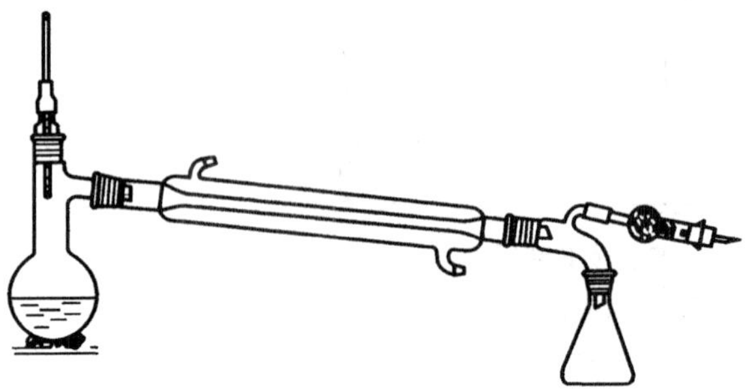

图 3-2　配干燥管的蒸馏装置

图 3-3　气体吸收装置

（3）操作技术

1）将样品沿蒸馏烧瓶瓶颈慢慢倾入蒸馏烧瓶，加入数粒沸石，以便在液体沸腾时，沸石内产生的小气泡成为液体汽化中心，防止液体过热而产生暴沸，保证液体平稳沸腾，然后由下而上，从左往右依次安装好蒸馏装置。

2）仔细检查仪器的各部分连接是否紧密和牢固。

3）接通冷凝水，开始加热，随加热进行瓶内液体温度慢慢上升，瓶内液体逐渐沸腾，当蒸气的顶端到达温度计水银球部分时，温度计读数开始急剧上升。这时应适当控制加热强度，使蒸气顶端停留在原处，以加热瓶颈上部和温度计，让水银球上液体和蒸气温度达到平衡，此时温度正好是馏出液的沸点。然后适当加大加热强度，进行蒸馏，控制蒸馏速度，以每秒 1~2 滴为宜。蒸馏过程中，温度计水银球上应始终附有冷凝的液滴，以保持气液两相平衡，这样才能确保温度计测定数据的准确。

4）准备两个接收瓶，一个接收前馏分或称馏头，另一个（需称重）接收所需馏分。记录第一滴馏出液落入接收器的温度（初馏点），此时的馏出液是物料中沸点较低的液体，称“前馏分”。前馏分蒸完，温度趋于稳定后蒸出的就是较纯的物质（此过程温度变化非常小）。当这种组分基本蒸完时，温度会出现非常微小的回落（加热过快会出现温度不降反而快速上升），说明这种组分蒸完。记录这部分液体开始馏出时和最后一滴馏出时的温度读数，即是该馏分的“沸程”。纯液体沸程差一般为 1~2 ℃。

5）在所需馏分蒸出后，温度计读数会突然下降。此时应停止蒸馏。即使杂质很少，也不要蒸干，以免蒸馏瓶破裂及发生其他意外事故。

6）蒸馏结束后，先移去热源，冷却后停止通水，按装配时的逆向顺序逐件拆除装置。

7）称量馏分和残液并记录。

（4）操作注意事项

1）不要忘记加沸石。若忘记加沸石，必须停止加热，让蒸馏烧瓶内液体冷却后方可补加，切忌在液体沸腾或接近沸腾时加入沸石，以免液体喷出。

2）冷却水流速以能保证蒸气充分冷凝为宜，通常只需保持缓缓水流即可。

3）始终保证蒸馏体系与大气相通。

4）蒸馏过程中欲向烧瓶中补加液体，必须停止加热冷却后进行，不得中断冷凝水。

5）对于乙醚等易生成过氧化物的化合物，蒸馏前必须检验过氧化物，若含过氧化物务必除去后方可蒸馏且不得蒸干，蒸馏硝基化合物也切忌蒸干，以防爆炸。

6）当蒸馏易挥发和易燃的物质时，不得使用明火加热，否则容易引起火灾事故。

7）停止蒸馏时应先停止加热，冷却后再关冷凝水。

8）严格遵守实验室的各项规定（如用电、用火等）。

2. 水蒸气蒸馏

水蒸气蒸馏是用来从液态或固态物质中分离所需要的有机物常用的一种方法。其过程是在不溶或难溶于热水并有一定挥发性的有机化合物中通入水蒸气（必要时可对蒸馏烧瓶适当加热），使其沸腾，使有机物随水蒸气同时被蒸馏出来，冷凝后分层，达到分离出所需要的有机物的目的。

水蒸气蒸馏的优点在于所需要的有机物可在较低的温度下从混合物中蒸馏出来，通常用在下列几种情况：①某些高沸点的有机物，在常压下蒸馏虽可与副产品分离，但其会发生分解；②混合物中含有大量树脂状杂质或不挥发性杂质，采用蒸馏、萃取等方法都难以分离的；③ 从较多固体反应物中分离出被吸附的液体产物；④要求除去易挥发的有机物。

当不溶或难溶有机物与水一起共热时，整个系统的蒸气压应为各组分蒸气压之和。即 $p_{总}=p_{水}+p_{有机物}$，当总蒸气压（$p_{总}$）与大气压力相等时混合物沸腾。显然，混合物的沸腾温度（混合物的沸点）低于任何一个组分单独存在时的沸点，即有机物可在比其沸点低得多的温度，而且在低于水的正常沸点下被安全地蒸馏出来。

使用水蒸气蒸馏时，被提纯有机物应具备下列条件：①不溶或难溶于水。②共沸腾下，与水不发生化学反应。③在水的正常沸点时必须具有一定的蒸气压（一般不小于 1 333 Pa）。

（1）仪器装置　图 3-4 是实验室常用水蒸气蒸馏的装置。包括水蒸气发生器、蒸馏部分、冷凝部分和接收器四个部分。

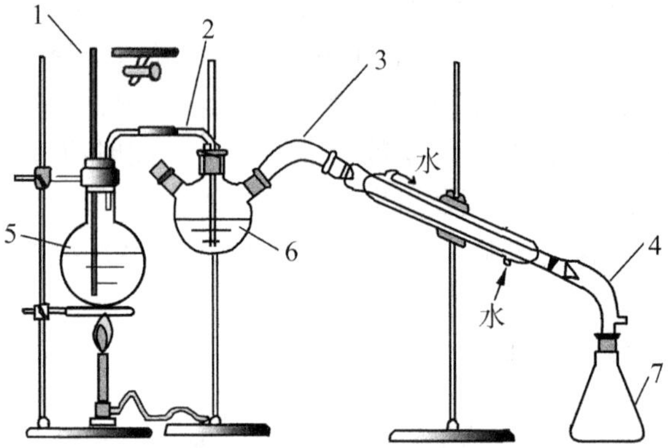

图 3-4　水蒸气蒸馏装置

1. 安全管；2. T 形水蒸气导入管；3. 水蒸气蒸馏馏出液导出管；4. 接液管；5. 水蒸气发生器；6. 蒸馏（烧）瓶；7. 接收器

1）水蒸气发生器。一般使用专用的金属制的水蒸气发生器，也可用 500 mL 的蒸馏烧瓶代替（配一根长 1 m，直径约为 7 mm 的玻璃管做安全管）。水蒸气发生器导出管与一个 T 形管相连，T 形管的支管套上一短橡皮管。橡皮管用螺旋夹夹住，以便及时除去冷凝下来的水滴，T 形管的另一端与蒸馏部分的导管相连（这段水蒸气导管应尽可能短些，以减少水蒸气的冷凝）。

2）蒸馏部分。采用圆底烧瓶，配上克氏蒸馏头，这样可以避免由于蒸馏时液体的跳动引起液体从导出管冲出，沾污馏出液。

3）冷凝部分。一般选用直形冷凝管。

4）接收器。选择合适容量的锥形瓶或梨形瓶做接收器。

（2）操作技术　将被蒸馏的物质加入蒸馏烧瓶中，尽量不超过其容积的 1/3，仔细检查各接口处是否漏气，并将 T 形管上螺旋夹打开。

开启冷凝水，然后加热水蒸气发生器，当 T 形管的支管有蒸汽冲出时，再逐渐旋紧 T 形管上的螺旋夹，水蒸气开始通向烧瓶。

如果水蒸气在烧瓶中冷凝过多，蒸馏烧瓶内混合物体积增加，以至超过烧瓶容积的 2/3 时，或者水蒸气蒸馏速度不快时，可对烧瓶进行适当加热，要注意烧瓶内溅跳现象，如果溅跳剧烈，则不应加热，以免发生意外。蒸馏速度每秒 2~3 滴为宜。

当馏出液澄清透明，不含有油珠状的有机物时，即可停止蒸馏。

中断或停止蒸馏一定要先旋开 T 形管上的螺旋夹，然后停止加热，最后再关冷凝水。否则烧瓶内混合物将倒吸到水蒸气发生器中。

（3）操作注意事项

1）水蒸气发生器上必须装有安全管，安全管不宜太短，下端应插到接近底部，盛水量通常为发生器容量的一半，最多不超过 2/3。

2）水蒸气发生器与水蒸气导入管之间必须连接 T 形管，蒸汽导管尽量短，以减少蒸汽的冷凝。

3）被蒸馏的物质一般不超过蒸馏瓶容积的 1/3，水蒸气导入管不宜过细，一般选用内径大于或等于 7 mm 的玻璃管。

4）蒸馏过程中，必须随时检查水蒸气发生器中的水位是否正常，安全管水位是否正常，有无倒吸现象。一旦发现不正常，应立即将 T 形管上螺旋夹打开，找出原因，排除故障，然后逐渐旋紧 T 形管上的螺旋夹，继续进行蒸馏。

5）蒸馏过程中，必须随时观察烧瓶内混合物体积增加情况、混合物溅跳现象及蒸馏速度是否合适，是否有必要对烧瓶进行加热。

二、分馏（精馏）技术

蒸馏可以粗略分离两种或两种以上沸点相差较大（大于 30 ℃）的液体混合物，而对于沸点相差较小的或沸点接近的液体混合物仅用一次蒸馏不可能把它们分开。若要获得良好的分离效果，就得采用分馏或精馏。

分馏实际上就是使沸腾着的混合物蒸气通过分馏柱（工业上用分馏塔）进行一系列的热交换，由于柱外空气的冷却，蒸气中的高沸点组分被冷却为液体，回流入烧瓶中，上升的蒸气中含有的低沸点组分就相对地增加，当上升的蒸气遇到回流的冷凝液，两者之间又进行热交换，使上升的蒸气中高沸点的组分又被冷凝，低沸点的组分仍继续上升，低沸点组分的含量又增加了，如此在分馏柱内反复进行着汽化、冷凝、回流等过程，当分馏柱的效率相当高且操作正确时，在分馏柱顶部出来的蒸气就接近于低沸点的纯组分。

分馏过程与蒸馏相类似，所不同的是多了一个分馏柱，使冷凝、蒸馏的过程由一次变成多次，大大地提高了蒸馏的效率。因此，简单地说分馏就等于多次蒸馏。

在分馏过程中，有时可能得到与单纯化合物相似的混合物，它也具有固定的沸点和组成，这种混合物称为共沸混合物（或恒沸混合物），它的沸点（高于或低于其中的每一组分）称为共沸点，该混合物不能用分馏法进一步分离。

分馏的效率与回流比有关。回流比是指在同一时间内冷凝的蒸气及重新回入柱内的冷凝液数量与柱顶馏出的蒸馏液数量之间的比值。一般来说，回流比越高分馏效率就越高，但回流比太高，则蒸馏液被馏出的量少，分馏速度慢。

1. 分馏装置

通常情况下的分馏装置如图 3-5 所示，与蒸馏装置所不同的地方是多了一个分馏柱，由于分馏柱构造上的差异使分馏装置有简单和精密之分。实验室常用的分馏柱如图 3-6 所示，安装和操作都非常方便。其中，刺形分馏柱也称韦氏（Vigreux）分馏柱，分馏效率不高，仅相当于两次普通的蒸馏；填料分馏柱内部装入高效填料，可以提高分馏效率。

2. 操作要点

1）按图 3-5 正确安装装置，分馏柱用铁夹固定。

2）为尽量减少柱内热量的散失和由于外界温度的影响造成柱温的波动，通常分馏柱外进行适当的保温，以便始终维持温度平衡。对于比较长、绝热又差的分馏柱，则常常需要在柱外绕上电热丝以提供外加的热量。

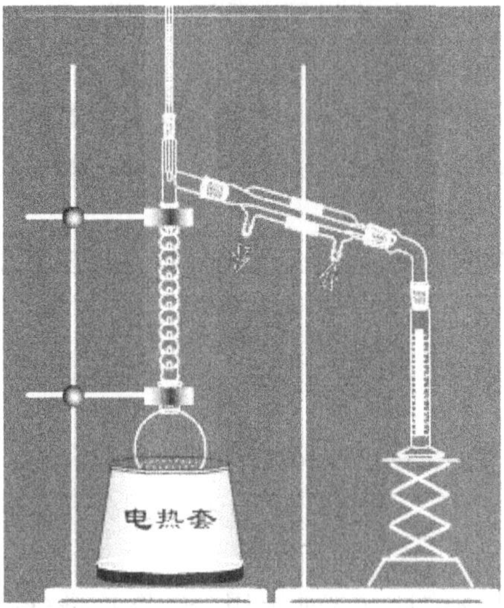

图 3-5　分馏装置

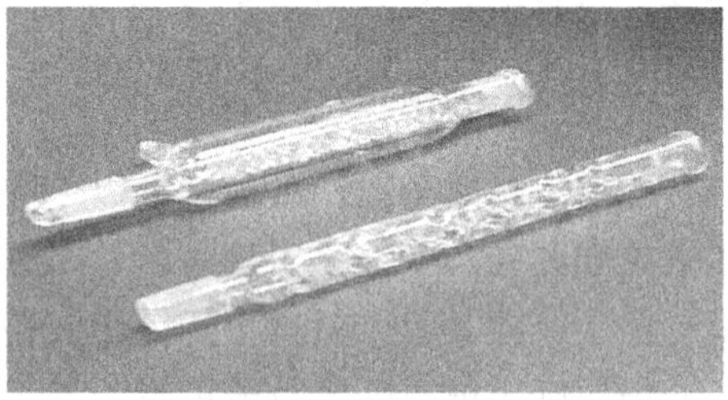

图 3-6　分馏柱

3）使用高效率的分馏柱，控制回流比，才可以获得较高的分馏效率。

3. 操作技术

1）将待分馏的混合物放入圆底烧瓶中，加入沸石，按图 3-5 安装好装置。

2）选择合适的热源，开始加热。当液体一沸腾就及时调节热源，使蒸气慢慢升入分馏柱，10～15 min 后蒸气到达柱顶，这时可观察到温度计的水银球上出现了液滴。

3）调小热源，让蒸气仅到柱顶而不进入支管就全部冷凝，回流到烧瓶中，维持 5 min 左右，使填料完全湿润，开始正常地工作。

4）调大热源，控制液体的馏出速度为 2～3 s 1 滴，这样可得到较好的分馏效果。待温度计读数骤然下降，说明低沸点组分已蒸完，可继续升温，按沸点收集第二、第三种组分的馏出液，当欲收集的组分全部收集完后，停止加热。

4. 注意事项

1）参照普通蒸馏中的注意事项。

2）一定要缓慢进行，控制好恒定的分馏速度。

3）要有足够量的液体回流，保证合适的回流比。

4）尽量减少分馏柱的热量散失和波动。

三、萃取技术

萃取也是分离和提纯有机化合物常用的操作之一。应用萃取可以从固体或液体混合物中提取出所需要的物质，也可以用来洗去混合物中少量的杂质。通常称前者为"抽提"或"萃取"，后者为"洗涤"。

萃取是利用物质在两种不互溶（或微溶）溶剂中分配特性（或溶解度）的不同来达到分离、提纯或纯化目的的一种操作。萃取常在分液漏斗中进行，分液漏斗的使用是基本操作之一。

1. 萃取的原理

设溶液由有机化合物 X 溶解于溶剂 A 构成。要从其中萃取 X，可选择一种对 X 溶解度极好，而与溶剂 A 不相混溶和不起化学反应的溶剂 B。方法是先把溶液放入分液漏斗中，再加入溶剂 B，充分振荡，静置后，由于 A 和 B 不相混溶，故分成两层，利用分液漏斗进行分离。此过程中 X 在 B 和 A 两相间的浓度比，在一定温度下为一常数，叫作分配系数，以 K 表示，这种关系叫作分配定律。即

$$K=\rho_B/\rho_A$$

式中：ρ_A——X 在溶剂 A 中的浓度；

ρ_B——X 在溶剂 B 中的浓度。

假设：V_A 为原溶液的体积（mL）；m_0 为萃取前溶质 X 的总量（g）；m_1，m_2，…，m_n，分别为萃取 1 次，2 次，…，n 次后 A 溶液中溶质的剩余量（g）；V_B 为每次加入的萃取溶剂的体积（mL）。则

第 1 次萃取后：　$$\frac{(m_0-m_1)/V_B}{m_1/V_A}=K \qquad m_1=m_0\left(\frac{V_A}{KV_B+V_A}\right)$$

第 2 次萃取后：　$$\frac{(m_1-m_2)/V_B}{m_1/V_A}=K \qquad m_2=m_1\left(\frac{V_A}{KV_B+V_A}\right)$$

⋮

第 n 次萃取后：　$$m_n=m_0\left(\frac{V_A}{KV_B+V_A}\right)^n$$

萃取次数 n 越大，效率越高。例如，100 mL 水中含有溶质的质量为 4 g，在 15 ℃时用 100 mL 苯来萃取（K=3）。如果用 100 mL 苯一次萃取，可提出 3. 0 g 溶质。如果用 100 mL 苯分三次，每次以 33. 3 mL 萃取，则可提出 3. 5 g 溶质。由此可见，将 100 mL 苯分三次连续萃取要比一次萃取有效得多。即依照分配定律，“少量多次”效果好，既能节省溶剂而又提高萃取的效率。

2. 液体中物质的萃取技术

（1）仪器装置　实验室中最常用的萃取器皿为分液漏斗，常见的有圆球形、圆筒形和梨形三种，如图 1-15 所示。

分液漏斗从圆球形到长的梨形，其漏斗越长，振摇后两相分层所需时间越长。因此，当两相密度相近时，采用圆球形分液漏斗较合适。一般常用梨形分液漏斗。

无论选用何种形状的分液漏斗，加入全部液体的总体积不得超过其容量的 3/4。

盛有液体的分液漏斗，应妥善放置，否则玻璃塞及旋塞易脱落，而使液体倾洒，造成不应有的损失。将其放在漏斗架（图 3-7）或铁圈上，铁圈缠扎棉绳或塑料膜作为软垫，并牢固地固定在铁架台的适当高度，从漏斗口接收放出液体的容器内壁都应贴紧漏斗颈。

（2）操作要点

1）选择容积较液体体积大1~2倍的分液漏斗，检查玻璃塞和旋塞芯是否与分液漏斗配套，确保可以使用。

2）将旋塞芯擦干，并在上面薄薄地涂上一层润滑脂，如凡士林（注意：不要涂进旋塞孔里），将塞芯放进旋塞，旋转数圈使润滑脂均匀分布（呈透明状）后将旋塞关闭好，再在塞芯的凹槽处套上一直径合适的橡皮圈，以防旋塞芯在操作过程中因松动漏液或因脱落使液体流失造成实验的失败。

3）需要干燥分液漏斗时，要特别注意拔出旋塞芯，检查旋塞是否洁净，不合要求者，经洗净后方可干燥。

（3）操作技术

1）将含有机化合物的溶液和萃取剂（一般为溶液体积的1/3），依次自上而下倒入漏斗架上的分液漏斗中，装入量占分液漏斗体积的1/3~1/2，塞上玻璃塞。注意，玻璃塞上如有侧槽必须将其与漏斗上端口径的小孔错开！

2）取下漏斗，用右手握住漏斗上口颈，并用手指顶住塞子，左手握住漏斗旋塞处，用拇指和食指压紧旋塞，并能将其自由地旋转，如图3-8所示。

图3-7　分液漏斗静置

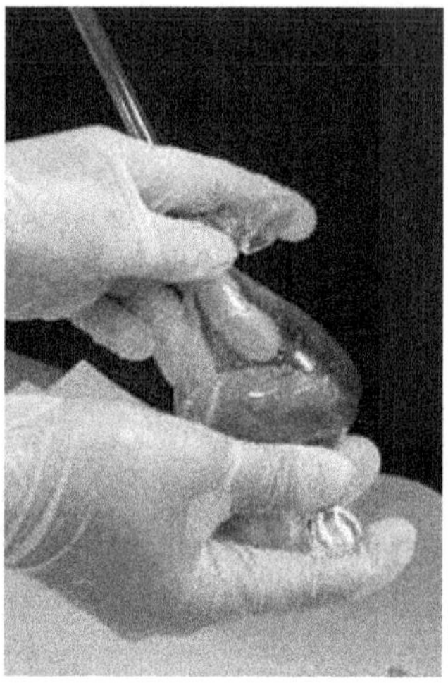

图3-8　振摇分液漏斗

图3-9　分液漏斗放气

3）将漏斗稍倾斜（下部支管朝上），由外向里或由里向外振摇，以使两液相之间的接触面增加，提高萃取效率。在开始时摇振要慢。每摇几次以后，就要将漏斗上口向下倾斜，下部支管朝向斜上方的无人处，左手仍握在支管处，拇、食两指慢慢打开旋塞，使过量的蒸气逸出，这个过程称为“放气”，如图3-9所示。这对低沸点溶剂如乙醚或者酸性溶液用碳酸氢钠或碳酸钠水溶液萃取放出二氧化碳来说尤为重要，否则漏斗内压力将大大超过正常值，玻璃塞或旋塞就可能被冲脱使漏斗内液体损失。待压力减小后，关闭旋塞。振摇和放气重复几次，至漏斗内压很小，再剧烈振摇2~3 min，最后将漏斗仍按图3-7静置。

4）移开玻璃塞或旋转带侧槽的玻璃塞，使侧槽对准上口颈部的小孔。待两相液体分层明显，界面清晰时，缓缓旋转旋塞，放出下层液体，收集在大小适当的小口容器（如锥形瓶）中，下层液体接近放完时要放慢速度，放完后要迅速关闭旋塞。

5）取下漏斗，打开玻璃塞，将上层液体由上口倒出，收集在另一容器中。一般宜用小口容器，大小也应当事先选择好。

6）萃取次数一般为3~5次，在完成每次萃取后一定不要丢弃任何一层液体，这样一旦搞错还有挽回的机会。如要确认何层为所需液体，可参照溶剂的密度，也可将两层液体取出少许，试验其在两种溶剂中的溶解性质。

在萃取过程中可能会产生的两种问题及处理方法。

第一，萃取时剧烈的摇振会产生乳化现象，使两相界面不清，难以分离。引起这种现象往往是存在浓碱溶液，或溶液中存在少量轻质沉淀，或两液相的相对密度相差较小，或两溶剂易发生部分互溶。破坏乳化现象的方法是较长时间静置，或加入少量电解质（如氯化钠），或加入少量稀酸（对碱性溶液而言），或加热，还可以滴加乙醇。

第二，在界面上出现未知组成的泡沫状的固态物质，遇此问题可在分层前过滤除去，即在接收液体的瓶上置一漏斗，漏斗中松松地放少量脱脂棉，将液体过滤。

（4）注意事项

1）若萃取溶剂为易生成过氧化物的化合物（如醚类），且萃取后为进一步纯化须蒸去此溶剂，则在使用前，应检查溶剂中是否含过氧化物，如含有，应除去后方可使用。

2）若使用低沸点、易燃的溶剂，操作时附近的火都应熄灭，并且当实验室中操作者较多时，要注意排风，保持空气流通。

3）上层液一定要从分液漏斗上口倒出，切不可从下面旋塞放出，以免被残留在漏斗颈上的第一种液体沾污。

4）分液时一定要尽可能分离干净，有时在两相间可能出现的一些絮状物应与弃去的液体层放在一起。

5）放气时，放液口不要对着人，以免有害气体对人造成伤害。

注意以下任一操作环节都可能造成实验失败：

A. 分液漏斗不配套或旋塞润滑脂未涂好，造成漏液或无法操作。

B. 对溶剂和溶液体积估计不准，使分液漏斗装得过满，摇振时不能充分接触，妨碍该化合物对溶剂的分配过程，降低萃取效果。

C. 忘了把玻璃旋塞关好就将溶液倒入，待发现后已大部分流失；摇振时，上口气孔未封闭，致使溶液漏出，或者不经常开启旋塞放气，使漏斗内压力增大，溶液自玻璃塞缝隙渗出，甚至冲掉塞子。溶液漏失，漏斗损坏，严重时会产生爆炸事故。

D. 静置时间不够，两液分层不清晰时分出下层，不但没有达到萃取目的，反而使杂质混入。

3. 固体物质的萃取

固体物质的萃取，通常采用下列两种方法。

长期浸出法：依靠溶剂对固体物质长期的浸润溶解而将其中所需要的成分溶解出来，此法虽不需要任何特殊器皿，但效率不高，而且只有在所选用的溶剂对待浸出组分有很大溶解度时才比较有效，否则要用大量溶剂。

索氏（Soxhlet）提取法：将萃取溶剂在烧瓶中加热成蒸气，通过蒸气导管被冷凝管冷却成液体，聚集在索氏提取器（也叫脂肪提取器）中与滤纸套内固体物质接触进行萃取，当液面超过虹吸管的最高处时，与溶于其中的萃取物一起流回烧瓶。这一操作连续进行，自动地将固体中的可溶物质富集到烧瓶中，因而效率高且节约溶剂。

下面主要介绍索氏提取法。

（1）仪器装置　索氏提取装置如图 3-10 所示，分三部分：下部为圆底烧瓶，放置萃取剂；中间为提取器，放被萃取的固体物质；上部为冷凝器。索氏提取器上有蒸气上升管和虹吸管。

（2）装配要点

1）按由下而上的顺序，先调节好热源的高度，以此为基准，然后用万能夹固定住圆底烧瓶。

2）装上索氏提取器，在上面放置球形冷凝管并用万能夹夹住，调整角度，使圆底烧瓶、索氏提取器、冷凝管在同一条直线上且垂直于实验台面。

3）滤纸套大小既要紧贴器壁，又要能方便取放，其高度不得超过虹吸管，纸套上面可折成凹形，以保证回流液均匀浸润被萃取物。

（3）操作技术

1）研细固体物质，以增加液体浸润的面积，然后将固体物质放在滤纸套内，置于索氏提取器中，按图 3-10 所示装好。

2）通冷凝水，选择适当的热浴进行加热。当溶剂沸腾时，蒸气通过玻璃管上升，在冷凝管内冷却为液体，滴入索氏提取器中。

3）当液面超过虹吸管的最高处时，即虹吸流回烧瓶，因而萃取出溶于溶剂的部分物质。就这样利用回流、溶解和虹吸作用使固体中的可溶物质富集到烧瓶中。然后用其他方法将萃取到的物质从溶液中分离出来。

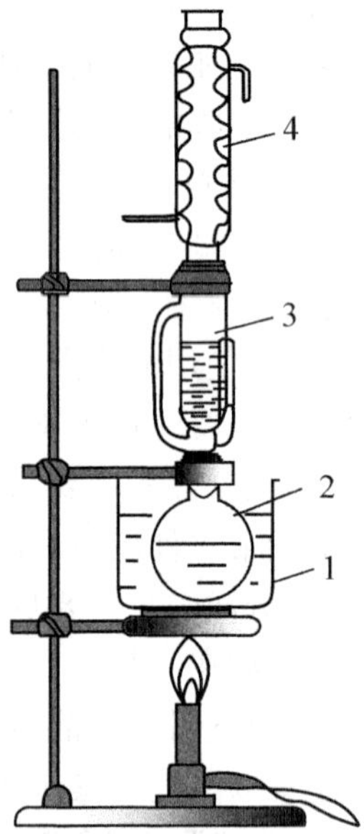

图 3-10　索氏提取装置

1. 浴槽；2. 烧瓶；3. 索氏提取器；4. 冷凝管

（4）注意事项

1）用滤纸套装研细的固体物质时要严谨，防止漏出堵塞虹吸管。

2）在圆底烧瓶内要加入沸石。

3）萃取剂的量要适当，才能保证操作的正常进行。

四、升华技术

1. 升华提纯

升华是提纯固体有机化合物的方法之一。当某些物质在固态时具有相当高的蒸气压，加热时，不经过液态而直接变为气态，这个过程叫作升华，蒸气受到冷却又直接冷凝成固体，从而使固体得到净化或提纯。升华法只能用于在不太高的温度下有足够大的蒸气压力（在熔点前高于 266.6 Pa）的固态物质。因此有一定的局限性。

若固态混合物具有不同的挥发度，则可以应用升华法提纯。升华得到的产品一般具有较高的纯度。此法特别适用于提纯易潮解及与溶剂起解离作用的物质。

常用升华法提纯的物质有六氯环己烷、樟脑、碘、萘、苯甲酸等。

2. 升华装置及操作

图 3-11 是常压下简单的升华装置，在瓷蒸发皿中盛粉碎了的样品，上面用一个直径小于蒸发皿的漏斗覆盖，漏斗颈用棉花塞住，防止蒸气逸出，两者用一张穿有许多小孔（孔刺向上）的滤纸隔开，以避免升华上来的物质再落到蒸发皿内。操作时，加热应控制温度（低于被升华物质的熔点），而让其慢慢升华。蒸气通过滤纸小孔，冷却后凝结在滤纸上或漏斗壁上。

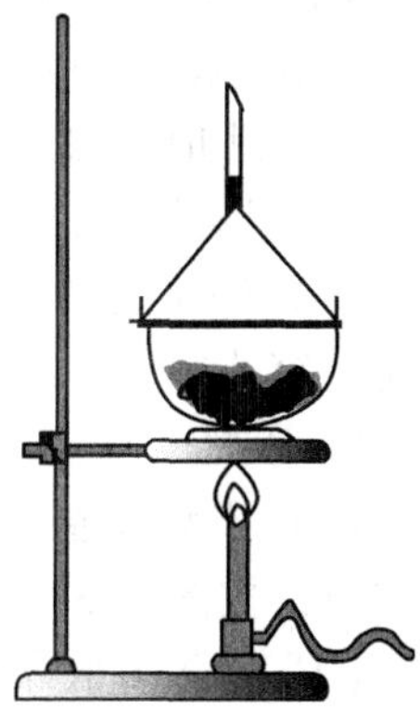

图 3-11　升华装置

为了加快升华速度，可在减压下进行升华，减压升华法特别适用于常压下其蒸气压不大或受热易分解的物质。

实训 3-1　丙酮和水混合物的分离

知识目标

1. 掌握普通蒸馏和简单分馏的基本原理。
2. 掌握蒸馏和分馏装置的安装和操作方法。
3. 掌握液体沸点测定的方法。

能力目标

能利用蒸馏和分馏操作分离丙酮和水的混合物。

【仪器和试剂】

仪器：圆底烧瓶（100 mL），接液管，锥形瓶（50 mL），水浴锅，直形冷凝管（300 mm），刺形分馏柱（300 mm），蒸馏头，长颈玻璃漏斗，量筒（10 mL，25 mL），温度计（100 ℃）。

试剂：丙酮，蒸馏水。

【原理】

丙酮和水都是常用的极性溶剂，彼此互溶。丙酮的沸点是 56 ℃，密度为 0.789 9 $g \cdot cm^{-3}$（20 ℃）；水的沸点是 100 ℃，密度为 1 $g \cdot cm^{-3}$（20 ℃）。两者的沸点差异较大，可以用普通蒸馏或简单分馏方法将它们的混合物进行分离，但分离效果有一定差异。

【实训内容与操作】

1. 蒸馏

（1）装置安装及装料　量取丙酮 25 mL 和蒸馏水 25 mL，放入 100 mL 圆底烧瓶中，并加入 3~4 粒沸石，按图 3-1 所示安装普通蒸馏装置，用量筒做接收器。

（2）蒸馏并收集馏分　用水浴加热，开始可以把水温适当调高点，边加热边注意观察蒸馏瓶里的现象和温度计水银柱上升的情况。当液体开始沸腾，蒸气逐渐上升，蒸气达到温度计水银球时，温度计水银柱快速上升，这时适当调低水浴温度，让水银球上的液滴和蒸气达到平衡，蒸气开始冷凝回流，使水银球上保持有液滴，此时的温度即为丙酮水溶液的沸点。待温度稳定后再稍调高水温进行蒸馏。控制流出液速度以每秒 1~2 滴为宜。当温度升至 80 ℃以上时，撤去水浴，直接加热。用量筒分别收集 57~60 ℃，60~70 ℃，70~80 ℃，80~95 ℃的各馏分，并记录各温度区间内收集的液体体积。

（3）停止蒸馏　当温度上升到 95 ℃时，停止加热。将各馏分及剩余液分别回收到指定的容器中。

2. 分馏

（1）安装分馏装置　在圆底烧瓶中重新装入丙酮 25 mL 和蒸馏水 25 mL，加入 3~4 粒沸石，按图 3-5 所示，安装成简单分馏装置（必要时用石棉绳包裹分馏柱身）。

（2）分馏并收集馏分　用水浴缓慢加热，约 5 min 后液体开始沸腾，蒸气沿分馏柱慢慢上升，控制好温度，使蒸气慢慢上升到柱顶，约 10 min 为宜。稳定后，调节热源，提高温度，使蒸气上升到分馏柱顶部进入支管。开始有液体流出时，记录第一滴分馏液落到接收瓶时的温度计的温度。控制加热速度为 2~3 s 馏出一滴。当温度升至 80 ℃以上时，撤去水浴，直接加热。用量筒分别收集 57~60 ℃，60~70 ℃，70~80 ℃，80~95 ℃温度区间的馏分，并记录馏出液的体积。

分馏完毕，停止加热，稍冷后停止通冷却水。拆除装置（拆除仪器顺序与装配时相反）。

3. 比较分离效果

在同一张坐标纸上，以温度为横坐标，馏出液体积为纵坐标，将蒸馏和分馏的实验结果分别绘成曲线。比较蒸馏和分馏的效果，得出结论。

【思考题】

1. 比较分馏和蒸馏在原理、装置、操作上有哪些不同。哪一种分离效果更好？为什么？
2. 蒸馏或分馏时，若给烧瓶加热太快，对分离两种液体的能力有何影响？
3. 将温度计水银球插至蒸馏头支管下方或者上方是否正确？对测定结果有何影响？
4. 停止蒸馏或分馏时，应如何操作？
5. 沸石的作用是什么？如果蒸馏前忘记加沸石，能否立即将沸石加至将近沸腾的液体中？

实训 3-2　八角茴香的水蒸气蒸馏

知识目标

1. 了解水蒸气蒸馏的原理。
2. 掌握水蒸气蒸馏装置的安装和操作方法。

能力目标

能利用水蒸气蒸馏法，有效提取八角茴香中含有的八角茴香油。

【仪器和试剂】

仪器：三口烧瓶（250 mL），蒸馏头，圆底烧瓶（500 mL），接液管，直形冷凝管

（300 mm），T 形管，锥形瓶（150 mL），螺旋夹，长玻璃管（1 m）。

试剂：八角茴香，沸石。

【原理】

八角茴香，俗称大料，常做调味剂，也是一种中药材。其中含有一种精油叫作八角茴香油（茴油），它是无色或淡黄色液体，有茴香气味，密度为 0.980～0.994 $g \cdot cm^{-3}$（15 ℃），折射率为 1.553 1～1.560 2（20 ℃），溶于乙醇和乙醚。茴油的主要成分是茴香脑，可用作配制饮料、食品、烟草等的增香剂，也可用在医药方面。茴油可从八角茴香的果实或枝叶经水蒸气蒸馏而得到。

【实训内容与操作】

1. 安装水蒸气蒸馏装置并加入原料

按图 3-4 安装好水蒸气蒸馏装置，并检查装置是否漏气。称取 15 g 捣碎的八角茴香，加到 250 mL 三口烧瓶中，并加温水 30 mL[1]。在水蒸气发生器或 500 mL 圆底烧瓶中加入约占其容量 3/4 的热水，并加入数粒沸石。

2. 蒸馏并收集馏分

装置安装正确后，接通冷凝水，旋开 T 形管上的螺旋夹，将水蒸气发生器中的水加热至沸腾，当有大量水蒸气从 T 形管的支管逸出时，立即将螺旋夹旋紧。这时水蒸气进入圆底烧瓶开始蒸馏（可以看到烧瓶中的物质有翻腾现象）。收集馏出液，蒸馏速度以每秒 2～3 滴为宜，馏出液即为八角茴香油与水的混合物。

注意：

1）在蒸馏过程中，如由于水蒸气冷凝而使蒸馏烧瓶内液体量增加，以至超过烧瓶容积的 2/3 时，或者水蒸气蒸馏速度太慢时，可适当加热蒸馏烧瓶或者先把蒸馏烧瓶中混合物预热至接近沸腾，然后再通入蒸汽。但在加热过程中要注意瓶内溅跳现象，如果溅跳剧烈，则停止加热，以免发生意外。

2）操作过程中，要随时注意安全管中的水柱是否发生不正常的上升现象，以及蒸馏烧瓶中的混合物是否发生倒吸现象，混合物溅飞是否厉害。如有异常，应立即旋开螺旋夹，停止加热，找出原因，排除后才能继续蒸馏。

3. 停止蒸馏

当馏出液澄清透明、不再混浊时（由于澄清透明而不混浊需很长时间，一般规定收集到 150 mL 以上馏出液，上层即为茴油），即可停止蒸馏，这时应先旋开 T 形管上的螺旋夹，再停止加热，冷却后，拆卸装置。将馏出液倒入指定的容器中[2]，收集备用。

【思考题】

1. 水蒸气蒸馏的基本原理是什么？什么情况下采用水蒸气蒸馏？
2. 简述安全管和 T 形管各起什么作用。
3. 停止水蒸气蒸馏时，在操作的顺序上应注意些什么？

[1] 可事先将捣碎的八角茴香浸泡在热水中，以提高分离效果。

[2] 可以用 20 mL 乙醚分两次萃取馏出液，将萃取液蒸馏除去乙醚，即可得到精油产品。

实训 3-3　茶叶中咖啡因的提取与纯化

知识目标

1. 了解从茶叶中提取咖啡因的原理和方法。
2. 掌握索氏提取器的安装与操作方法。

能力目标

1. 能利用索氏提取器分离茶叶中含有的咖啡因。
2. 能正确地进行升华操作。

【仪器和试剂】

仪器：索氏提取器，烧瓶，冷凝管，台秤，玻璃漏斗，烧杯（250 mL），量筒（100 mL），表面皿等。

试剂：绿茶叶末，生石灰粉，乙醇。

【原理】

茶叶中含有多种生物碱，其中咖啡因（又称咖啡碱）的含量较多，为 2%～5%。咖啡因是弱碱性化合物，易溶于氯仿、水及乙醇等，微溶于苯。但因氯仿和苯都有一定的毒性，所以，一般不用氯仿和苯作为萃取剂。

含结晶水的咖啡因是无色针状结晶。在 100 ℃即失去结晶水，并开始升华，120 ℃时升华相当显著，至 178 ℃时升华很快。无水咖啡因的熔点为 234. 5 ℃。

提取茶叶中的咖啡因一般利用乙醇在索氏提取器中连续萃取，然后蒸去溶剂，得粗咖啡因，再利用升华可使其进一步提纯。

【实训内容与操作】

1. 用索氏提取器提取粗咖啡因

1）称取绿茶叶末 10 g，装入滤纸筒，上口用滤纸盖好，将滤纸筒放入提取器中，在圆底烧瓶内加乙醇 100 mL。装置如图 3-10 所示。

2）用水浴或电加热套加热烧瓶使乙醇沸腾，乙醇蒸气通过蒸气上升管进入冷凝管，蒸气被冷凝为液体滴入提取器中积聚起来，慢慢溶解茶叶中的咖啡因，当提取器中积聚的溶液液面超过虹吸管最高处时发生虹吸，溶液流回烧瓶。经过多次虹吸，咖啡因被富集到烧瓶中。

3）回流约 3 h 后，当提取器内溶液的颜色变得很淡时，待提取器内的溶液刚刚虹吸下去后，即可停止回流。

2. 浓缩提取液并回收溶剂

拆去水浴或电加热套，待烧瓶冷却后，关闭冷凝水，取下回流冷凝管。取出滤纸筒，再安装好回流冷凝管，水浴加热蒸馏，浓缩提取液并回收乙醇，当大部分乙醇回收后，停止加热。烧瓶中的残液即为浓缩的咖啡因溶液。

3. 焙炒

将浓缩残液趁热倾入蒸发皿中，拌入生石灰粉 3～4 g，搅拌成浆状，在蒸汽浴上蒸干。将蒸发皿移至灯焰上焙炒片刻，除去全部水分。冷却后，擦去沾在边上的粉末，以免在升华时污染产品。

4. 升华精制

1）在有粗咖啡因的蒸发皿上，放一张穿有许多小孔的圆滤纸，再把玻璃漏斗盖在上面，漏斗颈部塞一小团疏松的棉花。装置如图 3-11 所示。

2）在石棉网上小心地将蒸发皿加热，逐渐升高温度，使咖啡因升华（温度不能太高，否则滤纸会炭化变黑，一些有色物质也会被带出来，使产品不纯）。咖啡因通过滤纸孔，遇到漏斗内壁，重新凝华为固体，附在漏斗内壁和滤纸上。当观察到纸上出现大量白色针状晶体时，停止加热。

3）冷却蒸发皿及其上的漏斗到 50 ℃左右，揭开漏斗和滤纸，仔细地把附在纸上及漏斗内壁上的咖啡因用小刀刮下。

4）将蒸发皿中残渣加以搅拌，重新放好滤纸和漏斗，再加热片刻，使升华完全。合并两次升华所收集的咖啡因，称量并计算产率。

【思考题】

1. 简述索氏提取器萃取的原理。它与一般的浸泡萃取比较有哪些优点？
2. 进行升华操作时应注意哪些问题？

实训 3-4 从黄连中提取黄连素

知识目标

1. 了解从中草药中提取生物碱的原理和方法。
2. 掌握索氏提取器的安装与操作方法。

能力目标

能利用索氏提取器从黄连中提取黄连素。

【仪器和试剂】

仪器：索氏提取器，烧瓶，冷凝管，台秤，玻璃漏斗，烧杯，量筒等。

试剂：95%乙醇，黄连，浓盐酸，1%醋酸。

【原理】

黄连素是中药黄连等的主要有效成分，抗菌能力很强，在临床上有广泛应用。黄连素是黄色针状晶体，微溶于水和乙醇，较易溶于热水和热乙醇中，几乎不溶于乙醚。黄连素的盐酸盐难溶于冷水，但易溶于热水，本实验就是利用这些性质来提取黄连素的。

自然界的黄连素多以季铵碱的形式存在，其分子结构为

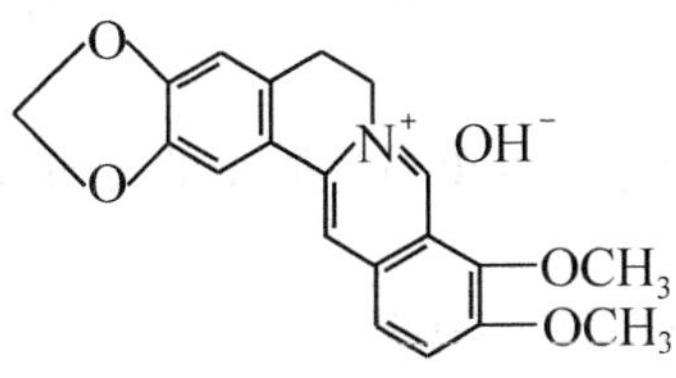

【实训内容与操作】

1. 用索氏提取器提取黄连素

按图 3-10 装配仪器。称取 10 g 由中药黄连切成的细小碎片，磨细后放入索氏提取器的滤纸套筒中，然后在下面的 250 mL 圆底烧瓶中加入 100 mL 95%乙醇和几粒沸石，水浴加热，连续提取 1~2 h，待冷凝液刚刚虹吸下去时，立即停止加热。

2. 浓缩提取液并回收乙醇

拆去水浴或电加热套，待烧瓶冷却后，关闭冷凝水，取下回流冷凝管。取出滤纸筒，再安装好回流冷凝管，水浴加热蒸馏，浓缩提取液并回收乙醇，当大部分乙醇回收后，停止加热。烧瓶中的棕红色糖浆状物质即为粗黄连素。

3. 产品精制

将棕红色糖浆状物质转移到小烧杯中，加入 1%醋酸 20 mL，加热溶解，抽滤（装置见图 2-17）除去不溶物。于滤液中逐滴加入浓盐酸，至溶液混浊为止（约 8 mL），冰水浴冷却，即有黄色针状的黄连素盐酸盐析出[1]，抽滤，结晶用冰水洗涤二次，再用丙酮洗涤一次，干燥，烘干后称量。

4. 计算

根据实验结果，计算黄连素的产率。

【思考题】

1. 黄连素为哪种生物碱类的化合物？
2. 为何用石灰乳来调节 pH 值，用强碱氢氧化钠行不行？为什么？

项目 2　物质的制备技术

知识目标

1. 了解物质制备的步骤和方法设计。
2. 熟悉物质制备常用的仪器和设备。
3. 掌握物质制备装置的操作方法及粗产品的精制方法。
4. 掌握转化率和生产率的计算方法。

能力目标

1. 能应用所学知识设计物质制备的步骤和方法。
2. 掌握物质制备装置和产品精制装置的操作方法。

物质的制备就是利用化学方法将单质、简单的无机物或有机物合成较复杂的无机

[1] 得到纯净的黄连素晶体比较困难。将黄连素盐酸盐加热水至刚好溶解煮沸，用石灰乳调节 pH = 8.5~9.8，稍冷后滤去杂质，滤液继续冷却到室温以下，即有针状体的黄连素析出，抽滤，将晶体在 50~60 ℃下干燥，熔点为 145 ℃。

物或有机物的过程，或者将较复杂的物质分解成较简单的物质的过程，以及从天然产物中提取出某一组分或对天然物质进行加工处理的过程。

要制备一种物质，首先要选择正确的制备路线与合适的反应装置。通过一步或多步反应制得的物质往往是与过剩的反应物以及副产物等多种物质共存的混合物，还需通过适当的手段对物质进行分离和净化，才能得到纯度较高的产品。

一、制备步骤和方法设计

1. 制备路线的选择

一种化合物的制备路线可能有多种，但并非所有的路线都能适用于实验室或工业生产。对于化学工作者来说，选择正确的制备路线是极为重要的。

比较理想的制备路线应具备下列条件：

1）原料资源丰富，便宜易得，生产成本低。

2）副反应少，产物容易纯化，总收率高。

3）反应步骤少，时间短，能耗低，条件温和，设备简单，操作安全方便。

4）不产生公害，不污染环境，副产品可综合利用。

在物质的制备过程中，还经常需要应用一些酸、碱及各种溶剂作为反应的介质或精制的辅助材料。如能减少这些材料的用量或用后能够回收，便可节省费用，降低成本。另外，制备中如能采取必要措施避免或减少副反应的发生及产品纯化过程中的损失，就可有效地提高产品的收率。

总之，选择一个合理的制备路线，不同原料有不同的方法。何种方法比较优越，需要综合考虑各方面的因素，最后确定一个效益较高、切实可行的路线和方法。

2. 反应装置的选择与设计

选择、设计合适的反应装置是保证实验顺利进行和成功的重要前提。制备实验的装置是根据制备反应的需要来选择的，若所制备的是气体物质，就需选用气体发生装置。若所制备的是固体或液体物质，则需根据反应条件、原料和反应产物性质的不同，选择不同的实验装置。实验室中，有机物的制备，由于反应时间较长、溶剂易挥发等特点，反应釜多安装回流装置。回流装置的类型较多，可根据反应的不同要求，正确地进行选择。

3. 精制方法的选择

制备的产物常常是与过剩的原料、溶剂和副产物混合在一起的，要得到纯度较高的产品，还需要进行精制。精制的实质就是把所需要的反应产物与杂质分离，这就需要根据反应产物与杂质理化性质的差异，选择适当的混合物分离技术。一般气体产物中的杂质，可通过装有液体或固体吸收剂的洗涤瓶或洗涤塔除去；液体产物可借助萃取或蒸馏的方法进行纯化；固体产物则可利用沉淀分离、重结晶或升华的方法进行精制。有时还可以通过离子交换或色层分离的方法来达到纯化物质的目的。

二、液体和固体物质的制备

1. 制备装置和操作要点

回流装置是有机物制备最常用的装置，主要由反应容器和冷凝管组成。反应容器中加入参与反应的物料和溶剂等。根据需要可选用单颈、双颈或三颈圆底烧瓶做反应容器。冷凝管的选择要依据反应混合物沸点的高低。一般多采用球形冷凝管，其冷凝面积较大，冷却效果较好。通常在冷凝管中自下而上通入自来水进行冷却。当被加热的液体沸点高于140 ℃时，可选用空气冷凝管。若被加热的液体沸点很低或其中有毒性较大的物质时，则可选用蛇形冷凝管，以提高冷却效率。以下主要介绍反应回流装置和操作要点。

（1）反应回流装置

1）普通回流装置。普通回流装置见图3-12a，由圆底烧瓶和冷凝管组成。普通回流装置适用于一般制备过程的回流操作，如乙酰水杨酸的制备实验。

2）带有气体吸收的反应回流装置。带有气体吸收的回流装置如图3-12b所示。比普通回流装置多了一个气体吸收装置。由导管导出的气体通过半浸入水面的漏斗口（或接近水面的导管口）进入水中。

使用此装置要注意：漏斗口（或导管口）不得完全浸入水中，在停止加热前（包括在反应过程中因故暂停加热）必须将盛有吸收液的容器移去，以防倒吸。

此装置适用于反应时有水溶性气体，特别是有害气体（如氯化氢、溴化氢、二氧化硫等）产生的实验，如1-溴丁烷的制备实验。

3）带有干燥管的反应回流装置（图3-12c）。带有干燥管的回流装置与普通回流装置不同的是在回流冷凝管的上端装配有干燥管，以防止空气中的水汽进入反应瓶。适用于水汽的存在会影响反应正常进行的实验。

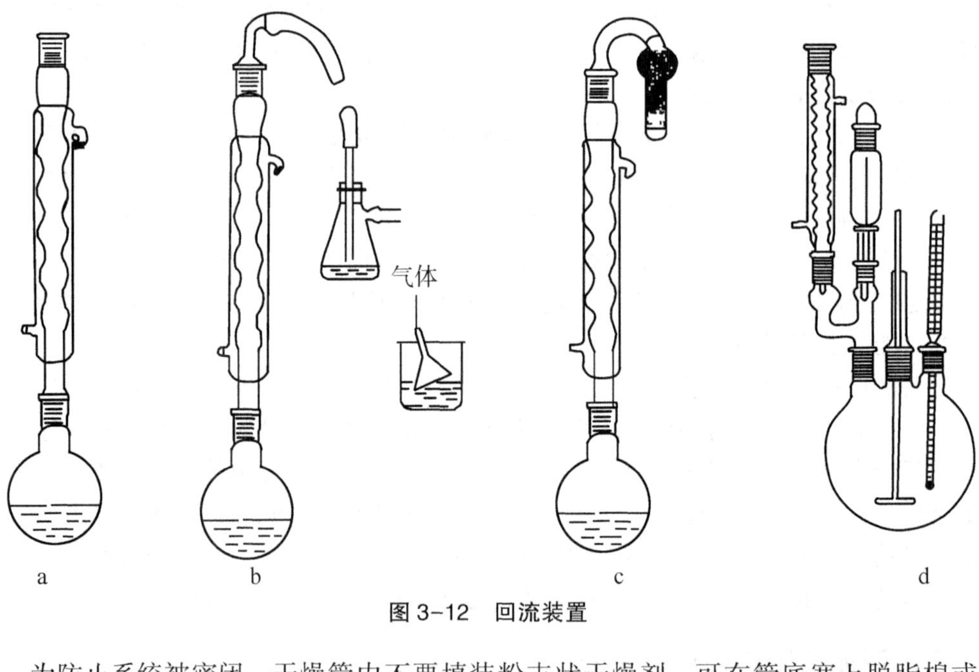

图3-12 回流装置

为防止系统被密闭，干燥管内不要填装粉末状干燥剂。可在管底塞上脱脂棉或玻璃棉，然后填装颗粒状或块状干燥剂，如无水氯化钙等，最后在干燥剂上塞以脱脂棉或玻璃棉。干燥剂和脱脂棉或玻璃棉都不能装（或塞）得太实，以免堵塞通道，使整个装置成为密闭系统而造成事故。

4）带有搅拌器、测温仪及滴加液体反应物的反应回流装置。与普通反应回流装置不同的是增加了搅拌器、测温仪及滴加液体反应物的装置。图 3-12d 是带有滴加液体反应物的回流装置。

5）带有水分离器的反应回流装置。此装置是在反应容器和冷凝管之间安装一个水分离器，见图 3-13。

带有水分离器的回流装置常用于可逆反应体系，如乙酸乙酯、乙酸异戊酯等的制备实验。当反应开始后，反应物和产物的蒸气与水蒸气一起上升，经过回流冷凝管被冷凝后流到水分离器中，静置后分层，反应物与产物由侧管流回反应器，而水则从反应体系中被分出。由化学平衡原理可知，由于反应过程中不断除去了生成物之一——水，因此使平衡向增加反应产物的方向移动。

当反应物及产物的密度小于水时，采用图 3-13a 所示装置。加热前先将水分离器中装满水并使水面略低于支管口，然后放出比反应中理论出水量稍多些的水。若反应物及产物的密度大于水时，则应采用图 3-13b 或图 3-13c 所示的水分离器。采用图 3-13b 所示的水分离器时，应在加热前用原料物通过抽吸的方法将刻度管充满；若需分出大量水，则可采用图 3-13c 所示的水分离器，该水分离器不需事先用液体填充。

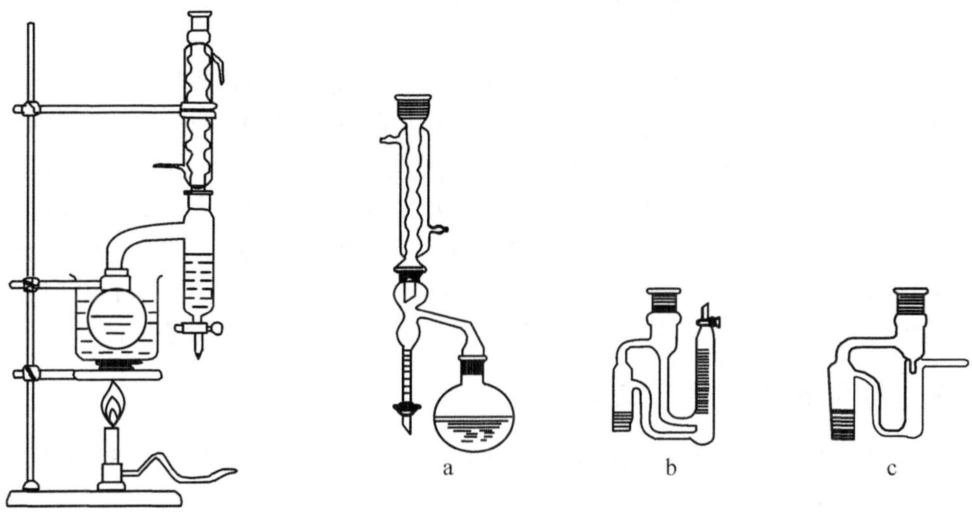

图 3-13　带水分离器的回流装置

使用带水分离器的回流装置，可在出水量达到理论出水量后停止回流。

（2）反应回流装置操作要点

1）选择反应容器和热源。根据反应物料量的不同，选择不同规格的反应容器，一般以所盛物料量占反应器容积的 1/2 左右为宜。若反应中有大量气体或泡沫产生，则应选用容积稍大些的反应器。

实验室中，加热方式较多，如水浴、油浴、火焰和电热套加热等。可根据反应物料的性质和反应条件的要求，适当地选用。

2）装配仪器。以热源的高度为基准，首先固定反应器，然后按由下到上的顺序装配其他仪器。所有仪器应尽可能固定在同一铁架台上。各仪器的连接部位要严密。冷凝管的上口与大气相通，其下端的进水口通过胶管与水源连接，上端的出水口接下水道。整套装置要求正确、整齐和稳妥。

3）加入物料。原料及溶剂可事先加入反应器中，再安装冷凝管等其他装置；也可在装配完毕后由冷凝管上口用漏斗加入液体物料。沸石应事先加入。

4）加热回流。检查装置各连接处的严密性后，通冷却水，再开始加热。最初宜缓缓升温，然后逐渐升高温度使反应液沸腾或达到要求的反应温度。反应时间以第一滴回流液落入反应器中开始计算。

5）控制回流速度。调节加热温度及冷却水流量，控制回流速度使液体蒸气浸润面不超过冷凝管有效冷却长度的1/3为宜。中途不可断水。

6）停止回流。停止回流时，应先停止加热，待冷凝管中没有蒸气后再停冷却水，稍冷后按自上到下的顺序拆除装置。

2. 粗产品的精制

由化学反应装置制得的粗产物，需要采用适当的方法进行精制处理，才能得到纯度较高的产品。

（1）液体粗产品的精制　液体粗产品通常用萃取和蒸馏的方法进行精制。

（2）固体粗产物的精制　固体粗产物可用沉淀分离法、重结晶法或升华法来精制。

对于一些产物与杂质结构类似，理化性质相似，用一般方法难以分离的混合物，采用色谱分离有时可以达到有效的分离目的而得到纯品。其中液相色谱法适用于固体和具有较高蒸气压的油状物的分离，气相色谱法适用于容易挥发的物质的分离。

（3）干燥　无论液体产物还是固体产物，在精制过程中，常需要通过干燥以除去其中所含少量水分或其他溶剂。液体产物中的水分或溶剂，可使用干燥剂或通过选择合适的溶剂形成二元共沸混合物经蒸馏除去。固体产物中的水分或溶剂可根据物质的性质选用自然干燥、加热干燥、红外线干燥、冷冻干燥或干燥器等方法进行干燥。

三、转化率和产率的计算

制备实验结束后，要根据基准原料的实际消耗量和初始量计算转化率，根据理论产量和实际产量计算产率。

$$转化率=\frac{基准原料的实际消耗量}{基准原料的初始量}\times 100\%$$

$$产率=\frac{实际产量}{理论产量}\times 100\%$$

式中：基准原料的实际消耗量——实验中实际消耗的基准原料的质量；

基准原料的初始量——实验开始时加入的基准原料的质量；

实际产量——实验中实际得到纯品的质量；

理论产量——按反应方程式，实际消耗的基准原料全部转化成产物的质量。

实训 3-5 硫酸亚铁铵的制备

知识目标

1. 了解硫酸亚铁铵的制备原理和方法。
2. 掌握过滤、蒸发、结晶等基本操作方法。

能力目标

学会过滤、蒸发、结晶等基本操作技术。

【仪器和试剂】

仪器：台秤，抽滤装置，烧杯，蒸发皿，水浴，玻璃漏斗，比色管（25 mL），滤纸等。

试剂：盐酸(2.0 mol · L^{-1})，H_2SO_4(浓)，Na_2CO_3(s)，$(NH_4)_2SO_4$(s)，Fe^{3+}标准溶液(0.1 g · L^{-1})，铁屑，KSCN(1 mol · L^{-1})，pH 试纸。

【原理】

硫酸亚铁铵，俗名摩尔盐。呈浅蓝绿色，透明晶体。约在 100 ℃失去结晶水。硫酸亚铁铵溶于水，不溶于乙醇。

硫酸亚铁铵在空气中比较稳定，是实验室中常用的亚铁离子试剂。由于价格低，制造工艺简单，容易得到较纯净的晶体，因此，其应用广泛。在化学上做还原剂，工业上常用作废水处理的混凝剂，在农业上既是农药又是肥料，在定量分析中常用作氧化还原滴定的基准物质。

本实验以铁屑为原料，先制取硫酸亚铁，再用硫酸亚铁与硫酸铵作用，进一步制得硫酸亚铁铵。反应方程式如下：

$$Fe + H_2SO_4(\text{稀}) =\!=\!= FeSO_4 + H_2$$

$$FeSO_4 + (NH_4)_2SO_4 + 6H_2O =\!=\!= (NH_4)_2SO_4 \cdot FeSO_4 \cdot 6H_2O$$

由于硫酸亚铁铵的溶解度比硫酸亚铁和硫酸铵都小，在蒸发冷却后，通过结晶便可从混合溶液中析出。三种盐的溶解度见表 3-1。

表 3-1 三种盐的溶解度比较[单位:g · (100 g 水)$^{-1}$]

物质	0 ℃	10 ℃	20 ℃	30 ℃	50 ℃	70 ℃
硫酸亚铁	15.7	20.5	26.6	33.2	48.6	56
硫酸铵	70.6	73.0	75.4	78.1	84.5	91.9
硫酸亚铁铵	12.5	18.1	21.2	24.5	31.3	38.5

用目测比色法可估计产品中所含杂质 Fe^{3+}的量。由于 Fe^{3+}能与 SCN^-生成红色的物质［$Fe(SCN)$］$^{2+}$，当红色较深时，表明产品中含 Fe^{3+}较多。所以，只要将所制备的硫酸亚铁铵晶体与 KSCN 溶液在比色管中配制成待测溶液，将它所呈现的红色与含一定 Fe^{3+}量所配制成的标准［$Fe(SCN)$］$^{2+}$溶液的红色进行比较，根据红色深浅程度相仿的情况，即可知待测溶液中杂质 Fe^{3+}的含量，从而可确定产品的等级。

【实训内容与操作】

1. 铁屑表面油污的去除

称取 4 g 铁屑，放在小烧杯中，加入 10% Na_2CO_3 溶液至没过铁屑，小火加热 10 min，倾去碱液，依次用自来水、蒸馏水把铁屑冲洗干净。

2. 配制 3 mol · L^{-1} H_2SO_4 溶液

计算配制 30 mL 3 mol · L^{-1} H_2SO_4 需要浓硫酸的体积（mL），按实训 2-2 的方法配制 3 mol · L^{-1} H_2SO_4 溶液。

3. 硫酸亚铁的制备

将配制好的 30 mL 3 mol · L^{-1} H_2SO_4 和洗净的铁屑都加入一小烧杯中，用小火加热至不再有气泡冒出为止（在加热过程中应补充少量水，以防止 $FeSO_4$ 结晶析出）。趁热过滤，滤液立即转移到蒸发皿中。将滤纸上的铁屑及残渣洗净收集起来，用滤纸吸干水分，称量。计算已反应铁屑的质量以及 $FeSO_4$ 的理论产量。

4. 硫酸亚铁铵的制备

根据 $FeSO_4$ 的理论产量，按 $FeSO_4$ 与 $(NH_4)_2SO_4$ 的摩尔比为 1∶1计算所需固体 $(NH_4)_2SO_4$ 的质量。称取所需的 $(NH_4)_2SO_4$，参照溶解度表，配成饱和溶液，在搅拌下倒入盛有 $FeSO_4$ 溶液的蒸发皿中，在水浴上蒸发浓缩至表面出现晶膜为止（注意蒸发过程中不宜搅动）。静置，让溶液自然冷却，冷却至室温时，便析出 $FeSO_4 \cdot (NH_4)_2SO_4 \cdot 6H_2O$ 晶体，用倾析法除去母液，把晶体移入布氏漏斗中抽滤至干，然后用滤纸吸干，称量。

5. 产品检验（选做）

1）选用实验方法证明产品中含有 NH_4^+、Fe^{2+}和 SO_4^{2-}。

2）Fe^{3+}的分析：称取 1.0 g 产品置于 25 mL 比色管中，加入 15 mL 不含氧的去离子水溶解，加入 2 mL 2 mol · L^{-1} HCl 和 1 mL 1 mol · L^{-1} KSCN 溶液，摇匀后继续加去离子水稀释至刻度，充分摇匀。将所呈现的红色与下列标准溶液进行目视比色，确定 Fe^{3+} 含量及产品标准。

在 3 只 25 mL 比色管中分别加入 2 mL 2 mol · L^{-1} HCl 和 1 mL 1 mol · L^{-1} KSCN 溶液，再用移液管分别加入 5 mL、10 mL、20 mL 标准 Fe^{3+}溶液（0.010 0 mg · mL^{-1}），加不含氧的去离子水稀释溶液到刻度并摇匀。上述三只比色管中溶液 Fe^{3+} 含量所对应的硫酸亚铁铵试剂规格分别为：含 Fe^{3+} 0.05 mg 的符合一级品标准，含 Fe^{3+} 0.10 mg 的符合二级品标准，含 Fe^{3+} 0.20 mg 的符合三级品标准。

【计算产率】

根据实验结果计算硫酸亚铁铵的产率。

【注意事项】

1）铁屑与硫酸反应开始较剧烈，要控制温度不宜过高，以防反应液溅出。

2）制备硫酸亚铁铵时，切忌用火直接加热，以防将 Fe^{2+} 氧化成 Fe^{3+}，使溶液呈深棕红色。

3）硫氰酸铁不稳定，因此标准色阶和待测溶液的显色最好同时进行，以确保实验结果的准确性。

【思考题】

1. 如何制备不含氧的蒸馏水？为什么配制样品溶液时一定要用不含氧的蒸馏水？
2. 为什么在蒸发浓缩时要使溶液呈酸性？
3. 如何计算 $FeSO_4$ 的理论产量和反应所需 $(NH_4)_2SO_4$ 的质量？

实训 3-6　阿司匹林的制备

知识目标

1. 熟悉阿司匹林的制备原理及方法。
2. 掌握普通回流装置的安装与操作。

能力目标

掌握利用重结晶精制固体产品的操作技术。

【仪器和试剂】

仪器：三颈瓶（100 mL），球形冷凝管，减压过滤装置，电炉与调压器，表面皿，水浴锅，温度计。

试剂：水杨酸(CP)，乙酸酐(CP)，浓硫酸，盐酸溶液(1∶2)，饱和碳酸氢钠溶液。

【原理】

阿司匹林化学名称为乙酰水杨酸，是白色晶体，熔点 135 ℃，微溶于水（37 ℃时，1 g/100 g H_2O）。

早在 18 世纪时，人们就已从柳树中提取了水杨酸，并发现它具有解热、镇痛和消炎作用，但其刺激口腔及胃肠道黏膜。水杨酸可与乙酸酐反应生成乙酰水杨酸，即阿司匹林，它具有与水杨酸同样的药效。近年来，科学家还新发现了阿司匹林具有预防心脑血管疾病的作用，因而得到高度重视。

本实验以浓硫酸为催化剂，使水杨酸与乙酸酐在 75 ℃左右发生酰化反应，制取阿司匹林。

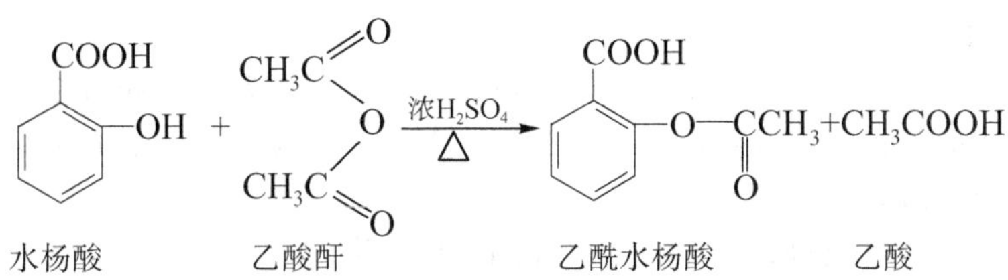

水杨酸在酸性条件下受热，还可发生缩合反应，生成少量聚合物。

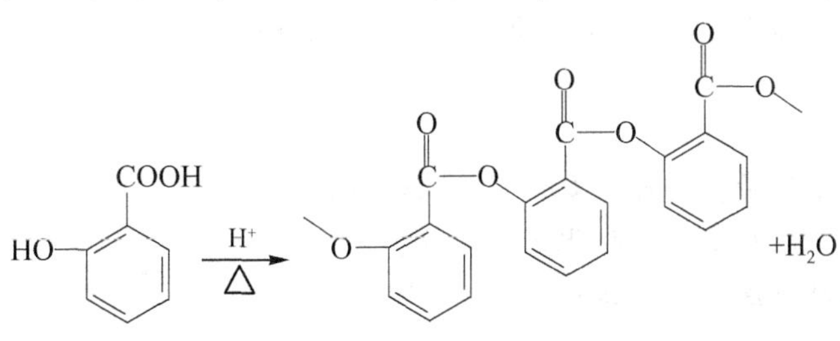

阿司匹林可与碳酸氢钠反应生成水溶性的钠盐，而作为杂质的副产物则不能与碱作用，可在用碳酸氢钠溶液进行纯化时将其分离除去。

【实训内容与操作】

1. 乙酰水杨酸的制备

于干燥的圆底烧瓶中加入 4 g 水杨酸和 10 mL 新蒸馏的乙酸酐，在振摇下缓慢滴加 7 滴浓硫酸，参照图 3-12a 安装普通回流装置。通水后，振摇反应液使水杨酸溶解。然后用水浴加热，控制水浴温度在 80~85 ℃，反应 20 min。

2. 结晶、抽滤

撤去水浴，趁热于球形冷凝管上口加入 2 mL 蒸馏水，以分解过量的乙酸酐。

稍冷后，拆下冷凝装置。在搅拌下将反应液倒入盛有 100 mL 冷水的烧杯中，并用冰-水浴冷却，放置 20 min。待结晶析出完全后，减压过滤（图 2-17）得粗产品。

3. 初步提纯

将粗产品放入 100 mL 烧杯中，加入 50 mL 饱和碳酸钠溶液并不断搅拌，直至无二氧化碳气泡产生为止。再减压过滤，除去不溶性杂质。滤液倒入洁净的烧杯中，在搅拌下加入 30 mL 盐酸溶液，阿司匹林即呈结晶析出。将烧杯置于冰-水浴中充分冷却后，减压过滤。用少量冷水洗涤滤饼两次，压紧抽干，称量粗产品。

4. 重结晶

将粗产品放入 100 mL 锥形瓶中，加入 95%乙醇和适量水（每克粗产品约需 3 mL 95%乙醇和 5 mL 水），安装球形冷凝管，于水浴中温热并不断振摇，直至固体完全溶解。拆下冷凝管，取出锥形瓶，向其中缓慢滴加水至刚刚出现混浊，静止冷却。结晶析出完全后，减压过滤，用少量蒸馏水洗涤结晶 2~3 次，抽干。

5. 称量、计算收率

将结晶小心转移至洁净的表面皿上，晾干（或烘干）后称量，并计算收率。

6. 纯度检验

取少量样品，用 95%乙醇溶解，滴加 1% $FeCl_3$ 溶液 1~2 滴。观察颜色变化。如呈紫红色则说明产品纯度不高。

【注意事项】

1）乙酸酐有毒并有较强烈的刺激性，取用时应注意不要与皮肤直接接触，防止吸入大量蒸气。加料时最好于通风橱内操作，物料加入烧瓶后，应尽快安装冷凝管，冷凝管内事先接通冷却水。

2）反应温度不宜过高，否则将会增加副产物的生成。

3）由于阿司匹林微溶于水，所以洗涤结晶时，用水量要少些，温度要低些，以减少产品损失。

4）浓硫酸具有强腐蚀性，应避免触及皮肤或衣物。

【思考题】

1. 制备阿司匹林时，为什么要使用干燥的仪器？
2. 何为酰化反应？常用的酰化剂有哪些？
3. 减压过滤时应注意些什么？

模块四　物质的物理参数测定技术

物质的物理参数主要包括物质的沸点、熔点、密度、黏度、折光率、旋光度等。准确测定这些参数，对认识化学物质有一定意义。具备使用测定物理参数的仪器设备，如旋光仪、阿贝折光仪、酸度计、毛细管黏度计等的能力，是专业学习及未来岗位的要求。

项目 1　沸点的测定技术

知识目标

1. 了解物质的沸点测定原理及意义，初步掌握测定技术。
2. 了解沸点测定装置的结构和原理，掌握其使用方法。
3. 初步掌握实验数据的记录及处理实验数据的方法。

能力目标

能科学合理地对实验数据进行处理并获得可靠的实验结果。

一、沸点及其测定的意义

沸点是指液体的蒸气压与外界大气压相等时的温度。液体物质受热时，其蒸气压随温度的升高而增大，当与外界大气压相等时，液体开始沸腾，此时的温度就是该液体的沸点。液体的沸点与体系存在的液体及蒸气的绝对量无关。通常把液体在标准大气压（约 0.1 MPa）下测得的沸腾温度定义为该液体物质的沸点。沸点是液体物质的特性参数之一。

二、测定沸点的装置

测定液体沸点的装置有多种，其主要用途是测量液体的沸点和分离平衡时的气相和液相。图 4-1 所示的沸点仪是一只带有回流冷凝管的长颈圆底蒸馏瓶。冷凝管底部有一凹形小槽，可收集少量冷凝的液相样品。通入的电流先经过变压器调压后，再通过浸没在溶液中的电热丝对溶液加热，这样可防止暴沸和过热现象。

实验室中测定液体的沸点常采用微量法或毛细管法，测定装置见图 4-2。即一根直径为 3~4 mm、长 7~8 cm的玻璃管，用小火封闭其一端，作为沸点管的外管，再向该外管中放入一根长 8~9 cm、直径约 1 mm、上端封闭的毛细管（内管），然后将沸点管用橡皮圈固定于温度计水银球旁，测定时，先在沸点外管内加几滴待测液，将沸点内管倒插，然后将其置入装有浴液的三颈瓶、烧杯或提勒管（Thiele tube）中加热。

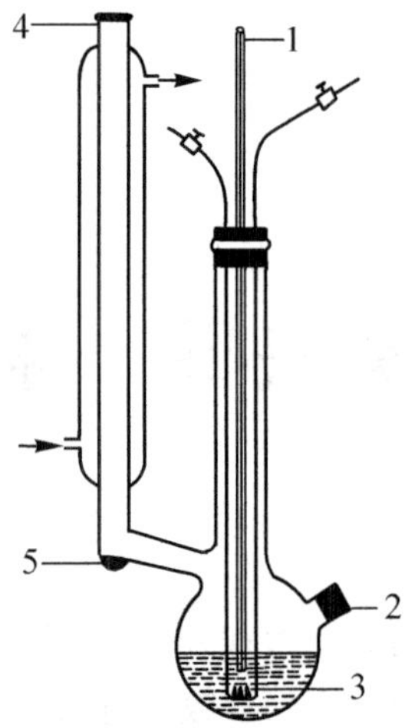

图 4-1　沸点仪的结构

1. 温度计；2. 加样口；3. 电热丝；4. 气相冷凝液取样口；5. 凹形小槽

三、测定沸点的方法

1. 安装仪器

将三颈瓶或提勒管固定在铁架台上，装入浴液（可用浓硫酸或甘油），约占烧瓶容积的 1/2 或使液面高度达到提勒管上侧管。然后按图 4-2 所示安装盛待测液体的沸点管。注意温度计刻度值应置于塞子开口侧并朝向操作者。图 4-3 是使用提勒管测定沸点装置的示意图。

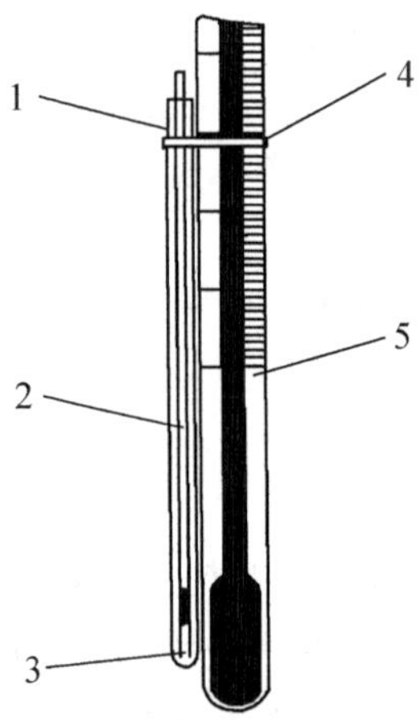

图 4-2　微量法测定沸点管

1. 玻璃管；2. 毛细管；3. 毛细管开口端；4. 橡皮圈；5. 温度计

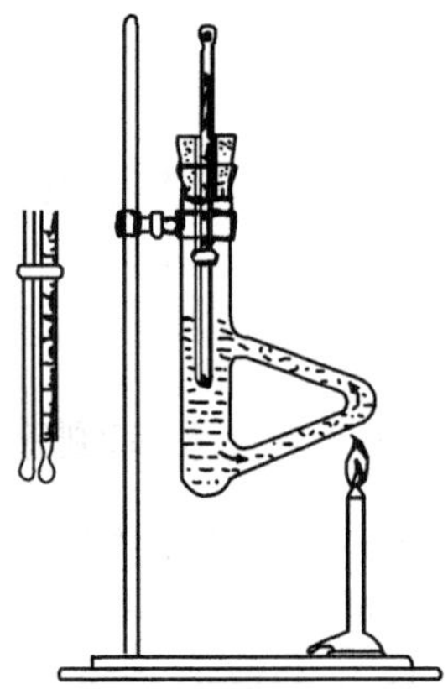

图 4-3　沸点测定装置

2. 测定沸点

当用微量法（毛细管法）测定沸点时，先加热到内管有连续气泡快速逸出后，停止加热，使温度自行下降，气泡逸出速度逐渐减慢，当最后一个气泡刚要缩进内管而还没有缩进，即与内管管口平行时，这时待测液体的蒸气压就正好等于外界大气压，这时的温度就是待测液体的沸点。记录测量温度计和辅助温度计的示值、测量温度计的露颈高度、室温和大气压。其数据经校正处理后，可得准确沸点。

实训 4-1　液体沸点的测定

知识目标

1. 了解沸点测定的意义和方法。

2. 初步掌握沸点测定装置的安装和操作方法。

能力目标

能操作沸点测定装置测定液体的沸点。

【仪器和试剂】

仪器：提勒管，煤气灯（或酒精灯），毛细管，开口橡皮塞，温度计（100 ℃，分度值 0.1 ℃；200 ℃，分度值 1 ℃）。

试剂：甘油（或浓硫酸），乙醇（AR），未知样（可选用丙酮、环己烷或 1，2-二氯乙烷等）。

【原理】

一种液体在一定的温度下，有一个与它平衡的蒸气压（以后简称蒸气压）。此项蒸气压随温度的改变而改变。温度上升，蒸气压亦随之上升。当达到某一温度时，液体的蒸气压与大气压相等，此时液体内部的蒸气可以自由地逸出，液体出现沸腾现象。因此当液体的蒸气压与大气压相等时的温度，称为这一液体的沸点。

沸点是物质的重要常数之一，它的确定有助于对物质的确证。沸点的测定方法有常量法和微量法之分，常量法见实训 3-1。本实训采用微量法。

【实训内容与操作】

1. 沸点管的制备

取一根内径 3~4 mm，长 7~8 cm 的毛细管，用小火封闭其一端，置 1~2 滴待测液体于此外管中，液柱高约 1 cm。另将长度为 8~9 cm、内径约 1 mm 的毛细管的一端封闭，作为内管，然后将此内管放入外管中并用小橡皮圈附于温度计旁，如图 4-2 所示。

2. 安装仪器及沸点浴的准备

按图 4-3 所示，固定好提勒管，其中加入甘油做浴液，高度达到叉口处即可。将装有液体样品的沸点管插入提勒管中。注意水银球位于浴液的中部，管中液体位于温度计的水银中部。

3. 乙醇沸点的测定

用煤气灯或酒精灯在提勒管右端小火加热，由于温度的上升，气体膨胀，内管中会有小气泡缓缓逸出。然后停止加热，使浴温自行下降，气泡逸出的速度会渐渐减慢。当气泡不再冒出而液体刚要进入内管的瞬间，表明毛细管内的蒸气压与外界大气压相等，记下此温度即为乙醇的沸点。重复两次至温度差不超过 1 ℃。

4. 测定未知样的沸点

待浴液温度降至 40 ℃以下时，换上盛有未知样的沸点管，用同样的方法测定其沸点。

5. 拆除装置

测定结束后，将浴液冷却至接近室温，再拆除装置，将甘油、未知样和乙醇分别装入指定的回收容器中，然后将所用仪器清洗干净。

【数据记录与处理】

1. 数据记录

将实验中测得的各项数据填入下表。

样品	测量温度计读数 t_1/℃	气压计读数 p_1/kPa	室温/℃
乙醇			
未知样			

2. 数据处理

按沸点测定的方法对沸点进行校正，结果填入下表。

样品	实测沸点/℃	文献值/℃
乙醇		
未知样		

【思考题】

1. 影响沸点测定准确性的主要因素有哪些？
2. 测定几种物质的沸点时，为什么待浴液降温后再更换被测物质？
3. 实验过程中，升温过快或过慢，对待测结果有什么影响？
4. 测得某种液体有固定的沸点，能否认为该液体是纯净物？为什么？

项目 2　熔点的测定技术

知识目标

1. 了解物质的熔点测定原理及意义，初步掌握熔点测定技术。
2. 了解熔点测定装置的结构和原理，掌握其操作方法。
3. 初步掌握实验数据的记录及图解式处理实验数据的方法。

能力目标

能科学合理地对实验数据进行处理并获得可靠的实验结果。

一、熔点及其测定的意义

固体物质受热时，从固态转变成液态的过程称为熔化。熔点是指固体物质在大气压力下，固-液两相达到动态平衡时的温度。实验中测定的熔点并不是一个温度点，而是一个温度范围。固体物质从开始熔化（始熔）到完全熔化（全熔）的温度叫作熔程或熔点范围。纯固体物质熔点不仅有固定值，且熔程很小，一般为 0.5~1 ℃。如果物质中含有杂质，则熔点降低，熔程显著增大。因此，熔点也是固体物质的特性参数。

大多数有机化合物的熔点比较低，一般不超过400 ℃，比较容易测定。固体物质熔点的测定是检验有机化合物纯度、鉴别未知物的良好手段，同时还可以通过测定高纯度标准有机物的熔点，进行温度的校正。

若实验测得的两个样品的熔点相同或相近，可利用混合熔点实验法来判断样品是否属于同一种化合物。方法是将两个熔点相同或相近的样品等量混合，再测其熔点。若混合样品的熔点较单一样品的熔点低得多，且熔程较大，则原样品分属不同的化合物；若几乎没有变化，则样品可能是同一化合物。如肉桂酸和尿素，它们的熔点均为133 ℃，但把它们等量混合时，其熔点则比 133 ℃低得多，而且熔程较大。

二、测定熔点的方法和装置

由于熔点的测定对有机化合物的研究具有很大的价值，因此如何准确地测出熔点是一个重要的技能。目前测定熔点的方法主要有两种，毛细管法和微量熔点测定法，毛细管法较为简便。现介绍如下：

1. 毛细管法测定熔点

（1）样品的装入　放少许待测熔点的干燥样品（约 0.1 g）于干净的表面皿上，用玻璃棒或不锈钢刮刀将它研成粉末并集成一堆。将熔点管（直径为 1~1.5 mm，长约 7 cm，一端封口的毛细管）开口端向下插入粉末中，然后把熔点管开口端向上，轻轻地在桌面上敲击，以使粉末落入和填紧管底。或者取一支长 30~40 cm 的玻璃管，垂直放在一干净的表面皿上，将熔点管从玻璃管上端自由落下，可更好地达到上述目的。为了使管内装入高 2~3 mm 紧密结实的样品，一般需如此重复数次。

注意：

1）要测得准确的熔点，样品一定要研得极细，装得密实，使热量的传导迅速均匀。对于蜡状的样品，为了解决研细及装管的困难，只得选用较大口径（2 mm 左右）的熔点管。

2）沾于管外的粉末须拭去，以免沾污加热浴液。

（2）熔点浴　熔点浴的设计最重要的一点是要使浴液受热均匀。下面介绍两种在实验室中最常用的熔点浴。

1）提勒管又称 b 形管，如图 4-4a 所示。管口装有开口软木塞，温度计（缚有熔点管）插入其中，刻度应面向木塞开口，其水银球位于 b 形管上下两叉管口之间，实验时，把装好样品的熔点管，借少许浴液黏附于温度计下端，使样品的部分置于水银球侧面中部（图 4-4a 右）。b 形管中装入加热液体（浴液），高度达上叉管处即可。测定熔点时，在图示的部位加热，受热的浴液做沿管上升运动。从而促成了整个 b 形管内浴液呈对流循环，使得温度较均匀。

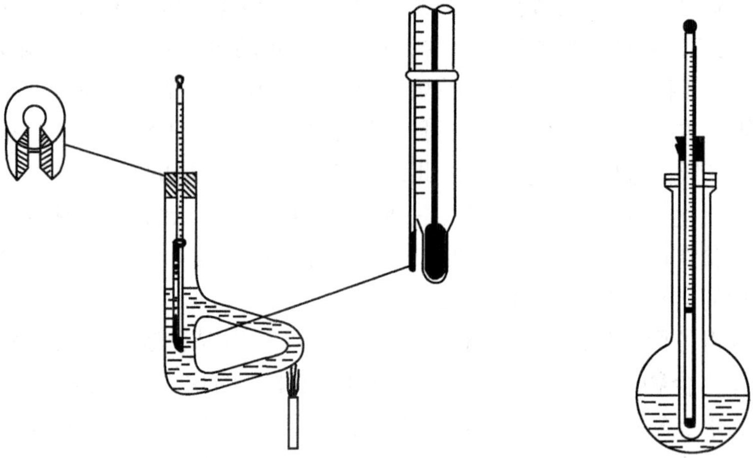

图 4-4　毛细管法测定熔点的装置

2）双浴式，如图 4-4b 所示，将试管经开口软木塞插入 250 mL 平底（或圆底）烧瓶内，直至离瓶底约 1 cm 处，试管口也配一个开口软木塞，插入温度计，其水银球应距试管底 0.5 cm。烧瓶内装入约占烧瓶 2/3 容积的加热液体，试管内也放入一些加热液体，使在插入温度计后，其液面高度与烧瓶内相同。熔点管黏附于温度计上，位置和在 b 形管中相同。测定时烧瓶可用油浴加热。

在测定熔点时凡是样品熔点在 220 ℃以下的，可采用浓硫酸作为浴液。但高温时，浓硫酸将分解放出三氧化硫及水。长期不用的熔点浴应先缓慢加热去掉吸入的水分，如加热过快，浴液就有冲出的危险。

当有机物和其他杂质触及硫酸时，会使硫酸变黑，有碍熔点的观察。此时可加入少许硝酸钾晶体共热后使之脱色。

除浓硫酸之外，亦可采用磷酸（可用于 300 ℃以下）、液体石蜡或有机硅油等。如将 7 份浓硫酸和 3 份硫酸钾，或 5.5 份浓硫酸和 4.5 份硫酸钾在通风橱中一起加热，直至固体溶解，这样的溶液可应用在 220~320 ℃的范围。

（3）熔点测定　将提勒管垂直夹于铁架上（图 4-3），以浓硫酸作为加热液体，用温度计水银球蘸取少许硫酸滴于熔点管上端外壁上，即可使之黏着，如图 4-4 所示。将黏附有熔点管的温度计小心地伸入浴液中，高度如图 4-4 所示。以小火缓缓加热提勒管，开始时升温速度可以较快，到距离熔点 10~15 ℃时，调整火焰使每分钟上升 1~2 ℃。愈接近熔点，升温速度应愈慢（掌握升温速度是准确测定熔点的关键）。这一方面是为了保证有充分的时间让热量由管外传至管内，以使固体熔化；另一方面因观察者不能同时观察温度计所示度数和样品的变化情况。只有缓慢加热，才能使此项误差减小。记下样品开始塌落并有液相产生时（初熔）和固体完全消失时（全熔）的温度计读数，即为该化合物的熔程。要注意在初熔前是否有萎缩或软化、放出气体以及其他分解现象。

例如，物质在 120 ℃时开始萎缩，在 121 ℃时有液滴出现，在 122 ℃时全部液化，应记录如下：熔点 121~122 ℃，120 ℃时萎缩。

（4）注意事项

1）熔点测定，至少要有两次重复的数据。每一次测定都必须用新的熔点管另装样品，不能将已测过熔点的熔点管冷却，使其中的样品固化后再进行第二次测定。因为高温时某些物质会产生部分分解，有些会转变成具有不同熔点的其他结晶形式。

2）测定易升华物质的熔点时，应将熔点管的开口端烧熔封闭，以免升华。

3）如果要测定未知物的熔点，应先对样品粗测一次。加热可以稍快，知道大致的熔点范围后，待浴温冷至熔点以下约 30 ℃，再取另一根装样的熔点管进行精密的测定。

4）熔点测定后，温度计的读数须对照温度计校正图进行校正。

5）一定要待熔点浴冷却后，方可将浓硫酸倒回瓶中。温度计冷却后，用废纸擦去硫酸，否则温度计极易炸裂。

2. 微量熔点测定法测定熔点

（1）显微熔点测定仪　用毛细管法测定熔点，操作简便，但样品用量较大，测定时间长，同时不能观察出样品在加热过程中晶形的转化及变化过程。为克服这些缺点，实验室常采用显微熔点测定仪。

显微熔点测定仪（图 4-5）的主要组成可分为两大部分：显微镜和微量加热台。

显微镜可以是专用于这种仪器的特殊显微镜，也可以是普通的显微镜。微量加热台的组成部件如图 4-5 所示。

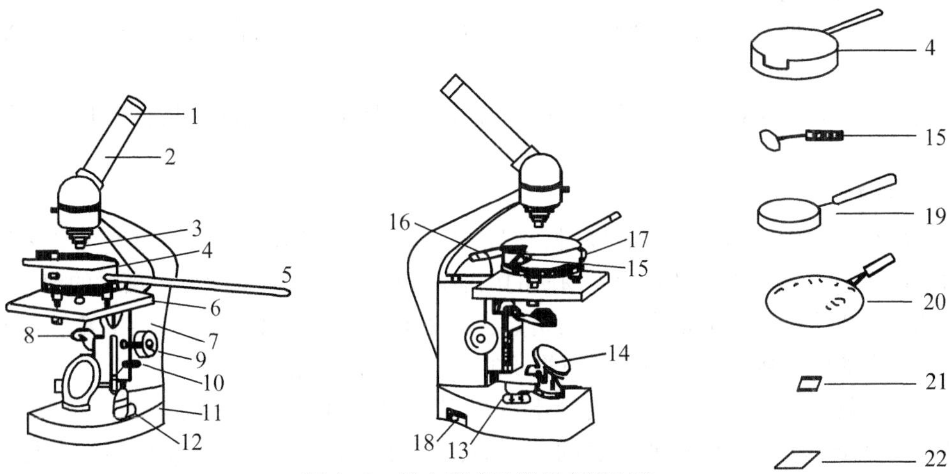

图 4-5　放大镜式显微熔点测定仪

1. 目镜；2. 棱镜检偏部件；3. 物镜；4. 热台；5. 温度计；6. 载热台；7. 镜身；8. 起偏振部件；9. 粗动手轮；10. 止紧螺钉；11. 底座；12. 波段开关；13. 电位器旋钮；14. 反光镜；15. 拨圈；16. 上隔热玻璃；17. 地线柱；18. 电压表；19. 铝散热块；20. 隔热玻璃罩；21. 盖玻片；22. 载玻片

显微熔点测定仪的优点：①可测微量样品的熔点；②可测高熔点（熔点可达 350 ℃）的样品；③通过放大镜可以观察样品在加热过程中变化的全过程，如失去结晶水、多晶体的变化及分解等。

（2）实验操作　先将玻璃载片洗净擦干，放在一个可移动的载片支持器内，将微量样品放在载片上，使其位于加热器的中心孔上，用盖玻片将样品盖住，放在圆玻璃盖下，打开光源，调节镜头，使显微镜焦点对准样品，开启加热器，用可变电阻调节加热速度，自显微镜的目镜中仔细观察样品晶形的变化和温度计的上升情况（仪器目镜视野分为两半，一半可直接看出温度计所示温度，另一半用来观察晶体的变化）。当温度接近样品的熔点时，控制温度上升的速度为 1～2 ℃/min，当样品晶体的棱角开始变圆时，即晶体开始熔化，结晶形状完全消失即熔化完毕。需重复 2 次读数。

测定完毕，停止加热，稍冷，用镊子去掉圆玻璃盖，拿走载片支持器及载玻片，放上水冷铁块加快冷却，待仪器完全冷却后小心拆卸和整理部件，装入仪器箱内。

实训 4-2　熔点的测定（毛细管法）

知识目标

1. 了解熔点测定的意义。
2. 掌握测定熔点的原理和操作方法。

能力目标

1. 学会毛细管的制作，样品装填技能。
2. 能准确地应用毛细管法测定熔点。

【仪器和试剂】

仪器：b 形管，温度计（200 ℃），酒精灯，酒精喷灯，钻孔器，玻璃管，玻璃棒，铁架台，烧杯，熔点仪。

试剂：尿素（AR），肉桂酸（AR），尿素与肉桂酸的等量混合物，未知样，浓硫酸。

【原理】

当把结晶物质加热到一定温度时，即从固态转变为液态，此时的温度可视为该物质的熔点。熔点的严格定义是一种物质的固液两相，在大气压下达成平衡时的温度。

纯的有机化合物一般都有固定的熔点，熔程较小，一般不超过 0.5～1 ℃。若该物质中含有杂质时，则其熔点往往较纯物质的熔点低，而且熔程也较长。

用毛细管法测定熔点时，温度计上的熔点读数与真实熔点之间常有一定的偏差。这可能是由于温度计的质量所引起的。例如，一般温度计中的毛细孔径不一定是很均匀的，有时刻度也不很准确。温度计有全浸式和半浸式两种，全浸式温度计的刻度是在温度计的汞线全部均匀受热的情况下刻出来的。而在测熔点时仅有部分汞线受热，因而露出的汞线温度当然较全部受热者低。另外，经长期使用的温度计，玻璃也可能发生变形而使刻度不准。为了校正温度计，可选用一标准温度计与之比较。通常也可采用纯有机化合物的熔点作为校正的标准。通过这种方法校正的温度计，上述误差可一并除去。校正时只要选择数种已知熔点的纯化合物作为标准，测定它们的熔点，以观察到的熔点做纵坐标，测得熔点与应有熔点的差值做横坐标，绘成曲线，从图中曲线上可直接读出温度计的校正值。表 4-1 列出了可选用的标准样品及其熔点。

表 4-1 标准样品及其熔点

标准样品	熔点/℃	标准样品	熔点/℃
水，冰	0	水杨酸	159
对二氯苯	53.1	苯甲酸苄酯	71
苯甲酸	122.4	乙酰苯胺	114.3
3，5-二硝基苯甲酸	205	α-萘胺	50
萘	20.55	间二硝基苯	90.02

【实训内容与操作】

1. 制熔点管

利用酒精喷灯或煤气灯，把细玻璃管制成直径 1~1.5 mm、长 6~7 cm、一端封闭的毛细管作为熔点管。

2. 填装样品

取 0.1~0.2 g 样品，置于干净的表面皿或玻片上，用玻璃棒研成粉末，聚成小堆。将毛细管开口一端插入粉末堆中，样品便被挤入管中。再把毛细管倒置，使开口一端朝上，在桌面上轻轻敲击，使粉末落入管底。也可将装有样品的毛细管，通过一根长约 40 cm、直立于表面皿上的玻璃管，使其自由地落下，重复操作，直至样品高 2~3 mm 为止。

3. 安装仪器

将 b 形管夹在铁架台上，往其中装入浓硫酸至高出其上侧管 1 cm 为度。管口配一缺口单孔软木塞，把温度计插入孔中，刻度向着软木塞缺口。将毛细管中下部用浓硫酸润湿后，将其紧附在温度计旁，样品部分应靠在温度计水银球的中部，并用橡皮圈将毛细管紧固在温度计上。将温度计连同装有样品的毛细管一同插入 b 形管中，其插入的深度以水银球恰在 b 形管两侧管的中部为准。加热时，火焰须与 b 形管的倾斜部分接触（参考图 4-3）。

4. 测定熔点

用小火缓缓加热 b 形管，以每分钟上升 3~4 ℃的速度升温至与所预料的熔点尚差 15 ℃左右时，减弱加热火焰，使温度上升速度每分钟约 1 ℃为宜，此时应特别注意温度的上升和毛细管中样品的情况。当毛细管中样品开始塌落和有湿润现象，出现小滴液体时，表示样品开始熔化，是始熔，记下温度。继续微热至样品的固体消失成为透明液体时，为全熔，记下温度。始熔到全熔的温度范围，即为样品的熔程。

根据上述方法分别测定：①尿素（AR）的熔点；②尿素与肉桂酸的等量混合物的熔点；③未知样的熔点。

实验完后，把温度计放好，让其自然冷却至接近室温时才能用水冲洗。否则，易发生水银柱断裂。

注意：测定未知物的熔点时应先将样品填好三根毛细管，首先用其中一根迅速地测得未知物熔点的近似值。待热浴的温度下降约 30 ℃后，换第二和第三根样品管仔细地测定。

【温度计校正】

用上述方法测出的熔点，常因温度计的误差而不准确，应进行误差校正。方法是从表 4-1 中选择数种（至少 3 种）已知熔点的纯化合物为标准，测定它们的熔点，以观察到的熔点做纵坐标，测得熔点与已知熔点差值做横坐标，绘成曲线，即可从曲线上读出任一温度的校正值。

【数据记录与处理】

样品	实测熔点/℃	萎缩温度/℃	熔点文献值/℃	误差
尿素（AR）				
尿素+肉桂酸				
未知样				

【注意事项】

1）熔点管必须洁净。如含有灰尘等，能产生 4~10 ℃的误差。

2）熔点管底未封好会产生漏管，影响测定结果。

3）样品粉碎要细，填装要实，否则产生空隙，不易传热，造成熔程变长。

4）样品不干燥或含有杂质，会使熔点偏低，熔程变长。

5）样品量太少不便观察，而且熔点偏低；太多会造成熔程变长，熔点偏高。

6）升温速度应慢，让热传导有充分的时间。升温速度过快，熔点偏高。

7）熔点管壁太厚，热传导时间长，会产生熔点偏高。

【思考题】

1. 影响熔点测定的因素有哪些？

2. 为什么样品毛细管底部应置于温度计水银球的中部？

3. 两种混合物的熔点与纯物质相比，熔点是升高还是降低？

4. 测定熔点时，若遇到下列情况，将会产生什么结果？①样品未完全干燥或含有杂质。②样品研得不细或装得不紧密。

项目 3 液体密度的测定技术

知识目标

1. 了解密度瓶法测定液体密度的原理。
2. 掌握其测定方法。

能力目标

学会电子分析天平和恒温槽的使用方法。

一、密度及其测定原理

在一定温度下，单位体积物质的质量称为该物质的密度。常用符号 ρ 表示：

$$\rho=\frac{m}{V}$$

式中：m——物质的质量，kg；

V——物质的体积，m^3。

显然，测定物质的质量和体积，便可求算出其密度。质量可由天平称量，体积常采用比较法测得。比较法是以纯水作为参比物质，通过称量一定温度下等体积的水和待测物质的质量，再根据水的密度，确定水的体积（也是待测物质的体积），进而求算出待测物质的密度。计算公式如下：

$$\rho_{测}=\frac{m_{测}}{m_{水}}\rho_{水}$$

式中：$\rho_{测}$——待测物质的密度，$kg \cdot m^{-3}$；

$\rho_{水}$——测量温度下水的密度（水在不同温度下的密度可从有关手册中查出），$kg \cdot m^{-3}$；

$m_{测}$——待测物质的质量，kg；

$m_{水}$——水的质量，kg。

二、测定密度的方法

密度是物质的重要物理参数之一。根据密度可以鉴别不同的化合物，检验化合物的纯度等。密度在物质的萃取、分离等过程中也具有重要意义。测定液体物质的密度常用下列两种方法。

1. 密度计法

密度计法是工业上常用的一种测量液体相对密度的方法。密度计有轻表和重表两种。轻表用于测量密度小于 $1\ kg \cdot m^{-3}$ 的液体的密度，重表用于测量密度大于 $1\ kg \cdot m^{-3}$ 的液体密度。

密度计法的特点是操作简便，可直接读数。它适用于样品量多、而测定结果又不需要十分精确的场合。

密度计是根据阿基米德（Archimedes）浮力原理设计的，本身是一支中空玻璃浮柱，上部有刻度线，下部有铅粒可形成重锤，能使其直立于液体中。液体的密度越大，密度计在液体中漂浮越高。一套密度计由量程不同的多支组成，如图 4-6 所示。每一支密度计都有相应的密度测量范围，使用时可以根据待测液体密度大小的不同进行选择。

测定时，通常是将待测液体盛放在适当容器的量筒内，然后小心地将密度计垂直插入待测溶液中，注意不要与容器壁接触。待稳定后，直接从密度计上读取液体相对密度。读数时视线应与液面及密度计刻度在同一水平线上，如图 4-7 所示。

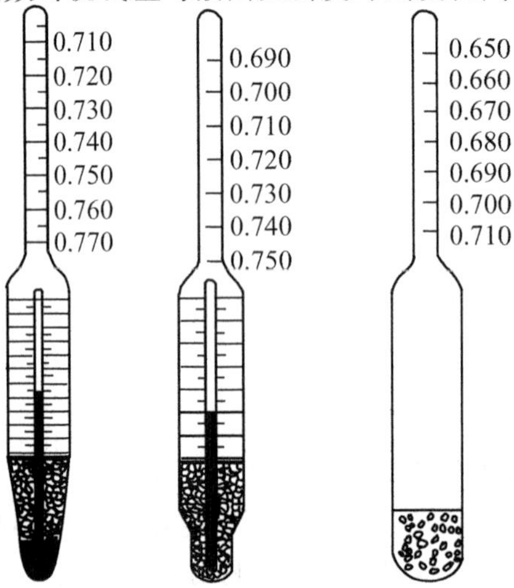

图 4-6　不同量程的密度计

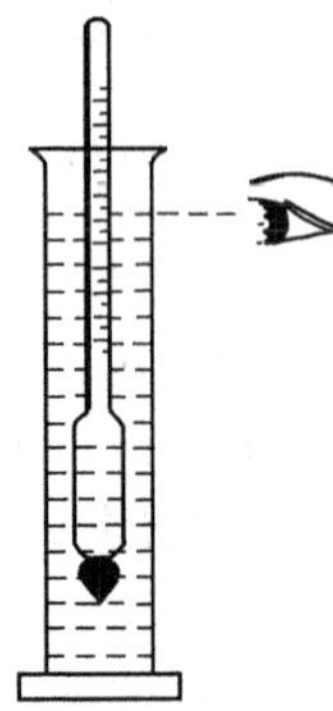

图 4-7　密度计的使用

2. 密度瓶法

密度瓶法可以准确测定非挥发性液体及固体的密度。常见的密度瓶如图 4-8 所示。

其中，图 4-8a 所示精密密度瓶为国家标准规定使用的密度瓶，带有温度计。主要用于权威性的鉴定。实验室中一般采用如图 4-8b 所示的普通密度瓶，密度的测定方法步骤如下：

1）将密度瓶洗净并干燥，连同磨口塞一起精确称量其质量 m_0。

2）用新煮沸并冷却到 15 ℃左右的蒸馏水冲洗密度瓶，然后注满（不得带入气泡），塞上磨口塞。将密度瓶置于 (20±0.1)℃的恒温水浴中恒温 15 min 以上，取出密度瓶，擦干外壁的水，并用

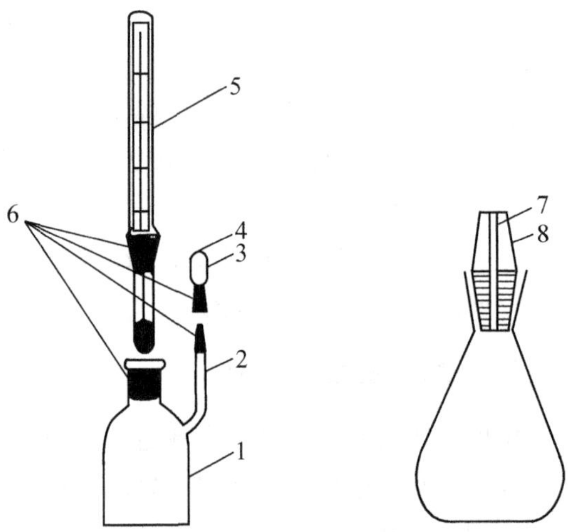

a. 精密密度瓶　　b. 普通密度瓶

图 4-8　密度瓶

1. 瓶主体；2. 管；3. 测孔；4. 测孔罩；5. 温度计；6. 玻璃磨口；7. 毛细孔；8. 磨口塞

滤纸吸去磨口塞上毛细孔溢出的水，迅速称量其质量 $m_{水}$。

3）将密度瓶中的水倒出，迅速干燥后用待测液体代替水，重复以上操作，称量待测液体质量 $m_{测}$。

4）按下式计算待测液体的密度：

$$\rho_{测}^{20}=\frac{m_{测}-m_0}{m_{水}-m_0}\times 998.2017\ \text{kg}\cdot\text{m}^{-3}$$

式中：998.201 7 kg · m^{-3}——20 ℃时蒸馏水的密度。

实训 4-3 恒温槽的调试及液体密度的测定

知识目标

1. 了解恒温槽的构造及恒温原理，学会分析恒温槽的性能。
2. 掌握贝克曼温度计和温控仪的调试与使用方法。
3. 了解密度瓶法测定液体密度的原理，掌握其测定方法。

能力目标

1. 学会液体密度测定技术。
2. 初步掌握恒温槽的装配和调试的基本技术。

【仪器和试剂】

仪器：玻璃缸，秒表，贝克曼温度计，温控仪，温度计（50 ℃，分度值 0.1 ℃），搅拌电动机，电加热丝，导线，蒸馏水，电子分析天平，普通密度瓶（25 mL）。

试剂：苯甲醇（AR）。

【原理】

许多化学实验中，由于待测的数据如折射率、黏度、电导、蒸气压、电动势、化学反应的速度常数、电离平衡常数等都与温度有关，因此，这些实验都必须在恒温的条件下进行，这就需要各种恒温的设备。通常用恒温槽来控制温度，维持恒温。一般恒温槽的温度都相对地稳定，一般在±0.1 ℃范围内波动，如果稍加改进精度也可达到 0.01 ℃，要使恒温设备维持在高于室温的某一温度，就必须不断补充一定的热量，使由于散热等原因引起的热损失得到补偿。恒温槽之所以能够恒温，主要是依靠恒温控制器来控制恒温槽的热平衡。当恒温槽的热量由于对外散失而使其温度降低时，恒温控制器就驱使恒温槽中的电加热器工作，待加热到所需要的温度时，它又会使其停止加热，使恒温槽温度保持恒定。

恒温槽的装置是多种多样的。它主要包括下面的几个部件：①敏感元件，也称感温元件；②控制元件；③加热元件。工作时感温元件将温度转化为电信号而输送给控制元件，然后由控制元件发出指令让电加热元件加热或停止加热。

图 4-9 是一恒温装置。它由浴槽、加热器、搅拌器、温度计、感温元件、恒温控制器等组成。温度控制的范围不同，水浴槽中介质也不同，可以根据需要选择。

在 20 ℃时，分别测定充满同一密度瓶的水及苯甲醇的质量，由水的质量和密度可以确定水的体积，亦即苯甲醇的体积。再由苯甲醇的质量和体积计算出其密度。

【实训内容与操作】

1. 恒温槽的调试

1）将蒸馏水注入水浴槽中，根据恒温槽组装的原则，按图 4-9 分别将所需各部件按要求装备好。

2）将贝克曼温度计调节好，使其水银柱在 20 ℃时停止在中间位置。

3）将温控仪、250 V 可调变压器、电加热丝连接好，并将搅拌电动机接到另一只 1 kV 的可调变压器的输出端，接好电源线。

4）将控温仪热敏探头固定在恒温槽的一定位置，注意可浸入部分不可超过200 mm，并将所有调压器电压调至最低。

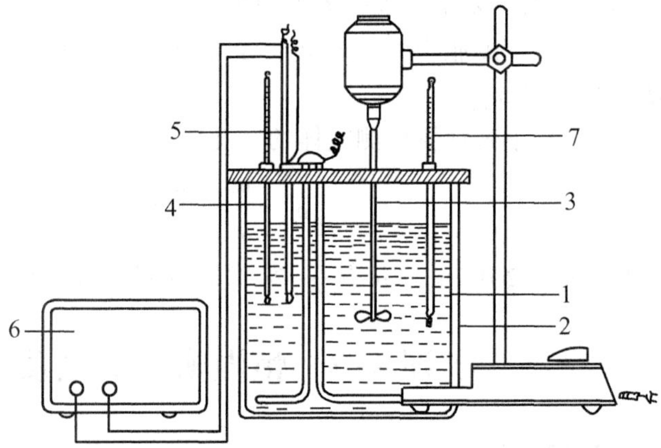

图 4-9　恒温槽装置

1. 浴槽；2. 加热器；3. 搅拌器；4. 温度计；5. 感温元件（热敏电阻探头）；6. 恒温控制器；7. 贝克曼温度计

5）经教师许可后接通电源，调电压开启搅拌使其有一快慢适中的搅拌速度。打开温控仪电源，控制温控仪使之黄红灯交替明亮、熄灭，这时恒温槽处于恒温状态。恒温槽水浴温度调节并恒定在（20±1）℃。

2. 称量密度瓶

取洁净干燥的密度瓶，在电子分析天平上称量其质量 m_0。

3. 称量蒸馏水

将蒸馏水煮沸并冷却至 15 ℃，用此蒸馏水冲洗密度瓶 2~3 次，然后注满蒸馏水，塞上磨口瓶（保证瓶内无气泡），将密度瓶浸入恒温水浴中（注意不要使恒温槽中的水没过磨口塞）。恒温 15 min 后，取出密度瓶，用滤纸吸去磨口塞上毛细孔溢出的水，并擦干外壁，同时称得密度瓶质量为 $m_{水}$。

4. 称量苯甲醇

倒掉密度瓶中的水，并将密度瓶用热风吹干或置于烘箱中烘干，待冷却后用少量苯甲醇洗涤 2 次，然后将苯甲醇注满密度瓶，塞上磨口塞，浸入恒温水浴中，恒温 15 min。

取出密度瓶，擦净瓶体外部的水和苯甲醇，迅速称量其质量 $m_{苯甲醇}$。

5. 计算

按下式计算苯甲醇的密度，并与其理论值比较。

$$\rho^{20}_{苯甲酸}=\frac{m_{苯甲酸}-m_0}{m_{水}-m_0}\times 998.2017\ \mathrm{kg\cdot m^{-3}}$$

【思考题】

1. 恒温装置由哪几部分组成？
2. 测定密度时为什么要用恒温水浴？为什么要用参比液体？

3. 密度瓶中若有气泡，会使测定结果偏高还是偏低？为什么？

4. 注满样品的密度瓶若恒温时间过短，对实验结果会产生什么影响？

项目 4　液体黏度的测定技术

知识目标

1. 了解物质的黏度的测定原理及意义。
2. 科学合理地对实验数据进行处理并获得可靠的实验结果。

能力目标

初步掌握黏度的测定技术。

一、黏度

黏度是指流体在流动时所表现出的阻力，这种阻力来自于流体的内摩擦。内摩擦力越大，黏度越大。可见，流体黏度是相邻流体层运动时内摩擦力的一种量度。常用黏度系数 η 表示，单位为 Pa·s（帕·秒）。

黏度是液体物质的重要物理性质之一，其数值大小与温度有关，不同温度下测得黏度值差异较大。高聚物稀溶液的黏度（η）应包括溶剂分子之间的内摩擦、高聚物分子与溶剂分子之间的内摩擦以及高聚物分子之间的内摩擦，三者表现出来黏度的总和。其中溶剂分子之间的内摩擦表现出来的黏度为纯溶剂黏度，用 η_0 表示。在相同的温度下，通常 $\eta>\eta_0$，为了比较这两种黏度，将增比黏度定义为

$$\eta_{sp}=\frac{\eta-\eta_0}{\eta_0}=\eta_\tau-1$$

式中 η_τ 称为相对黏度，它是溶液黏度和溶剂黏度的比值，它反映的也是溶液的黏度行为。增比黏度 η_{sp}，反映了扣除溶剂分子的内摩擦以后，仅仅是高聚物分子间与溶剂分子和高聚物分子间的内摩擦所表现出来的黏度。

高聚物溶液的增比黏度 η_{sp} 往往随溶液浓度的增加而增加。为方便比较，将单位浓度下所显示的增比黏度 $\frac{\eta_{sp}}{\rho}$ 称为比浓黏度，将 $\frac{\ln\eta_\tau}{\rho}$ 称为比浓对数黏度。

当溶液无限稀释时，高聚物分子彼此相隔很远，它们之间的摩擦效应可以忽略不计，因此，特性黏度主要反映了溶剂分子和高聚物分子之间的内摩擦效应，其值取决于溶剂的性质，更取决于聚合物分子的形态和大小，是一个与聚合物摩尔质量有关的量。由于 η_{sp} 和 η_τ 均是量纲为 1 的量，所以 η 的单位是质量浓度单位的倒数，它的数值随浓度表示方法的不同而不同。实验证明，当聚合物、溶剂和温度确定以后，聚合物的特性黏度只与聚合物的摩尔质量有关。

二、液体黏度的测定方法

测定液体黏度的仪器有旋转式黏度计、落球式黏度计和毛细管黏度计。依此分类，液体黏度的测定方法主要有三类：

（1）用旋转式黏度计测定液体与同心轴圆柱体相对转动的情况来确定黏度。

（2）用落球式黏度计测定圆球在液体里的下落速度来确定黏度。

（3）用毛细管黏度计测定液体在毛细管里的流出时间来确定黏度。

前两种方法适于高、中黏度的溶液，毛细管黏度计适用于较低黏度的溶液。常用毛细管黏度计测量液体的黏度。

三、毛细管黏度计及其测定原理

1. 毛细管黏度计

常用的毛细管黏度计有乌氏（Ubbelohde）黏度计、奥氏（Ostwald）黏度计等（图4-10,图4-11），均为玻璃材质。均具有结构简单，价格低廉，样品用量少，测定精度高等特点。

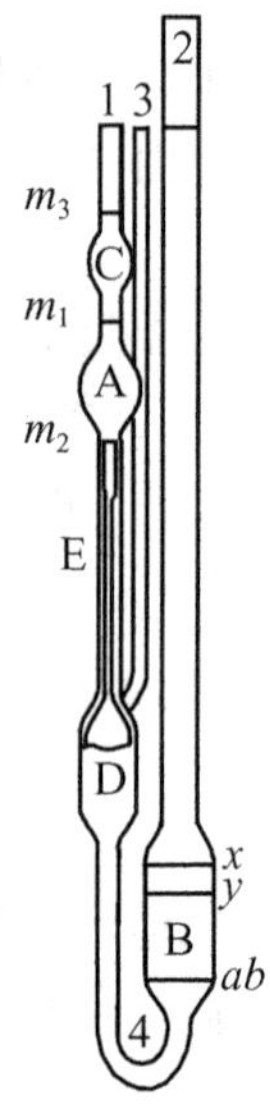

图 4-10　乌氏黏度计

1. 主管；2. 宽管；3. 支管；4. 弯管；A. 测定球；B. 储器；C. 缓冲球；D. 悬挂水平储器；E. 毛细管；x、y. 充液线；m_1、m_2. 环形测定线；m_3. 环形刻线；ab. 刻线

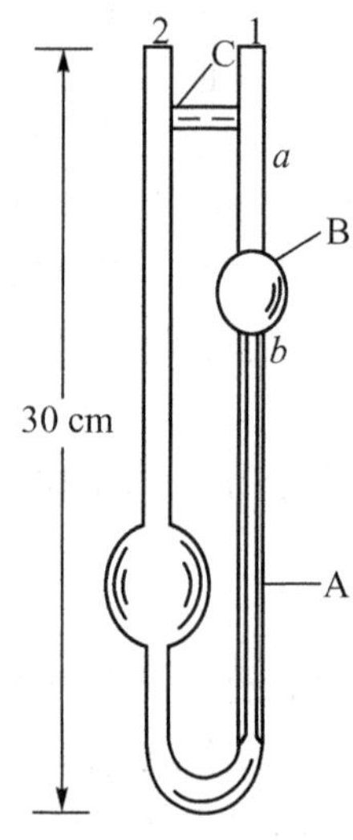

图 4-11　奥氏黏度计

1. 主管；2. 宽管；A. 毛细管；B. 测定球；C. 加固用的玻璃棒；a、b. 环形测定线

2. 测定原理

在同一温度下，等体积的待测液体和参比液体靠自身重力作用，分别流经同一支毛细管黏度计时，待测液体的黏度（$\eta_{测}$）与参比液体的黏度（$\eta_{参}$）之间有下列关系：

$$\frac{\eta_{测}}{\eta_{参}}=\frac{\rho_{测}\,t_{测}}{\rho_{参}\,t_{参}} \qquad 即 \qquad \eta_{测}=\eta_{参}\frac{\rho_{测}\,t_{测}}{\rho_{参}\,t_{参}}$$

式中：$\rho_{测}$，$\rho_{参}$——分别为待测液体和参比液体在测定温度下的密度，$kg \cdot m^{-3}$；

$t_{测}$，$t_{参}$——分别为待测液体和参比液体在毛细管黏度计中流过相同体积时所用的时间，s。

若已知 $\eta_{参}$ 和 $\rho_{参}$，则测定 $t_{测}$、$t_{参}$ 和 $\rho_{测}$，便可求出 $\eta_{测}$。其中 $t_{测}$ 和 $t_{参}$ 可在液体流经毛细管黏度计中 a，b 两刻度区间时测得；$\rho_{测}$ 可用密度计或密度瓶法测得，也可从有关手册中查得。

在实际测量中，常用纯水做参比液体。

3. 黏度的测定方法

以乌氏黏度计为例介绍黏度的测定方法步骤。

1）调节温度：调节恒温槽水浴至适当温度。

2）测量 $t_{测}$：在洁净干燥的黏度计 2、1 管口分别套上一短橡胶管，并将 1 管上的橡胶管用夹子夹紧。从 3 管向黏度计中加入适量待测液体，然后将黏度计垂直放入恒温槽中［注意应使黏度计的刻度线（m_1 刻线）浸入水浴液面下］，用铁夹固定。恒温 10 min 后，在 2 管上用洗耳球将液体吸至高于 m_1 刻线约 2 cm 处，再同时移开洗耳球和 1 管上的夹子，使液体自然下流。当液面降至 m_1 刻线时，立即按动秒表记录液面由 m_1 刻线降至 m_2 刻线的时间 $t_{测}$。如此重复操作 3 次，偏差应小于 0.3 s。取 3 次的平均值。

3）测量 $t_{参}$：取出黏度计，将液体倒出，洗净后，装入与被测液体相同体积的蒸馏水，在恒温槽中恒温 10 min。再按上述操作步骤测定水流经 m_1，m_2 刻线之间的时间 $t_{参}$。

4）计算黏度：查出测量温度时蒸馏水的密度和黏度，测定待测液体在此温度时的密度，求算待测液体的黏度。

4. 使用玻璃毛细管黏度计的注意事项

1）黏度计必须洁净，先用通过 G_2 砂芯漏斗过滤的洗液浸泡 1 d。如用洗液不能洗干净，则改用质量分数为 5%的氢氧化钠乙醇溶液浸泡，再用水冲净，直至毛细管壁不挂水珠。洗干净的黏度计置于 110 ℃的烘箱中烘干。

2）黏度计使用完毕，应立即清洗，特别是测高聚物时，要注入纯溶剂浸泡，以免残留的高聚物黏结在毛细管壁上而影响毛细管孔径，甚至堵塞。清洗后在黏度计内注满蒸馏水并加塞，防止落进灰尘。

3）实验时，黏度计应垂直固定在恒温槽内，因为倾斜会造成液位差变化，引起测量误差，同时会使液体流经时间 t 变长。

4）液体的黏度与温度有关，一般温度变化不超过±0.3 ℃。

5）毛细管黏度计的毛细管内径选择，可根据所测物质的黏度而定。毛细管内径太细，容易堵塞，太粗测量误差较大。一般选择测水时流经毛细管的时间大于 100 s，在 120 s 左右为宜。表 4-2 是乌氏黏度计的有关参数。

表 4-2　乌氏黏度计的有关参数

毛细管内径/mm	测定球容积/mL	毛细管长/mm	常数 k	测量范围/（$10^{-6}m^2\cdot s^{-1}$）
0.55	5.0	90	0.01	1.5～10
0.75	5.0	90	0.03	5～30
0.90	5.0	90	0.05	10～50
1.1	5.0	90	0.5	20～100
1.6	5.0	90	0.5	100～500

项目 5　折射率的测定技术

知识目标

1. 了解物质的折射率的测定原理及意义。
2. 了解阿贝折射仪的结构和原理，掌握其操作方法。
3. 初步掌握实验数据的记录及图解式处理实验数据的方法。

能力目标

能正确使用阿贝折射仪；初步掌握折射率的测定技术。

一、折射率及其测定的意义

当单色光从一种介质射向另一介质时，光的速度发生变化，光的传播方向也会发生变化，这种现象称为光的折射现象，如图 4-12 所示。α 为入射角，β 为折射角。光的入射角和折射角的正弦比称为折射率，常用 n 表示。

$$n=\frac{\sin\alpha}{\sin\beta}$$

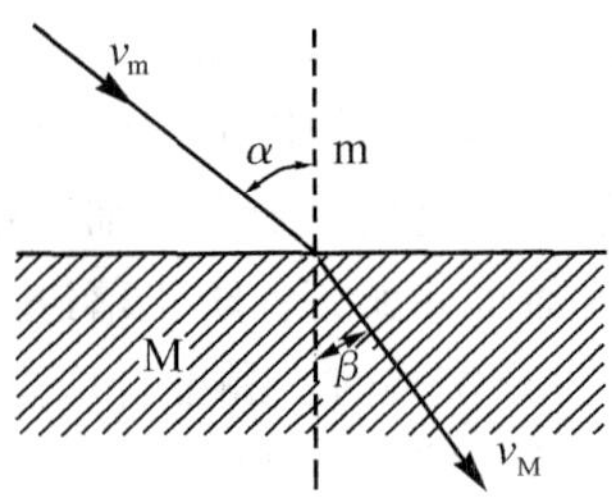

图 4-12　光的折射

若温度一定，对两种固定的介质而言，n 是一个常数，它是物质的重要物理参数之一。

通过折射率的测定，可以了解物质的组成、纯度及结构等。由于测定折射率所需样品量少、测量精度高、重现性好，常用来定性鉴定液体物质或其纯度以及定量分析溶液的组成等。

一般文献中记录的物质折射率数据是 20 ℃时，以钠灯为光源（D 线）测定出来的，用 n_D^{20} 表示。

二、折射仪及其工作原理

液体的折射率一般用阿贝（Abbe）折射仪进行测定。阿贝折射仪如图 4-13 所示，它是测定液体折射率最常用的仪器。

阿贝折射仪主要组成部分是两块可以闭合的直角棱镜，上面一块是光滑的，为测量棱镜，下面一块是磨砂的，为辅助棱镜，两棱镜间可铺展薄层液体。仪器上有两个目镜，读数目镜和测量目镜，用来观察折光情况。仪器下部有一块反光镜，光线由反光镜反射入辅助棱镜，在其磨砂面上发生漫射，以不同入射角射入两个棱镜之间的液层，然后再折射到测量棱镜。在此，一部分光线可以再经折射进入空气而到达测量目镜，另一部分光线则发生全反射。这样，在测量目镜的目镜视场中将出现明暗两个区域。

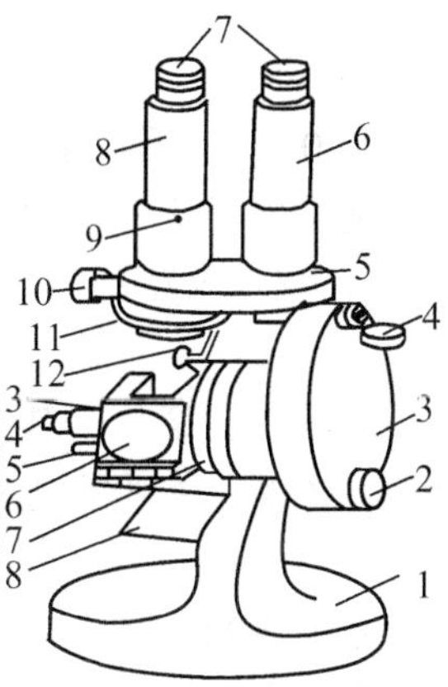

图 4-13　阿贝折射仪结构示意

1. 底座；2. 转动手轮；3. 圆盘组；4. 小反光镜；5. 支架；6. 读数镜筒；7. 目镜；8. 望远镜；9. 示值调节螺钉；10. 阿米西棱镜；11. 色散值刻度盘；12. 锁紧手柄；13. 棱镜组；14. 温度计座；15. 恒温水浴头；16. 保护罩；17. 主轴；18. 反光镜

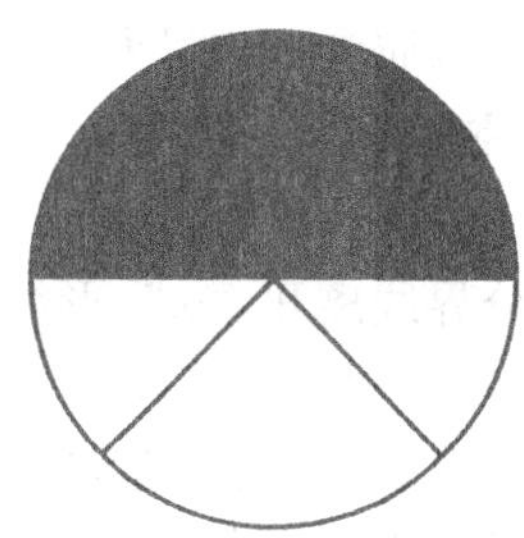

图 4-14　阿贝折射仪目镜视野

调节测量目镜中的视场，当两区域的分界线与视场中“×”形线的交叉点相切时(图4-14)，可以从读数目镜中直接读出折射率。阿贝折射仪中设有消除色散装置，因此可用钠光灯作为光源，也可直接使用日光，其测得的数据与钠光 D 线所测得的一样。

三、测定折射率的方法

1. 阿贝折射仪的使用

(1) 安装　将折射仪置于光线明亮处（但应避免阳光直射或靠近热源），用橡胶管将测量棱镜和辅助棱镜上的保温夹套的进、出水口与超级恒温槽连接起来，将恒温槽调到测定所需的温度，一般选用（20.0±0.1)℃或（25.0±0.1)℃。温度以折射仪上的温度计读数为准。

(2) 清洗　开启辅助棱镜，用滴管滴加少量丙酮或乙醇清洗棱镜组的镜面（勿使滴管尖端碰触镜面），用擦镜纸轻轻吸干镜面（不能过分用力，更不能使用滤纸）。

(3) 校正　滴加 1~2 滴蒸馏水于棱镜组的镜面上，关紧棱镜，转动左侧色散值刻度盘，使读数目镜内标尺读数置于蒸馏水在该温度下的折射率，调节反光镜，使测量目镜中的视场最亮。调节测量目镜，使视场最清晰。转动色散值刻度盘，消除色散。调节校正螺钉，使明暗分界线和视场中的“×”形线交点对齐，即校正完毕。

(4) 测量　打开棱镜组的辅助棱镜，待镜面干燥后，滴加数滴待测液体，闭合棱镜（应注意防止待测液层中存在有气泡；若为易挥发液体，可用滴管从加液槽加样）。调节小反光镜和反光镜，使两镜筒内的视场明亮。转动转动手轮，直至在望远镜中观测到的视场出现半明半暗视野（应为上明下暗）。转动色散值刻度盘，使视场内呈现一个清晰的明暗分界线，消除色散。再次转动转动手轮，使分界线正好在“×”形线交点上，这时便可从读数目镜中读出折射率值 n_D^t。根据读得的折射率 n_D^t 和样品室的温度 t，计算出该样品在 20 ℃的折射率。校正公式如下：

$$n_D^{20}=n_D^t+0.000\,45(t-20)$$

一般应重复测定 2~3 次，读数差值不能超过±0.000 2，然后取平均值。

(5) 维护　折射仪使用完毕，应将棱镜用丙酮或乙醇清洗并干燥。拆下连接超级恒温槽的橡胶管，排尽夹套中的水，将仪器擦拭干净，放入仪器盒中，置于干燥处。

2. 注意事项

1）每一样品应连续读取三个读数，取平均值。方法是：读一个数后，转动转动手轮，使分界线离开“×”形线的交点，然后还原再读一个数。如此向上、向下各转动一次后再还原，共读三个数。

2）每次测定前，都需用丙酮擦拭，并等干燥后才能进行测定。测定结束后，也同样要擦拭干净。通恒温水部分的积水要倒尽或用滤纸吸干、擦净。最后在上、下棱镜之间夹入擦镜纸后收藏。

3）要注意保持折射仪的清洁，严禁污染光学零件，必要时可用干净的擦镜纸或脱脂棉轻轻地擦拭。

实训 4-4　乙二醇-丙酮混合物折射率的测定

知识目标

1. 了解测定折射率的意义和方法。
2. 初步掌握阿贝折射仪的使用方法。
3. 初步学会用图解法处理实验数据，绘制折射率-组成曲线。

能力目标

会使用阿贝折射仪测定物质的折射率。

【仪器和试剂】

仪器：阿贝折射仪，超级恒温槽，滴瓶，橡胶管，擦镜纸。

试剂：丙酮（AR），乙二醇（AR），乙二醇-丙酮混合溶液，蒸馏水。

【原理】

两种完全互溶的液体形成混合溶液时，其组成和折射率之间为近似线性关系。据此，测定若干个已知组成的混合溶液的折射率即可绘制该混合溶液的折射率-组成曲线。再测定未知组成的该混合物样品的折射率，便可以从折射率-组成曲线中查出其组成。

【实训内容与操作】

(1) 配制不同组成的溶液[1] 配制乙二醇含量(体积分数)分别为0, 20%, 40%, 60%, 80%, 100%的乙二醇-丙酮溶液各20 mL, 混匀后分装在6只滴瓶中, 贴上标签, 按1~6顺序编号。

(2) 安装仪器 开启恒温槽, 调节水浴温度为(20.0±0.1)℃, 然后用橡胶管将恒温槽与阿贝折射仪的进、出水口连接。

(3) 清洗与校正仪器 打开辅助棱镜, 滴2~3滴丙酮, 合上棱镜, 片刻后打开棱镜, 用擦镜纸轻轻将丙酮吸干, 再改用蒸馏水重复上述操作2次。然后滴1~2滴蒸馏水于镜面上, 合上棱镜, 转动左侧色散值刻度盘, 使读数目镜内标尺读数置于蒸馏水在此温度下的折射率[2] ($n_D^{20}=1.3330$)。调节反光镜, 使测量目镜中的视场最亮。调节测量目镜, 使视场最清晰。转动色散值刻度盘, 消除色散。再调节校正螺钉, 使明暗交界线和视场中的"×"形线交点对齐。

(4) 测定溶液的折射率 打开棱镜, 用1号溶液清洗镜面2次。干燥后滴加2~3滴该溶液, 闭合棱镜。转动转动手轮, 直至在望远镜中观测到的视场出现半明半暗视野。转动色散值刻度盘, 使视场内呈现一个清晰的明暗分界线, 消除色散。再次小心转动转动手轮使明暗分界线正好处在"×"形线交点上, 从读数目镜中读出折射率值。重复测定2次, 读数差值不能超过±0.0002。

以同样方法依次测定并记录2~6号溶液和未知组成的混合溶液的折射率。

(5) 结束工作 测定结束后, 用丙酮将镜面清洗干净, 并用擦镜纸吸干。拆下连接恒温槽的橡胶管和温度计, 排尽夹套中的水, 将阿贝折射仪擦拭干净, 装入盒中。

【数据记录与处理】

1) 将实验测定的折射率数据填入下表。

测定温度________℃

组成 折射率	0	20%	40%	60%	80%	100%	未知样
第一次							
第二次							
平均值							

2) 以溶液组成为横坐标, 折射率为纵坐标, 在坐标纸上绘制乙二醇-丙酮溶液的折射率-组成曲线。

3) 从折射率-组成曲线中查出未知样的组成并填入上表中。

【实验指南与安全提示】

1) 阿贝折射仪不能用来测定酸性、碱性和具有腐蚀性的液体。应防止阳光暴晒,

[1] 本实验不同组成的溶液也可由教师统一配制。

[2] 记录折射率时, 应估读至小数点后第四位。

放置于干燥、通风的室内，防止受潮。应保持仪器的清洁，严禁用油手或汗手触及光学零件。尤其是棱镜部位，在利用滴管加液时，不能让滴管尖端碰到棱镜面上，以免划伤。

2）阿贝折射仪量程是 1.300 0～1.700 0，精密度为±0.000 1。测量时应保持恒温槽水浴温度在（20.0±0.1）℃范围，并注意保持恒温槽与棱镜夹套之间回流水的畅通，否则起不到恒温作用，也难以保证测量数据的准确性。

3）不要用滤纸代替擦镜纸。

【思考题】

1. 什么是折射率？其数值与哪些因素有关？
2. 使用阿贝折射仪应注意什么？
3. 测定折射率有哪些实用意义？
4. 超级恒温水浴在测定折射率中起什么作用？

项目 6　旋光度的测定技术

知识目标

1. 了解物质的旋光度的测定原理及意义。
2. 了解旋光仪的结构和原理，掌握其操作方法。

能力目标

1. 能正确使用旋光仪。
2. 初步掌握旋光度测定技术。

一、旋光度及其测定的意义

自然光在与其传播方向垂直的一切可能方向振动，当光通过一种特制的尼科尔（Nicol）棱镜（由方解石制成，其作用像一个栅栏）时，只有在与棱镜晶轴平行的平面上振动的光可以通过，只在一个平面上振动的光叫作平面偏振光，简称偏振光。

偏振光通过具有旋光性的物质时，会使偏振光的振动平面发生一定角度的旋转，所旋的角度叫作旋光度。测量旋光度的仪器叫作旋光仪。通过测定物质的旋光度，可以鉴定旋光性物质的结构，确定其纯度或溶液的浓度等。

二、旋光仪

1. 旋光仪的构造原理

旋光仪的光路系统如图 4-15 所示，其主要部件为起偏镜和检偏镜。

起偏镜，又称为第一尼科尔棱镜，其作用是将各向振动的可见光变成偏振光。检偏镜，又称为第二尼科尔棱镜，用来测定偏振光的旋转角度，它随着刻度盘一起转动。

当两块尼科尔棱镜的晶轴互相平行时，偏振光可以全部通过，当在两棱镜之间的旋光管放入旋光性物质的溶液时，由于旋光性物质使偏振光的振动平面旋转了一定角度，所以偏振光就不能通过第二块棱镜（检偏镜）。只有将检偏镜也相应旋转一定角度后，才能使偏振光全部通过。此时，检偏镜旋转的角度就是该旋光性物质的旋光度，常用符号 α 来表示。如果旋转方向是顺时针，称为右旋，α 取正值；反之称为左旋，α 取负值。

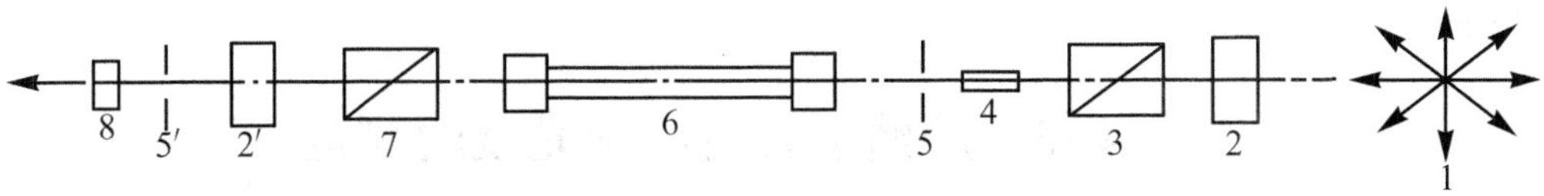

图 4-15　旋光仪光路系统示意

1. 钠光灯光源；2、2′. 透镜；3. 起偏镜；4. 石英片；5、5′. 光栅；6. 旋光管；7. 检偏镜；8. 目镜

为了提高观测的准确性，在起偏镜后装有一块石英片，使目镜中能观察到三分视场，如图 4-16 所示。

其中图 4-16a 视场中间暗，两边亮；图 4-16b 视场中间亮，两边暗；图 4-16c 视场中明暗相等，三分视场界线消失，选择这一视场作为测量零点，在测定旋光度读数时均以它为标准。

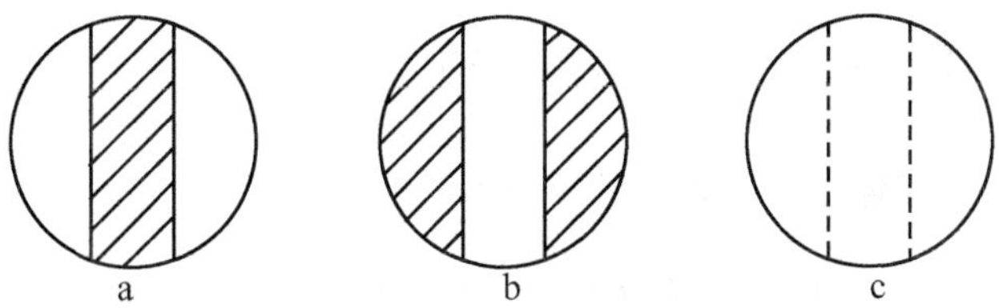

图 4-16　三分视场

2. 旋光度的测定

（1）仪器预热　先接通电源，开启旋光仪上的电源开关，预热 5 min。使钠光灯发光强度稳定。

（2）零点校正　将旋光管用蒸馏水冲洗干净，再装满蒸馏水，旋紧螺帽，擦干外壁的水分后，放入旋光仪中。转动刻度盘，使目镜中三分视场界线消失，观察刻度盘的读数是否在零点处，若不在零点，说明仪器存在零点误差，需测量 3 次取平均值作为零点校正值。

（3）样品测定　取出旋光管，倒出蒸馏水，用待测溶液洗涤 2~3 次。在旋光管中装满该待测溶液，擦干管壁后放入仪器中。转动刻度盘，使目镜中三分视场消失（与零点校正时相同），记录此时刻度盘的读数，加上（或减去）校正值即为该溶液的旋光度。

（4）结束测定　全部测定结束后，取出旋光管，倒出溶液，洗净备用。关闭旋光仪电源。

3. 测量注意事项

1）旋光仪的各镜面应保持清洁，要防止酸、碱、油污等的沾污。

2）有时虽然目镜中三分视场消失，但所观察到的视场十分明亮，且无论向左或向右旋转刻度盘，都不能立即出现三分视场，这种现象称为“假零点”，此时不能读数。

3）旋光管中盛装待测液体（含蒸馏水）时，不能有气泡，否则会影响测定结果的准确性。

4）测定前，需将旋光仪透镜及旋光管两端的镜片用镜头纸擦拭干净，以免影响观测效果。

实训 4-5　蔗糖水解过程旋光度的测定

知识目标

1. 了解旋光仪的基本原理，掌握其使用方法。
2. 根据物质的光学性质研究蔗糖水解反应。

能力目标

能利用旋光仪进行蔗糖水解情况的测定。

【仪器和试剂】

仪器：旋光仪，旋光管（带有恒温水外套），分析天平，磨口锥形瓶（100 mL），烧杯（100 mL），恒温槽，移液管（25 mL）。

试剂：HCl 溶液（$3\ mol\cdot L^{-1}$），蔗糖（AR）。

【原理】

蔗糖在酸中水解成葡萄糖与果糖的反应为

$$\underset{\text{蔗糖}}{C_{12}H_{22}O_{11}}+H_2O\xrightarrow{H_3^+O}\underset{\text{葡萄糖}}{C_6H_{12}O_6}+\underset{\text{果糖}}{C_6H_{12}O_6}$$

蔗糖及其水解产物均为旋光物质，蔗糖是右旋性物质（比旋光度 $[\alpha]_D^t=66.6°$），产物中葡萄糖也是右旋性物质（比旋光度 $[\alpha]_D^t=52.5°$），果糖是左旋性物质（比旋光度 $[\alpha]_D^t=-91.9°$）。当反应进行时，如以一束偏振光通过溶液，则可观察到偏振面的转移。蔗糖是右旋的，水解的混合物是左旋的，所以偏振面将由右边旋向左边。因此当水解反应进行时，右旋角不断减小，当反应终了时体系将经过零变成左旋。

偏振面的旋转角度称之为旋光度，以 α 表示。因此可以利用体系在反应过程中旋光度的改变来量度反应的进程。溶液的旋光度与溶液中所含旋光物质的种类、浓度，液层厚度，光源的波长以及反应时的温度等因素有关。

为了比较各种物质的旋光能力，化学上引入比旋光度 $[\alpha]_D^t$ 这一概念，并以下式表示：

$$[\alpha]_D^t=\frac{\alpha}{l\cdot\rho_B}\tag{1}$$

式中：t——实验时的温度；

D——所用光源为钠光 D 线；

α——旋光度；

l——液层厚度（常以 10 cm 为单位）；

ρ_B——质量浓度［常用 100 mL 溶液中溶有 m(g)物质来表示］。

则（1）式可写成

$$[\alpha]_D^t=\frac{\alpha}{l\cdot(m/100)} \tag{2}$$

或

$$\alpha=[\alpha]_D^t\cdot l\cdot\rho_B \tag{3}$$

由（3）式可以看出，当其他条件不变时，旋光度 α 与反应物质量浓度（ρ_B）成正比，即

$$\alpha = K\rho_B \tag{4}$$

式中 K 是与物质的旋光能力、液层厚度、溶剂性质、光源的波长、反应时的温度等有关系的常数。因为蔗糖水解反应中，反应物与生成物都具有旋光性，且溶液的旋光度为各组成旋光度之和（加和性）。

【实训内容与操作】

1. 准备工作

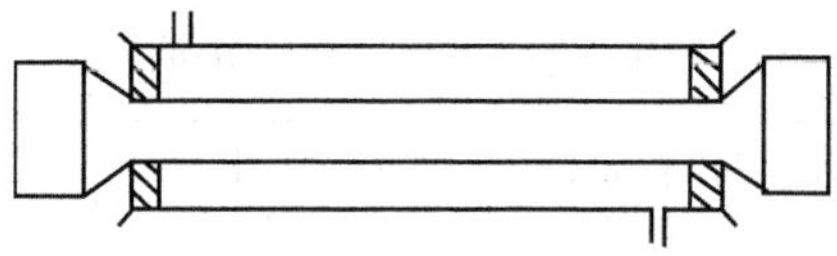

图 4-17　旋光管外套

（1）调节恒温槽　将恒温槽调节到 20 ℃（±0.1 ℃）恒温，然后将实验用蒸馏水置于其中恒温 10~15 min，旋光管的外套接上恒温水，如图 4-17 所示。

（2）配制样品溶液　称取 10 g 蔗糖，溶于蒸馏水中，用 50 mL 容量瓶配制成溶液。如溶液混浊需进行过滤，用移液管取 25 mL 蔗糖溶液和 50 mL 2 mol · L^{-1} HCl 溶液分别注入两个 100 mL 干燥的锥形瓶中，并将此两锥形瓶同时置于恒温槽中恒温 10~15 min。

（3）旋光仪零点的校正　接通电源，开启开关，预热 5 min。用恒温的蒸馏水洗净旋光管各部分零件，将旋光管一端的盖子旋紧，向管内装满该蒸馏水，取玻璃盖片沿管口轻轻推入盖好，再旋紧套盖，勿使漏水或有气泡产生。操作时不要用力过猛，以免压碎玻璃片。用滤纸或干布擦净旋光管两端玻璃片，并放入旋光仪中，盖上槽盖，盖上黑布，打开旋光仪电源开关，调节目镜使视野清晰，然后旋转检偏镜，使在视野中能观察到明暗相等的三分视野为止（图 4-16）。记下刻度盘读数[1]，准确至小数点后两位。重复操作 3 次，取其平均值，此即为旋光仪的零点。测罢取出旋光管，倒出蒸馏水。

---

［1］旋光仪读数法与游标卡尺读数方法完全一样。刻度盘分两个半圆，分别标出 0~180°。另有一固定的游标，分为 20 等份，等于刻度盘 19 等份。读数时，先看游标的 0 落在刻度盘上的位置，记下整数；小数部分的读法是：仔细观察游标尺刻度线与主盘刻度线，找出对得最准的一条即为小数部分，如右图所示。

主盘如果是逆时针方向旋转，读数方法与上面相同，只要将主盘的 0°看为 180°即可。

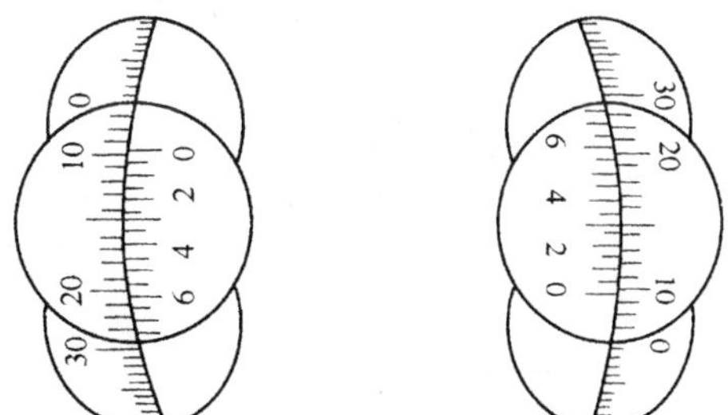

α=9.30°

读数示意

2. 蔗糖水解过程中 α 的测定

取恒温后的 25 mL 2 mol · L^{-1} HCl 溶液加到蔗糖溶液的锥形瓶中混合，并在 HCl 溶液加入一半时开动停表作为反应的开始时间。不断振荡摇动，迅速取少量混合物清洗旋光管 2 次，然后以此混合液注满旋光管，盖好玻璃片，旋紧套盖（检查是否漏液，有无气泡），擦净旋光管两端玻璃片，立刻置于旋光仪中，盖上槽盖，盖上黑布。测量并记录测定时间及此时溶液的旋光度 α。测定时要迅速准确。当将三分视野暗度调节相同后，先记下时间，再读取旋光度数值[1]，准确至小数点后两位。可在测定第一个旋光度数值之后每隔 5 min 测 1 次，连续测定 1 h。每次测定的读数要加上或减去校正值才是真正的旋光度值。

需要注意，每次测量间隔应将钠光灯熄灭，保护钠灯，以免因长期使用过热损坏。另外，实验结束时应立刻用蒸馏水将旋光管洗净干燥，防止酸对旋光管腐蚀。

【数据记录与处理】

将实验数据记录于下表。

实验温度 ________℃，溶液浓度__________ g/100 mL

反应时间/min												
α/°												
$[\alpha]_D^t$/°												

【思考题】

1. 为什么可用蒸馏水来进行旋光仪的零点校正？
2. 在旋光度的测量中，为什么要对零点进行校正？它对旋光度的精确测量有什么影响？
3. 向旋光管中添加溶液时，为何不能带入空气泡？

项目 7　直接电位法测定溶液的 pH 技术

知识目标

1. 了解溶液 pH 的意义。
2. 了解直接电位法测定溶液 pH 的原理，掌握其操作方法。

能力目标

能正确使用酸度计测定溶液的 pH。

[1] 旋转检偏镜观察视场亮度相同的范围时应注意，当检偏镜旋转 180°时，有两个明暗亮度相同的范围，这两个范围的刻度不同。我们所观察的亮度相同的视场应该是稍转动检偏镜即改变很灵敏的那个范围，而不是亮度看起来一致但转动检偏镜很多而明暗度改变很小的范围。

一、电位分析法

电位分析法是以测量电池电动势为基础的电化学分析方法，包括直接电位法和电位滴定法两大类。直接电位法是根据电池电动势与有关离子浓度之间的函数关系，可以直接测量出该离子的浓度，例如用直接电位法测定溶液的氢离子浓度或活度，即pH。电位滴定法是确定滴定分析的终点的一种方法，可以不用指示剂，却能更加准确地指示滴定分析的终点。

直接电位法测定溶液的 pH，是以玻璃电极为指示电极，以饱和甘汞电极为参比电极，浸入待测溶液构成工作电池，然后连接酸度计，经标准缓冲溶液校正后，直接测出溶液的 pH 的一种方法。具有准确度高、操作简便等优点。

二、酸度计

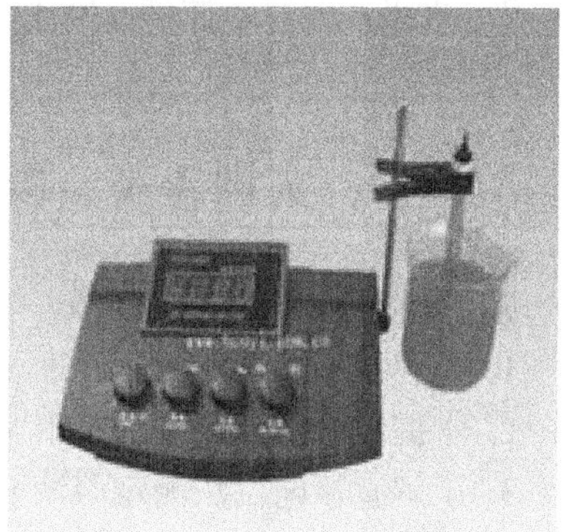

图 4-18　pHS-3C 型酸度计

酸度计也称 pH 计，其型号很多，它们都是具有电子放大器的高输入阻抗测量仪器。现以 pHS-3C 型酸度计为例，简介仪器的各部分的作用。图 4-18为 pHS-3C 型酸度计的外形图。其面板上各调节器的作用如下。

1）功能转换开关用于选择仪器测量功能，具有“mV”和“pH”两挡。“mV”挡用于测量电动势或电位差，“pH”挡用于测量溶液的 pH。

2）温度调节器用于补偿溶液温度对 pH 测量的影响。在进行 pH 校准和测量溶液的 pH 时，必须将此调节器拨至溶液温度值处。

3）定位调节器用于校准 pH 显示值。在用已知 pH 的标准缓冲溶液校准仪器时，用该调节器把仪器显示值恰调至标准缓冲溶液的 pH。

4）斜率调节器用于补偿电极的能斯特（Nernst）响应斜率。由于实际制造的电极往往达不到能斯特方程中的理论斜率，该调节器能将达不到理论值的实际电极斜率补偿到理论值。

三、溶液 pH 的测定技术

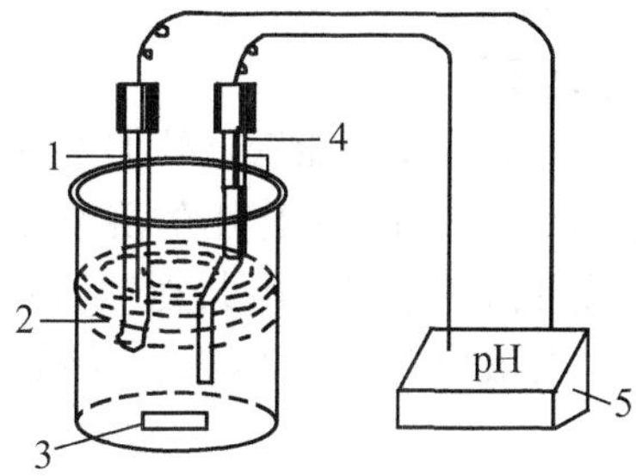

图 4-19　测定 pH 的电池示意

1. pH 玻璃电极；2. 被测试液；3. 磁力搅拌棒；4. 甘汞电极；5. 酸度计

实验室中是采用标准缓冲溶液校准 pH 计的方法测量溶液的 pH 的，首先将玻璃电极和甘汞电极浸入已知 pH 的标准缓冲溶液中，如图 4-19所示，调节酸度计上的定位调节器和斜率调节器，使酸度计仪表显示的 pH 与标准缓冲溶液的 pH 一致，这就是校准。然后再把这套电极浸入待测溶液中，这时 pH 计的仪表显示的 pH 值即为待测溶液的 pH。具体操作步骤如下。

1）安装仪器，接通电源。把浸泡好的玻璃

电极和甘汞电极安装在电极夹上固定好，玻璃电极插头插入电极插口，甘汞电极引线连接到接线柱上。接通电源，预热 30 min。

2）将酸度计的功能转换开关拨至 pH 挡，将温度调节器拨至溶液温度值（预先用水银温度计测量溶液温度），将斜率调节器左旋到头。

3）将两电极浸入第一种标准缓冲溶液中，调节定位调节器使仪表显示的 pH 与该缓冲溶液的 pH 相一致。

4）移开第一种标准缓冲溶液，冲洗两电极，并用滤纸吸干。再将两电极浸入第二种标准缓冲溶液中。调节斜率调节器使仪表显示的 pH 与该缓冲溶液的 pH 相一致。

5）按第 3 步重复第一种标准缓冲溶液的测定。若此时仪表显示的 pH 与标准值在误差允许范围内，即已完成定位；否则需再重复上述操作。

6）定位完成后，冲洗、吸干两电极，把这套电极浸入待测溶液中，这时仪表显示值即为待测溶液的 pH。

实训 4-6　缓冲溶液的配制与 pH 的测定

知识目标

1. 了解缓冲溶液的配制原理及缓冲溶液的性质。
2. 掌握缓冲溶液配制的基本实验方法，学习 pH 的测定方法。
3. 了解直接电位法测定溶液 pH 的原理和方法。

能力目标

1. 能正确使用酸度计。
2. 会配制不同 pH 的缓冲溶液。

【仪器和试剂】

仪器：酸度计，甘汞电极，玻璃电极，小烧杯，容量瓶，量筒（100 mL，10 mL），吸液管（10 mL）等。

试剂：HAc（0.1 mol·L^{-1}），NaAc（0.1 mol·L^{-1}），NaH_2PO_4（0.1 mol·L^{-1}），Na_2HPO_4（0.1 mol·L^{-1}），$NH_3·H_2O$（0.1 mol·L^{-1}），NH_4Cl（0.1 mol·L^{-1}），pH=4.00 标准缓冲溶液，pH=9.18 标准缓冲溶液，广泛 pH 试纸，精密 pH 试纸，吸水纸等。

【原理】

在一定程度上能抵抗外加少量酸、碱或稀释，而保持溶液 pH 基本不变的作用称为缓冲作用。具有缓冲作用的溶液称为缓冲溶液。

缓冲溶液一般是由共轭酸碱对组成的，例如弱酸和弱酸盐，或弱碱和弱碱盐。如果缓冲溶液由弱酸和弱酸盐（例如 HAc-NaAc）组成，则

$$c_{H^+} \approx K_a \frac{c_a}{c_s} \qquad pH = pK_a - \lg \frac{c_a}{c_s}$$

因为缓冲溶液中具有抗酸成分和抗碱成分，所以加入少量强酸或强碱，其 pH 基本上是不变的；稀释缓冲溶液时，酸和碱的浓度比值不改变，适当稀释不影响其 pH。

缓冲容量是衡量缓冲溶液缓冲能力大小的尺度。缓冲容量的大小与缓冲组分浓度

和缓冲组分的比值有关。缓冲组分浓度越大，缓冲容量越大；缓冲组分比值为 1∶1时，缓冲容量最大。

测定溶液 pH 的常用方法有 pH 试纸和酸度计法。酸度计用玻璃电极做指示电极，以饱和甘汞电极做参比电极，与待测溶液组成工作电池。实验中用已知 pH 的标准缓冲溶液对酸度计进行校准（即定位），然后再把这套电极浸入待测溶液中，测出待测溶液的 pH。

【实训内容与操作】

1. 酸度计的启动与定位

（1）启动仪器　按本项目所述的正确方法安装电极，接通电源，启动仪器，调整零点。

（2）校准仪器　按本项目所述的正确方法、步骤，用 pH = 4. 00 标准缓冲溶液或 pH = 9. 18 标准缓冲溶液进行定位调节。

2. 缓冲溶液的配制与 pH 的测定

（1）缓冲溶液的配制及 pH 计的使用　按照下表，通过计算配制三种不同 pH 的缓冲溶液，然后用精密 pH 试纸和 pH 计分别测定它们的 pH。

（2）缓冲溶液 pH 的测定　先用精密 pH 试纸，再将玻璃电极[1]自标准缓冲溶液中取出洗净[2]、吸干后分别浸入盛有甲、乙、丙溶液的小烧杯中[3]，通过酸度计测定其 pH。

比较理论计算值与两种测定方法实验值是否相符。填写下表。

缓冲溶液的配制与 pH 的测定

实验号	理论 pH	各组分的体积/mL（总体积 50 mL）		精密 pH 试纸测定 pH	pH 计测定 pH
甲	4. 0	0. 1 mol · L^{-1} HAc			
		0. 1 mol · L^{-1} NaAc			
乙	7. 0	0. 1 mol · L^{-1} NaH_2PO_4			
		0. 1 mol · L^{-1} Na_2HPO_4			
丙	10. 0	0. 1 mol · L^{-1} $NH_3 \cdot H_2O$			
		0. 1 mol · L^{-1} NH_4Cl			

实验测定结束后，关闭电源，取出电极，冲洗干净，妥善保管。

【思考题】

1. 为什么缓冲溶液具有缓冲作用？

---

［1］新玻璃电极用前应浸泡在蒸馏水中活化 48 h。玻璃电极的球泡部位壁很薄，使用时应倍加保护。

［2］每次更换待测溶液，都必须将电极洗净、吸干，以免影响测定结果的准确性。

［3］待测溶液应与标准缓冲溶液处于同一温度，否则需重新进行温度补偿和校正调节。

2. 采用定位法校准仪器时，应该用哪种标准缓冲溶液定位？为什么？

3. 电位分析法测定溶液的 pH，为什么要进行“温度补偿”和“斜率补偿”？

4. 用 pH 计测定溶液 pH 值时，已经标定的仪器，“定位”调节是否可以改变位置，为什么？

模块五 物质化学成分及含量的检测技术

物质化学成分的检测包括鉴定物质由哪些元素、离子、原子团、官能团或化合物组成的定性分析，测定试样中各组分的相对含量的定量分析以及确定物质的分子结构的结构分析三个方面的内容。其基本技术的学习与掌握在化学检验、药品的鉴定、食品卫生检验、临床检验中都具有重要意义。

项目 1 定性检测

知识目标

1. 了解定性检测的基本方法。
2. 理解检测反应及其特征。
3. 熟悉检测反应进行的条件。
4. 掌握定性检测的一般步骤。

能力目标

能对常见的离子、有机物进行检测。

一、定性检测的方法

定性检测的任务是鉴定物质所含的组分。对无机检测而言，组分通常为元素或离子；而对有机化合物的检测而言，组分通常表示的是元素、官能团或化合物。定性检测的方法一般分为两类。

1. 化学分析法

以物质的化学反应为基础的分析方法称为化学分析法。化学分析法根据分析试样的状态不同又分为干法分析和湿法分析两种。化学分析法历史悠久，是分析检测的基础，又称经典分析法，是本模块的主要学习内容之一。

2. 仪器分析法

以物质的物理性质（如密度、折光率、熔点、沸点、颜色等）或物理化学性质（如光谱、电位等）为基础，使用特殊的仪器进行分析检测的方法，称为仪器分析法。仪器分析法具有快速、灵敏、准确、自动化程度高等特点，发展很快，应用很广。模块四中的折射率、旋光度、pH 的电位测定等，均属于仪器分析法。

二、定性检测反应及其特征

检测就是指根据化学反应对被鉴定物质做出确定结论的操作。进行定性检测所发生的反应就是检测反应。定性检测反应也称鉴别反应，通常是在水溶液中进行的离子反应。

1. 离子鉴别反应的特点

鉴别反应必须具备两个基本特点：第一，反应要有明显的、可察觉和可判断的外观特点，即鉴别反应的外部效果；第二，反应必须是灵敏的、迅速的和比较彻底的，即鉴别反应的内部效果。其中内部效果是外部效果的基础，而外部效果是内部效果的反应，外部效果是鉴别反应的关键。

2. 鉴别反应的外观特征

（1）有颜色改变　鉴别反应发生的前后反应体系的颜色发生了改变。例如，Fe^{2+} 的鉴别：

$$H_2O_2+2Fe^{2+}+2H^+ = 2Fe^{3+}+2H_2O$$

$$Fe^{3+}+6SCN^- = Fe[(SCN)_6]^{3-}\text{（血红色）}$$

（2）有沉淀生成或溶解　鉴别反应发生时，体系产生了沉淀或者体系中原有的沉淀消失了。例如，在试液中加入稀 HCl，生成白色沉淀，并且此沉淀又能溶解于 $NH_3 \cdot H_2O$ 中，就证明有 Ag^+ 存在。

$$Ag^++Cl^- = AgCl\downarrow$$

$$AgCl+2NH_3 = [Ag(NH_3)_2]^++Cl^-$$

（3）有气体生成　鉴别反应发生时，反应体系中产生了气体，并可以根据气体的化学性质做进一步的鉴别，或借助嗅觉鉴别有特殊气味的气体。例如，NH_4^+ 的鉴别：

$$NH_4^++OH^- = NH_3\uparrow+H_2O$$

NH_4^+ 遇强碱产生有刺激性气味的气体，并使湿润的红色石蕊试纸变蓝。

三、定性检测反应的条件

很多检测反应需要在一定的条件下进行，如果反应条件控制得不到位，就有可能产生错误的结论，因此控制检测反应的条件是至关重要的。检测反应的条件主要包括以下三个方面。

1. 溶液中待检离子的浓度

溶液中待检离子的浓度必须足够大，这是检测反应具有明显外观特征的必要条件。例如，用 HCl 检测 Ag^+，在 HCl 浓度足够大时，Ag^+ 的浓度应不低于 $10^{-5}mol\cdot L^{-1}$。

2. 溶液的酸碱性

很多检测反应都需要特定的酸碱性环境，必须根据检测反应的原理，严格控制溶液的酸碱性条件。例如，生成黄色的 $PbCrO_4$ 沉淀的反应，只能在中性或弱酸性溶液中进行。若在强酸性溶液中 CrO_4^{2-} 大部分转化为 $HCrO_4^-$ 和 $Cr_2O_7^{2-}$，就不能生成 $PbCrO_4$ 沉淀。

3. 反应温度

检测反应常受温度的影响，有的反应需要在常温下进行，而有的反应则需要在加热的条件下进行。因此，应根据检测反应的要求，严格控制检测反应体系的温度。例如，醛类化合物与托伦（Tollens）试剂的银镜反应，一般要在 50～60 ℃水浴中温热，效果才比较明显。

四、定性检测（分析）的一般步骤

有机化合物的定性检测比较简单，就是直接根据特征反应确定其官能团的存在，例如醛基的银镜反应等。无机化合物定性分析的主要目的是为了鉴定物质阴、阳离子的组成，大体上可分五个步骤：①试样的外观观察和准备；②初步试验；③阳离子分析；④阴离子分析；⑤分析结果的判断。

1. 试样的外观观察和准备

试样的外观观察一般是指看样品的颜色和性状，这种观察可以给以后的分析工作提供极其重要的参考性资料，有利于对分析结果的判断。

根据试样的颜色可以推测试样中可能含有哪些元素、离子及化合物。表 5-1 是常见离子在溶液中呈现的颜色。如一蓝色溶液，可初步判断溶液中可能含有 Cu^{2+}。对固体物质，还应该观察它的组成是否均匀，是结晶形还是无定形，颗粒的大小和形状如何，是否有光泽等。

表 5-1　常见离子在水溶液中的颜色

颜色	蓝	绿	黄	橘红	紫红	肉色
离子	Cu^{2+}	Ni^{2+}，MnO_4^{2-} Fe^{2+}淡绿 Cr^{3+}灰绿	Fe^{3+} $[Fe(CN)_6]^{4-}$ CrO_4^{2-} 橙黄	$Cr_2O_7^{2-}$	MnO_4^-	Mn^{2+} 淡粉红

试样的准备包括对固体试样的研细、物质的溶解等。制备好的试样一般分成四份：第一份用作初步试验，第二份用作阳离子分析，第三份用作阴离子分析，第四份保留备用。

2. 初步试验

初步试验的方法很多，最常用的有以下几类。

（1）焰色反应　有些元素在火上灼烧，可以使无色火焰呈现出具有特征的焰色，称为焰色反应，见表 5-2。焰色反应对分析单一的化合物很有价值。根据火焰的颜色，推断可能存在的元素（离子），如火焰呈紫色，可能含有 K 元素。焰色反应最好把物质转变为挥发性较好的氯化物后进行试验。一般采用浓盐酸润湿试样后，用铂丝蘸取，或用铂丝蘸取试样后，再蘸取浓盐酸。这样在灼烧时产生挥发性较大的氯化物，焰色反应较为明显。

表 5-2 几种金属离子的焰色反应

元素	焰色	元素	焰色
K	紫	Ba	黄绿
Na	黄	Cu	绿
Ca	砖红	Pb、Sb	淡蓝

（2）灼烧试验　灼烧试验是取少量固体试样于硬质玻璃试管中小心进行，开始缓缓将整支试管加热，然后灼烧，观察发生的现象。其变化情况及相应的推断见表 5-3。把这些现象同其他试验结果联系起来，是很有参考价值的。

表 5-3　灼烧试验

现象	推断
1. 放出气体或蒸气	
（1）放出水（玻璃管冷端有水珠）	含结晶水的化合物
水为碱性	铵盐
水为酸性	易分解的强酸盐、酸
（2）放出氧气（火柴余烬复燃）	硝酸盐、卤酸盐、高锰酸盐、过氧化物
2. 升华	
（1）白色升华	$HgCl_2$、HgBr、卤化铵、As_2O_3、Sb_2O_3
（2）黄色升华	S、As_2S_3、HgI_2（用玻璃棒摩擦时为红色）
（3）紫色升华	I_2
3. 颜色改变	
（1）碳化变黑，有燃物臭	有机物
（2）热时冷时均为黄色	PbO 及某些铅盐

（3）溶剂的作用　定性分析中固体样品必须制成溶液后才能进行鉴定。固体试样在不同溶剂中的溶解情况及溶液的颜色、酸碱性等，对后面的分析有一定的指导意义。所以研究溶剂的作用是初步试验的重要项目。

常用的溶剂及试验顺序是：水、稀盐酸、稀硝酸、浓硝酸、王水。

如果试样全部溶于水，则记下溶液的颜色（参考表 5-1），然后试验溶液的酸碱性。溶液若呈酸性，可能存在游离酸，或者存在强酸弱碱生成的盐；若溶液呈现碱性，则有可能存在游离碱，或者弱酸强碱生成的盐；若溶液呈中性，则可能存在强酸强碱盐或同等强度的弱酸弱碱盐。上述试验的推断，有助于后面的分析。

3. 阳离子分析检测

阳离子的鉴定，一是根据对试样的外观观察和初步试验进行判断。二是根据离子特效反应，生成沉淀的颜色或者沉淀溶解的情况以及产生气体等进行确定。离子鉴定可选择系统分析法、分别分析法，或者两种方法兼用。原则上应使分析操作简便、结果准确可靠。

4. 阴离子分析检测

（1）阴离子的分析特性　阴离子的分析特性主要有易挥发性、氧化还原性和易形成配合物。

许多阴离子与酸作用生成挥发性气体，例如：

$$CO_3^{2-}+2H^+ = CO_2\uparrow +H_2O$$

$$SO_3^{2-}+2H^+ = SO_2\uparrow +H_2O$$

阴离子的氧化性和还原性表现在某些阴离子不能共存于同一溶液中。因为彼此会发生氧化还原反应。表 5-4 所示是一些不能共存的阴离子。

表 5-4　酸性条件下不能共存的阴离子

氧化性阴离子	还原性阴离子
NO_3^-	S^{2-}、SO_3^{2-}
NO_2^-	S^{2-}、I^-
SO_3^{2-}	S^{2-}

由表 5-4 可知，在一定的酸碱性环境中，当不能共存的离子中有一方已被鉴定出来后，另一方就没有必要再去检测了，这样可以使分析流程大为简化。

有些阴离子，如 $S_2O_3^{2-}$、CN^-、F^-、Cl^-、Br^-、I^-、NO_2^- 等，作为配位体易与阳离子形成配合物，并常伴随颜色反应。例如，F^- 与 Al^{3+} 和 Fe^{3+} 易形成配合物。

另外，阴离子共存种类不多，可以利用的特效反应较多，所以选择分别分析方法。

（2）常见阴离子的氧化还原性试验　试液用 H_2SO_4 酸化，加入 KI 的淀粉溶液，若溶液变深蓝色，表示有氧化性阴离子 NO_2^-、AsO_4^{3-}（高酸度）、ClO_3^-（高浓度、高酸度）及 ClO^- 存在。

试液用 H_2SO_4 酸化后，加含 KI 的 0.1% I_2 的淀粉溶液，若蓝色褪去，则可能有 SO_3^{2-}、S^{2-}、$S_2O_3^{2-}$、CN^- 等存在。

试液用 H_2SO_4 酸化，加入 0.03% $KMnO_4$ 溶液，若有 SO_3^{2-}、$S_2O_3^{2-}$、S^{2-}、AsO_3^{3-}、$C_2O_4^{2-}$、SCN^-、Cl^-（在酸度较大时）、Br^-、I^-、NO_2^- 等存在，$KMnO_4$ 的紫色可褪去。

（3）常见阴离子的鉴定反应

1）SO_4^{2-} 的鉴别：取试液 2 滴，加 1 滴 $BaCl_2$ 试剂即生成白色沉淀。沉淀加 HCl 或 HNO_3 均不溶解。这是 SO_4^{2-} 与其他酸根的钡盐的主要区别。

2）NO_3^- 的鉴别：方法之一是与 $FeSO_4$、浓 H_2SO_4 的反应（棕色环反应），取试液置试管中，加等量的 H_2SO_4，混合均匀，冷却，沿试管壁慢慢滴加 $FeSO_4$ 试剂，使成两液层，界面显棕色环。

3）Cl^- 的鉴别：取试液 2 滴置离心管中，加 $AgNO_3$ 试剂，即生成白色凝乳状沉淀，分离，沉淀加氨试液即溶解，再加 HNO_3 试剂，沉淀又生成。

4）Br^- 的鉴别：取试液 2 滴置离心管中，加 $AgNO_3$ 试剂，即生成淡黄色凝乳状沉淀，分离，沉淀在氨试液中微溶，但在稀 HNO_3 中不溶。

5）I^- 的鉴别：取 I^- 试液 2 滴置离心管中，加少量氯水，I_2 即游离，加氯仿振摇，氯仿层显紫红色，加淀粉溶液，溶液显蓝色。

6）CO_3^{2-} 和 HCO_3^- 的鉴别：取 CO_3^{2-} 或 HCO_3^- 试液，加稀酸，即泡沸，产生 CO_2 气

体，导入 $Ca(OH)_2$ 溶液中，即生成 $CaCO_3$ 白色沉淀。

7）Ac^-的鉴别：取 Ac^-的中性试液，加 $FeCl_3$ 试剂 1 滴，溶液呈深红色，加稀无机酸，红色即褪去。

8）PO_4^{3-} 的鉴别：取 PO_4^{3-} 试液 2 滴置离心管中，加 HNO_3 1 滴，加 $(NH_4)_2MoO_4$ 6 滴，加热即生成黄色沉淀；分离，沉淀能在氨试液中溶解。

当对一试液进行了阳离子分析后，可以充分利用阳离子的分析结果，对阴离子存在的可能性做出一些判断。例如，在水溶性试样中已经鉴定出 Ag^+，则可说明 Cl^-、Br^-、I^-、S^{2-}、CN^-不可能存在；若已经鉴定出了 Ba^{2+}，则 SO_4^{2-} 就一定不存在。如果试液呈酸性，则 CO_3^{2-}、SO_3^{2-}、$S_2O_3^{2-}$ 等不会存在；在制备阴离子分析试液时，可以顺便观察试液加酸时有无气体逸出，气体性质如何，根据实验中的有关现象，判断有可能存在的阴离子。

5. 分析结果的解释与判断

定性分析的任务是鉴定物质的组成。在进行了阳离子和阴离子的分析后，要做出试样“是什么”的结论。

首先，必须把对试样的外观观察、初步试验以及阳离子、阴离子分析得到的所有资料综合起来考虑，不允许所得结论与资料中任何一项有矛盾，例如含有 S^{2-} 又含有 Sn^{4+} 的试样不可能全溶于水；含有 Cu^{2+} 的试液不可能无色；含有 CrO_4^{2-} 就不可能有 Pb^{2+}或 Ba^{2+}存在；对可溶于水的试样，鉴定出 Ag^+，阴离子不可能有 Cl^-、Br^-、I^-、CN^-等存在。

其次，由于定性分析大多数是湿法分析，可以鉴定出试样中有哪几种离子，但对原试样“是何化合物”这个问题的判断有一定局限性。例如分析结果有 K^+、Na^+、Cl^-、NO_3^-，可配成 KCl、KNO_3、NaCl、$NaNO_3$ 四种物质，实际可能仅存两种物质，要确定是哪两种物质须借助定量分析（因为阴、阳离子的物质的量存在一定的计量关系），从而才能确定原试样是何化合物。有时也可借助外观观察和初步试验帮助推断“是何化合物”。例如，一试样为白色固体，有潮解现象，一部分易溶于水，另一部分加热时可溶于水，分析结果表示有 Pb^{2+}、Na^+、Cl^-、NO_3^-。综合所有资料，可以得出，该试样为 $PbCl_2$ 和 $NaNO_3$ 的混合物。

有时分析结果表明只有阳离子而无阴离子，则可判断该物质为金属氧化物或氢氧化物；若只有阴离子而无阳离子，则说明试样为酸性氧化物或酸。

实训 5-1　醇和酚的性质及鉴别

知识目标

1. 熟悉醇和酚性质上的异同。
2. 学会鉴别醇和酚的原理和方法。
3. 学会卢卡斯试剂的配制。

能力目标

能正确鉴别醇和酚。

【仪器和试剂】

仪器：酒精灯，试管，软木塞，玻璃棒。

试样：正丁醇，仲丁醇，叔丁醇，乙二醇，丙三醇，苯酚，间苯二酚，对苯二酚。

试剂：苯，苯甲酰氯，浓盐酸，氢氧化钠，碳酸氢钠，无水氯化锌，氯化铁，碘化钾，饱和溴水，硫酸铜。

【原理】

醇的官能团是羟基，它由氢氧两原子组成，氧原子的电负性较大，醇分子中的C—O键和O—H键都有明显的极性，键的极性有利于异裂反应的发生。所以C—O键和O—H键都比较活泼，多数反应都发生在这两个部位。另外，由于诱导效应，与羟基邻近的碳原子上的氢也参与某些反应。醇与水相似，羟基里的氢可被活泼金属取代生成醇化物和氢气。

结构不同的醇及酚常有可用于鉴别的特征反应。

【实训内容与操作】

1. 醇的性质及鉴别

（1）苯甲酰氯试验　取3个配有塞子的试管，各加入0.5 mL正丁醇、仲丁醇、叔丁醇，然后分别加1 mL水和数滴苯甲酰氯，再分2次各加入2 mL 10%氢氧化钠溶液，每次加后，将塞子塞紧，剧烈摇动，使试管中溶液呈碱性，判断是否有酯的香味。

（2）卢卡斯（Lucas）试验[1]　取3支干燥试管，分别加入1 mL正丁醇、仲丁醇和叔丁醇，然后各加入5 mL卢卡斯试剂，用软木塞塞住试管，振荡，最好放在26~27 ℃水浴中温热数分钟[2]，静置，观察发生的变化，记下混合液体变混浊和出现分层所需的时间。

（3）氢氧化铜试验[3]　取2支试管，各加入3滴5%硫酸铜溶液和6滴5%氢氧化钠溶液，然后分别加入5滴10%乙二醇、5滴10%丙三醇，摇动试管，观察并记录现象。最后再各加入1滴浓盐酸，观察并记录所发生的变化。

2. 酚的性质及鉴别

（1）酚的溶解性和弱酸性　将0.3 g苯酚放在试管中，加入3 mL水，振荡试管后观察是否溶解。用玻璃棒蘸一滴溶液，以广泛pH试纸检验酸碱性。加热试管可见苯酚全部溶解。将溶液分装在两支试管，冷却后两试管均出现混浊。向其中一支试管加入几滴5%氢氧化钠溶液，观察现象。再加入几滴10%盐酸，又有何变化？在另一支试管中加入几滴5%碳酸氢钠溶液，观察混浊是否溶解[4]。

（2）与氯化铁溶液作用　在3支试管中分别加入0.5 mL 1%苯酚、间苯二酚、对

[1] 卢卡斯试剂的配制方法：将34 g熔化过的无水氯化锌溶于23 mL浓盐酸中，同时冷却以防氯化氢逸出，约得35 mL溶液，放冷后，存于玻璃瓶中，塞紧。

[2] 因含3~6个碳原子的低级醇的沸点较低，故加热温度不可过高，以免挥发。

[3] 邻二醇具有较弱的酸性，尚不能用一般的指示剂检出，但能与新制的氢氧化铜生成绛蓝色的络合物，后者在碱性溶液中比较稳定，遇酸即分解为原来的醇和铜盐。

[4] 苯酚可溶于氢氧化钠溶液和碳酸钠溶液，因碳酸钠水解生成氢氧化钠，后者与苯酚反应，形成可溶于水的酚钠：

$$Na_2CO_3+H_2O \longrightarrow NaOH+NaHCO_3$$

但苯酚不与碳酸氢钠作用，也不溶于碳酸氢钠溶液中。

苯二酚溶液，再各加入 1~2 滴 1%氯化铁水溶液，观察和记录各试管中显示的颜色。

（3）与溴水反应　将 2 滴苯酚饱和水溶液加入试管中，再用 2 mL 水稀释，然后逐滴滴入饱和溴水，有白色沉淀生成[1]。

如继续滴加饱和溴水至沉淀由白色变为淡黄色，再将试管内混合物煮沸 1~2 min，以除去过量的溴，静置冷却。滴加几滴 1%碘化钾溶液和 1 mL 苯，用力振荡试管，沉淀溶于苯中，析出的碘使苯层呈紫色[2]。记录观察到的现象，并解释之。

【思考题】

1. 为什么伯醇和仲醇与卢卡斯试剂反应后，溶液先混浊后分层？
2. 如何鉴别醇和酚？
3. 具有什么结构的化合物能与氯化铁溶液发生显色反应？试举三例。
4. 为什么苯酚比苯和甲苯容易进行溴代反应？
5. 为什么苯酚溶于碳酸钠溶液而不溶于碳酸氢钠溶液？
6. 如何鉴别 1，2-丁二醇和 1，3-丁二醇？

实训 5-2　醛和酮的性质及鉴别

知识目标

1. 加深对醛、酮化学性质的认识。
2. 掌握醛、酮的鉴定反应。

能力目标

能正确地进行醛、酮的鉴定。

【仪器和试剂】

仪器：酒精灯，试管，烧杯，水浴锅。

药品试样：正丁醛，苯甲醛，丙酮，苯乙酮，甲醛，乙醛，无水乙醇，正丁醇。

试剂：2，4-二硝基苯肼，95%乙醇，浓硫酸，氢氧化钠，氨水，亚硫酸氢钠，硝酸银，硫酸铜，酒石酸钾钠，碘化钾，碘。

【原理】

醛、酮中的羰基由于 π 键的极化，使得氧原子上带部分负电荷，碳原子上带部分正电荷。氧原子可以形成比较稳定的氧负离子，它较带正电荷的碳原子要稳定得多，因此反应中心是羰基中带正电荷的碳。羰基易与亲核试剂进行加成反应（亲核加成反

[1] 白色沉淀是 2，4，6-三溴苯酚。

[2] 2，4，6-三溴苯酚被过量的溴水氧化，生成黄色的 2，4，4，6-四溴环己二烯酮，后者被氢碘酸还原为 2，4，6-三溴苯酚，同时释出碘，碘又溶于苯而呈紫色。

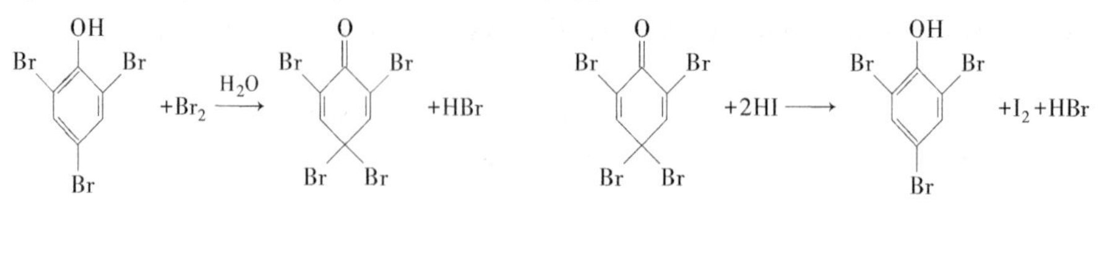

应)；此外，受羰基的影响，与羰基直接相连的α-碳原子上的氢原子（α-H）较活泼，能发生一系列反应。醛、酮有比较明显的特征反应。

【实训内容与操作】

1. 亲核加成反应

（1）与饱和亚硫酸氢钠溶液加成　取4支干燥试管，各加入2 mL新配制的饱和亚硫酸氢钠溶液[1]，然后分别滴加8~10滴正丁醛、苯甲醛、丙酮、苯乙酮，用力振荡，使混合均匀，将试管置于冰水浴中冷却[2]，观察有无沉淀析出[3]。记录沉淀析出所需的时间。

（2）与2，4-二硝基苯肼的加成反应　取4支试管，各加入2 mL 2，4-二硝基苯肼试剂[4]，分别滴加2~3滴正丁醛、苯甲醛、丙酮、苯乙酮，用力振荡，使混合均匀，观察有无沉淀析出。如无，静置数分钟后观察；再无，可微热30 s后再振荡，冷却后再观察[5]。

2. α-氢原子的反应——碘仿反应

取5支试管，各加入1 mL碘-碘化钾溶液[6]，并分别加入5滴40%乙醛水溶液、丙酮、乙醇、正丁醇、苯乙酮。然后一边滴加10%氢氧化钠溶液，一边振荡试管，直到碘的颜色接近消失，反应液呈微黄色为止[7]。观察有无黄色沉淀。如无沉淀，可在60 ℃水浴中温热2~3 min，冷却后观察。比较各试管所得结果。

3. 与弱氧化剂反应

（1）托伦（Tollens）试验（银镜反应）　在洁净的试管中，加入4 mL 2%硝酸银溶液和2滴5%氢氧化钠溶液，然后一边滴加2%氨水，一边振摇试管，直到生成的棕色氧化银沉淀刚好溶解为止[8]，此即托伦试剂[9]。

将此溶液平均分置于4支干净试管[10]中，分别加入3~4滴甲醛、乙醛、丙酮、苯

---

[1] 必须使用新配制的饱和亚硫酸氢钠溶液，方法如下：在100 mL 40%的亚硫酸氢钠溶液中，加入不含醛的无水乙醇25 mL，混合后，滤去析出的晶体。

[2] 加成产物生成时有热量放出，故需在冰水中冷却。

[3] 醛和脂肪族甲基酮以及低级环酮都会在15 min内生成加成产物，如冷却后没有晶体析出，可用玻璃棒上、下摩擦试管内壁。

[4] 2，4-二硝基苯肼试剂的配制方法：将2 g 2，4-二硝基苯肼溶于15 mL浓硫酸中，加入150 mL 95%乙醇，用蒸馏水稀释至500 mL，搅拌使混合均匀，过滤，滤液保存在棕色试剂瓶中备用。

[5] 某些易被氧化成醛或酮以及容易水解成醛的化合物，例如缩醛，也能与2，4-二硝基苯肼反应，得正性结果。

[6] 碘-碘化钾溶液的配制方法：将25 g碘化钾溶于100 mL蒸馏水中，再加入12.5 g碘，搅拌使碘溶解。碘化钾能增加碘在水中的溶解度。

[7] 如氢氧化钠溶液过量，则加热时生成的碘仿会发生水解而使沉淀消失：

$$CHI_3+4NaOH \longrightarrow HCOONa+3NaI+2H_2O$$

[8] 过量的氨水会降低试验方法的灵敏度。

[9] 托伦试剂久置会析出黑色氮化银沉淀，它在振动时容易分解而发生猛烈爆炸，有时甚至潮湿的氮化银也能引起爆炸，故必须现配现用。试验完毕，应向试管加入少量硝酸，加热，洗去银镜。

[10] 银镜反应所用的试管必须十分洁净。可以用热的铬酸洗液或硝酸洗涤，再用蒸馏水冲洗干净。如果试管不洁净或反应进行得太快，就不能生成银镜，而是析出黑色的银沉淀。

甲醛，振荡均匀，静置后观察。如无变化，可在 40~50 ℃水浴中温热[1]，有银镜生成，表明是醛类化合物。

（2）与费林（Fehling）试剂[2]反应　将费林溶液Ⅰ和费林溶液Ⅱ各 4 mL 加入到大试管中，混合均匀，然后平均分装到 4 支小试管中，分别加入 10 滴甲醛、乙醛、丙酮和苯甲醛。振荡混匀，置于沸水浴中，加热 3~5 min，注意观察颜色变化及有无红色沉淀析出[3]。

【思考题】

1. 醛、酮与亚硫酸氢钠加成反应中，为什么一定要使用饱和亚硫酸氢钠溶液？而且必须新配？
2. 怎样用化学方法区别醛和酮、芳香醛与脂肪醛？
3. 什么结构的化合物能发生碘仿反应？鉴定时为什么不用溴仿和氯仿反应？
4. 配制碘溶液时为什么要加入碘化钾？
5. 银镜反应使用的试管为什么一定要洁净？如何使试管洗涤干净符合要求？
6. 如何鉴别下列化合物：环己烷，环己烯，苯甲醛，丙酮，正丁醛，异丙醇。

项目 2　分析天平与称量

知识目标

1. 理解分析天平的称量原理。
2. 了解分析天平的构造及主要部件的名称和作用。
3. 掌握常用的几种称量方法和零点、灵敏度的测定。
4. 熟悉分析天平的使用规则及常见故障的排除方法。

能力目标

能正确使用分析天平。

---

[1] 不宜温热过久，更不能放在灯焰上加热。用苯甲醛做银镜试验时，稍多加半滴氢氧化钠溶液，将会有利于银镜生成。

[2] 费林试剂的配制方法：

费林溶液Ⅰ：将 34.6 g 硫酸铜晶体（$CuSO_4 \cdot 5H_2O$）溶于 500 mL 蒸馏水中，加入 0.5 mL 浓硫酸，混合均匀。

费林溶液Ⅱ：将 173 g 酒石酸钾钠晶体（$KNaC_2H_4O_6 \cdot 4H_2O$）和 70 g 氢氧化钠溶于 500 mL 蒸馏水中。

将这两种溶液分别保存，使用时两溶液等体积混合便成费林试剂。它是铜离子与酒石酸盐形成配合物的溶液，呈深蓝色。由于此配合物溶液不稳定，必须临用时配制。

[3] 费林试剂只与脂肪醛反应，故可区别脂肪醛与芳香醛。甲醛被费林试剂氧化成甲酸后，仍有还原性，使氧化亚铜继续还原为金属铜，呈暗红色粉末或成铜镜析出。

分析天平是准确测量物质质量的计量仪器，也是分析化学实验中的常用仪器。正确、熟练地使用分析天平进行称量是做好分析工作的基本保证。

一、天平的分类

根据设计原理，天平可以分为杠杆式天平、弹力式天平、电磁力式天平和液体静力平衡式天平四类。杠杆式天平又分为等臂天平与不等臂天平，包括等臂双盘天平、等臂单盘天平与不等臂单盘天平，等臂双盘天平分为普通标牌天平与电光天平。

根据量值传递范畴，天平可以分为标准天平（称量精度 0.000 1~0.000 01 g）、工业天平（称量精度 0.1~0.01 g）和其他专用天平（如密度天平、采样天平、水分测定天平）。分析天平又分为常量（0.1 mg/分度值）、半微量（0.01 mg/分度值）、微量（0.001 mg/分度值）分析天平。

二、分析天平的构造

分析天平在构造和使用方法上虽有些不同，但其称量物体的基本原理是相同的。等臂双盘天平是根据杠杆原理制成的，如图 5-1 所示。

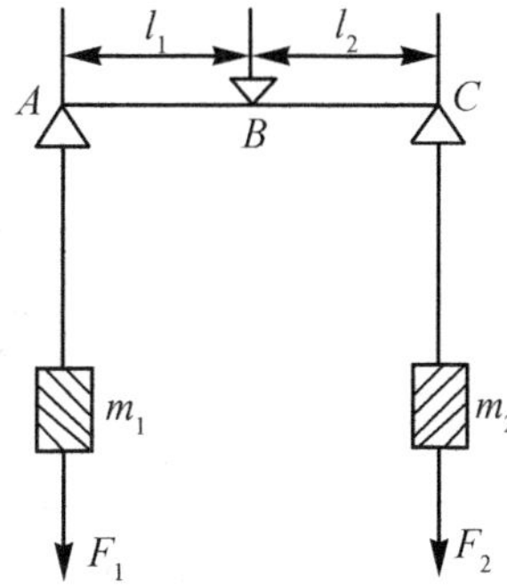

图 5-1 等臂双盘天平的原理

将质量为 m_1 的物体和质量为 m_2 的砝码分别放在天平的左右秤盘上，当达到平衡时，支点两边的力矩相等。则

$$F_1 l_1 = F_2 l_2$$

式中：$F_1 = m_1 g$；$F_2 = m_2 g$（g 为重力加速度）。

因为 $l_1 = l_2$，则 $m_1 = m_2$，即物体的质量等于砝码的质量。

1. 半自动电光天平的构造

半自动电光天平种类较多，TG-328B 型天平的主要部件如图 5-2 所示。

（1）天平梁　天平梁是天平的主要部件，多用质轻坚固、膨胀系数小的铝铜合金制成，起平衡和承载物体的作用。梁上装有三个三棱柱形的玛瑙刀，中间是一个支点刀，刀口向下，由固定在支柱上的玛瑙平板刀承所支撑。左右两边各有一个承重刀，刀口向上，在刀口上方各悬有一个嵌有玛瑙平板刀承的吊耳，这三个刀口的棱边应互相平行并在同一水平面上，同时要求两承重刀口到支点刀口的距离（即天平臂长）相等，如图 5-3 所示。三个刀口的锋利程度对天平的灵敏度有很大影响。刀口越锋利，和刀口相接触的刀承越平滑，它们之间的摩擦力越小，天平的灵敏度也就越高。经长期使用后，由于摩擦，刀口逐渐变钝，灵敏度逐渐降低。因此，在使用天平时要特别注意保护玛瑙刀口，应尽量减少刀口的磨损。在天平梁的左右两端各装有一个平衡调节螺钉，用于调节天平的零点。在天平梁中部适当位置上安装有感量调节螺钉（感量铊），用它来调节天平梁重心的位置，以调节天平的灵敏度。

（2）升降枢旋钮　使用天平时顺时针方向转动升降枢旋钮，天平梁微微下降，刀口和刀承互相接触，天平开始摆动，称为启动天平。此时，如果天平受到振动或碰撞，刀口特别容易损坏。休止天平时，逆时针方向转动升降枢旋钮，把天平梁托起，此时，刀口和刀承之间不再接触，可以避免磨损。为保护玛瑙刀，切不可触动未休止的天平。

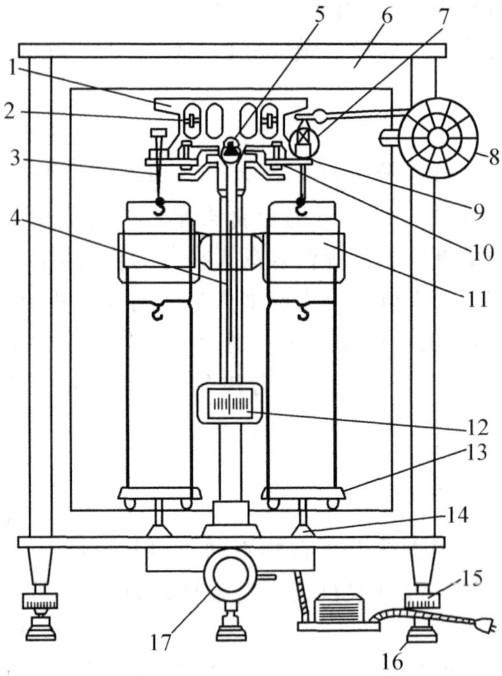

图 5-2　半自动电光天平（TG-328B）示意

1. 天平梁；2. 天平螺钉；3. 吊耳；4. 指针；5. 支点刀；6. 框罩；7. 环码；8. 刻度盘；9. 支柱；10. 托叶；11. 阻尼器；12. 投影屏；13. 秤盘；14. 盘托；15. 螺钉脚；16. 垫脚；17. 升降枢旋钮

无论启动或休止天平均应轻轻而缓慢地转动升降枢旋钮，以保护天平。

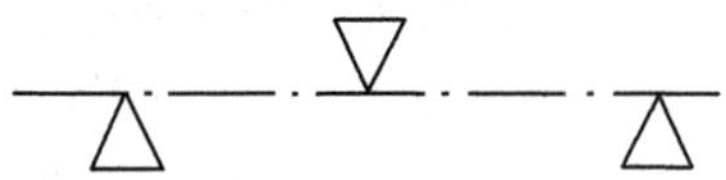

图 5-3　三个刀口在同一水平面上

（3）空气阻尼器　空气阻尼器由两个大小不同的圆筒组成，大的外筒固定在天平支柱的托架上，小的内筒则挂在吊耳的挂钩上。两个圆筒间有一定缝隙。缝隙要保持均匀，当天平摆动时内筒能上下自由浮动。借空气的阻力，使天平较快停止摆动而达到平衡。

（4）指针和投影屏　指针固定在天平梁的中央。天平启动时，天平梁和指针开始摆动。指针下端装有微分标尺，通过一套光学读数装置使微分标尺上的刻度放大，再反射到投影屏上即可读出天平的平衡位置（图 5-4）。天平的微分标尺上刻有 10 大格，每大格相当于 1.0 mg。指针左右摆动时，投影屏上可以看到微分标尺的投影在移动。在投影屏的中央有一条纵向固定刻线，微分标尺的投影与刻线重合处即为天平的平衡位置。当天平空载时，标线与微分标尺上的“0”位应恰好重合。通过微分标尺在投影屏上的投影，可直接读取 10 mg 以下的质量，如图 5-5 所示，a 读数为 0.8 mg，b 读数为-2.2 mg。

（5）秤盘　天平左右两个秤盘挂在吊耳的挂钩上。称量时左盘上放置被称量的物体，右盘上放置砝码。

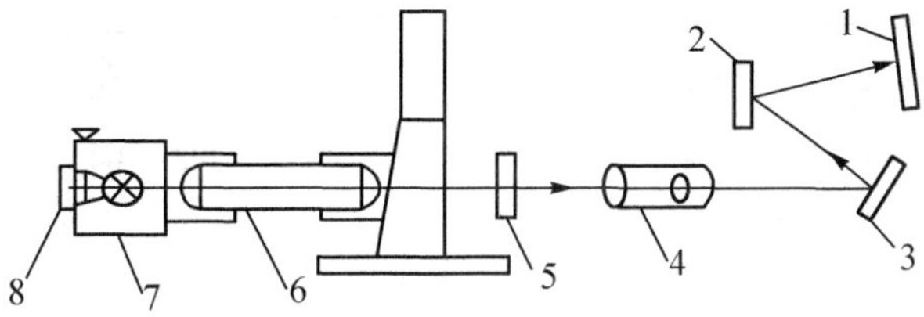

图 5-4　电光天平中光学读数装置示意

1. 投影仪；2. 大反射镜；3. 反射镜；4. 物镜筒；
5. 指针；6. 聚光镜；7. 照明筒；8. 灯座

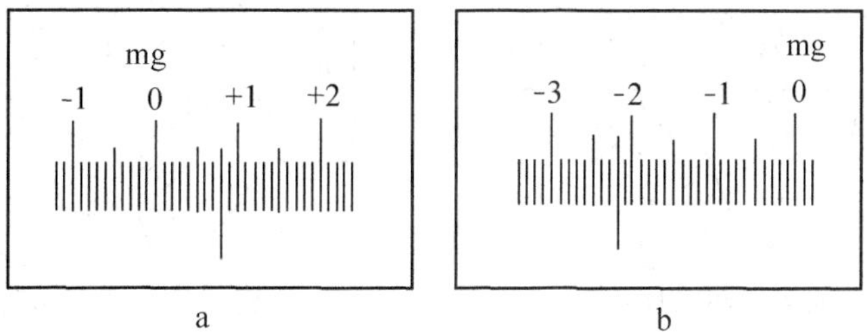

图 5-5　标尺在投影仪上的读数

（6）天平框和水准器　天平框起保护天平的作用，防止灰尘、湿气或有害气体的侵入，称量时可减少外界湿度、空气流动、人的呼吸等的影响。

天平框前面有一个可以向上开启的门，供装配、调整和修理天平用，称量时不准打开。两侧各有一个玻璃推门，供取放称量物和砝码用，但是在读取天平的零点、平衡点时，两侧推门必须关好。

水准器位于天平立柱上，用来检查天平的水平位置。天平框下装有三只脚，脚下有垫脚。后面一只固定不动，前面两只装有可以调节的升降螺钉。用它来调节天平的水平位置。

（7）砝码和环码　每台天平都附有一盒配套的砝码。砝码大小有一定的组合规律，通常采取 5，2，2′，1 系统组合，并按固定顺序放在砝码盒中。

砝码的质量单位为 g。面值（或称名义质量）相同的砝码质量有微小的差别，所以其中的一个打有标记，以示区别。为了尽量减少称量误差，同一个样品在分析中的几次称量，应尽可能使用同一砝码。

砝码盒内备有镊子，将砝码从盒中取出或放回时必须用镊子夹取，以免弄脏砝码而改变其质量[1],[2]。环码是用一定质量的金属丝做成的，它按照一定顺序放在天平梁右侧的加码钩上，如图 5-6 所示。

---

[1] 砝码的表面应保持清洁，如有灰尘，应用软毛刷清除之。如有污物，无空腔的砝码可用无水乙醇清洗，有空腔的可用绸布蘸无水乙醇擦净。

[2] 砝码是衡量质量的标准，应该具有一定的符合要求的准确度。砝码不管制造得如何精良，使用久后其质量或多或少总有些改变，所以必须按使用的频繁程度定期予以校正或送计量部门检定。

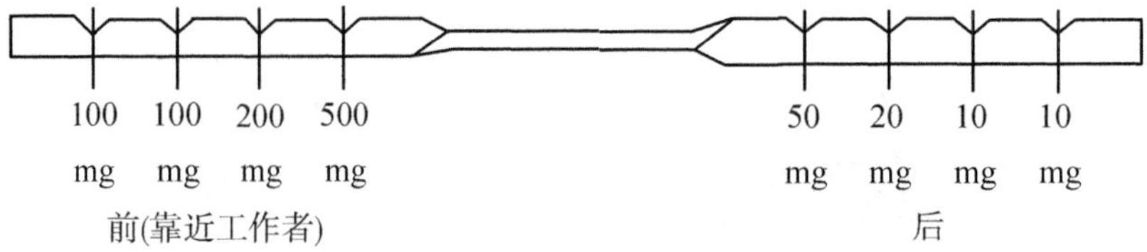

图 5-6　环码位置

称量时用机械加码器（图 5-7）加减砝码。当机械加码器上刻度盘的读数为“00.00”时（图 5-7a），所有的环码都未加到梁上。

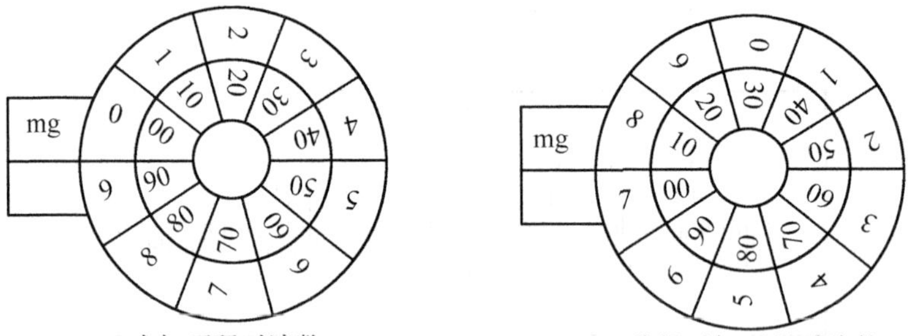

a. 未加环码时读数　　b. 称量时加环码后读数

图 5-7　机械加码器

转动机械加码器刻度盘内圈或外圈的旋钮，就可以加减环码的质量。外圈为 100~900 mg 的组合，内圈为 10~90 mg 的组合，如图 5-7b 所示的读数，表示所加环码的质量为 810 mg。

半自动电光天平 1 g 以下的砝码用机械加码器加减，而 1 g 以上的砝码装在砝码盒中，需用镊子夹取。

电光天平一般可准确称量至 0.1 mg，最大载荷为 100 g 或 200 g。

2. 全自动电光天平的构造

全自动电光天平全部砝码都由机械加码装置进行加减，也叫全机械加码电光天平。其机械加码装置在天平左侧。其他构造与半自动电光天平相同。

全自动电光天平外形如图 5-8 所示。

图 5-8　全自动电光天平

3. 电子天平的构造

电子天平是最新一代的天平，它是根据电磁力平衡原理直接称量，全量程不需要砝码，放上被测物质后，在几秒内达到平衡，直接显示读数，具有称量速度快、精度高的特点。它的支撑点采取弹簧片代替机械天平的玛瑙刀口，用差动变压器取代升降枢装置，用数字显示代替指针刻度。因此，具有体积小、使用寿命长、性能稳定、操作简便和灵敏度高的特点。此外，电子天平还具有自动校正、自动去皮、超载显示、故障报警等功能，且可与打印机、计算机联用，进一步扩展其功能，如统计称量的最大值、最小值、平均值和标准偏差等。由于电子天平具有机械天平无法比拟的优点，尽管其价格偏高，但也越来越广泛地应用于各个领域，并逐步取代机械天平。

电子天平主要由以下几个部分组成。

（1）秤盘　秤盘多为金属材料制成，安装在天平的传感器上，是天平进行称量的承受装置。它具有一定的几何外形和厚度，以圆形和方形的居多。使用中应注意卫生清洁，不要随意掉换秤盘。

（2）传感器　传感器是电子天平的关键部件之一，由外壳、磁钢、极靴和线圈等组成，装在秤盘的下方。它的精度很高也很灵敏。应保持天平称量室的清洁，切忌称样时撒落物品而影响传感器的正常工作。

（3）位置检测器　位置检测器是由高灵敏度的远红外发光管和对称式光敏电池组成的。它的作用是将秤盘上的载荷转变成电信号输出。

（4）PID 调节器　PID（比例、积分、微分）调节器的作用，就是保证传感器快速而稳定地工作。

（5）功率放大器　其作用是将微弱的信号进行放大，以保证天平的精度和工作要求。

（6）低通滤波器　它的作用是排除外界和某些电器元件产生的高频信号的干扰，以保证传感器的输出为一恒定的直流电压。

（7）模数（A/D）转换器　它的作用是自动调零且能有效地排除干扰，将输进信号转换成数字信号，转换精度高。

（8）微计算机　它是电子天平的关键部件，是电子天平的数据处理部件，具有记忆、计算和查表等功能。

（9）显示器　现在的显示器基本上有两种，一种是数码管的显示器；另一种是液晶显示器。它们的作用是将输出的数字信号显示在显示屏幕上。

（10）机壳　其作用是保护电子天平免受到灰尘等物质的侵害，同时也是电子元件的基座。

（11）底脚　它是电子天平的支撑部件，同时也是电子天平水平的调节部件，一般均靠后面两个调整脚来调节天平的水平。

电子天平外形如图 5-9 所示。

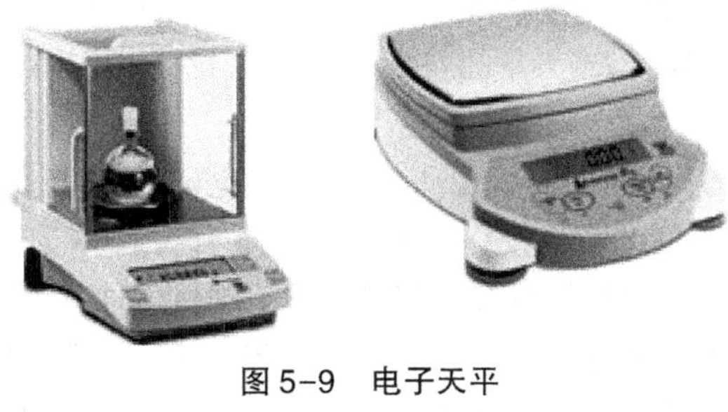

图 5-9　电子天平

三、称量方法

1. 天平使用规则

1）天平安放好后，不准随便移动，应保持天平处于水平位置。

2）经常保持天平框内清洁干燥，天平框内应放有吸湿用的变色硅胶，保持天平室内一定温度，不应将被称物洒在秤盘或天平框内。

3）使用过程中要特别注意保护玛瑙刀口。启动升降枢旋钮应缓慢，不得使天平剧烈振动，取放物体、加减砝码时必须休止天平，以免损坏刀口。

4）天平的前门不得随意打开，以防人呼出的热量、水汽和二氧化碳影响称量。前门只供安装、调节和维修天平时使用。称量过程中取放物体、加减砝码只能打开天平的左、右两边的侧门。称量物和砝码要放在秤盘的中央，以防盘的摆动。

5）热的或冷的物品要放在干燥器中于室温平衡后再进行称量。化学试剂和样品不得直接放在秤盘上，根据其性能可选用称量瓶、表面皿（或硫酸纸）等干净的容器称量。为防止秤盘被腐蚀，可在秤盘上配备表面皿或塑料薄膜，作为称量器皿的衬垫。

6）取放砝码必须用镊子夹取，严禁用手拿取，以免沾污。砝码只能放在秤盘和砝码盒的固定位置，不许放在其他任何地方，每一架天平都有与它配套的砝码。在同一分析工作中，应使用同一台天平及与其配套的砝码。半自动电光天平加减环码时，应一挡一挡地慢慢地加减，防止环码跳落、互撞。

7）称量完毕，应休止天平。检查砝码是否全部放在砝码盒的原位置，称量物是否已从秤盘上取出，天平门是否已关好。电光天平应当切断电源，把加码装置恢复到零位。最后盖好天平罩。

2. 称量的一般程序

1）取下天平罩，折叠整齐放在天平框上或放在天平的后方。

2）称量时操作者面对天平端坐，将记录本放在胸前的台面上，存放和接收称量物的器皿放在天平左侧，砝码盒放在右侧。

3）开始称量前应做如下检查和调整：

A. 了解待称物品的温度与天平框里的温度是否相同。加热或冷却过的物品必须放于干燥器中，待温度与天平框里温度平衡后再进行称量。

B. 查看秤盘和底板是否清洁，秤盘可用软毛刷轻轻扫净。如有斑痕污物，可用浸有无水乙醇的麂皮轻轻擦拭。底板如不干净，可用毛刷拂扫或用细布擦拭。

C. 检查天平是否处于水平位置，若气泡式水准器的气泡不在圆圈的中心，应从正上方向下目视水准器，用手旋转天平板下面的两个垫脚螺钉，调节天平两侧的高度直至气泡在圆圈中心为止。使用时不得随意挪动天平的位置。

D. 检查天平的各个部件是否都处于正常位置，如发现异常情况报告教师，及时处理。

4）测定和调节天平零点。电光天平接通电源，开启升降枢旋钮，微分标尺上的“0”刻度应与投影屏上的标线重合，若不重合，可拨动升降枢旋钮下面的拨杆，挪动一下投影屏的位置，使其重合；如使用拨杆仍不能调至零点时，可细心调节位于天平梁上的平衡螺钉，直至微分标尺“0”刻度对准投影屏上的标线为止。

至此，各种准备工作已完毕，天平处于工作状态，可以开始称量。

5）试称与称量。将被称物品放入左盘并关好左边门，估计被称物品的大约质量，用镊子夹取稍大于被称物品质量的砝码放在右盘的中心开始试称。试称过程中为了尽快达到平衡，选取砝码应遵循“由大至小，中间截取，逐级试验”的原则，试加砝码时应半开天平试验，对于电光天平必须记住，指针总是偏向轻盘，微分标尺的投影总是向重盘方向移动，就能迅速判断左右两盘孰轻孰重。当砝码与被称物质量相差在

1 g 以下时，关闭侧门。转动加码器刻度盘外圈找出适当量，再转动加码器刻度盘内圈至砝码与被称物质量相差在 10 mg 以内时，将升降枢旋钮全部开启，观察投影屏上刻线位置，读出 10 mg 以下的质量，休止天平。

6）读数与记录。称量的数据应立即用钢笔或圆珠笔记录在原始数据记录本上。记录砝码数值应先按照砝码盒里的空位记下，然后按大小顺序依次核对秤盘上的砝码，同时将其放回砝码盒空位。

7）称量结束后应使天平恢复原状。取出被称物品和砝码，加码器刻度盘转回零位，关好天平门，然后切断电源。将砝码盒放回天平框的顶部，用天平罩罩好天平，将凳子放回原处。填好天平使用登记簿后方可离开天平室。

3. 称样方法及操作技术

称取样品经常采用的方法有直接称样法、递减称样法（俗称差减法）、固定质量称样法。

（1）直接称样法　对某些在空气中没有吸湿性的样品，可以用直接称样法称量。即用牛角匙取样品放在已知质量的清洁而干燥的表面皿或称量纸（硫酸纸）上，一次称取一定质量的样品，然后将样品全部转移到接收容器中。

操作技术：先调好天平零点。用干净纸条或戴上清洁细纱手套将小表面皿放在天平的左盘，在天平的右盘放上砝码使之平衡。1 g 以上砝码从砝码盒中取放；1 g 以下 10 mg 以上的环码通过加码器刻度盘加入右盘上的环码架上，10 mg 以下质量从投影屏指示的微分标尺中读出，平衡后记录秤盘上砝码，刻度盘读数及投影屏上读数，即为小表面皿质量。例如小表面皿质量为 18.644 8 g。再用牛角匙取样品放入表面皿中（估计所需样品质量 0.5 g），加上砝码至平衡后，读数。休止天平，取出样品。若此时读数为 19.156 2 g，则样品质量为 0.511 4 g。

（2）递减称样法　递减称样法是最常用的称样方法。即称取样品的质量是由两次称量之差而求得。这种方法称出样品的质量不要求固定的数值，只需在要求的称量范围内即可。

操作技术：用手拿住表面皿的边沿，连同放在上面的称量瓶一起从干燥器里取出。用小纸片夹住称量瓶盖柄，打开瓶盖，将稍多于需要量的样品用牛角匙加入称量瓶中，盖上瓶盖。用清洁的纸条叠成约 1 cm 宽的纸带套在称量瓶上（或戴上清洁的细纱手套拿取称量瓶），左手拿住纸带的尾部（图 5-10），把称量瓶放到天平左盘的正中位置，选取适量的砝码放在右盘上使之平衡，称出称量瓶加样品的准确质量（准确到 0.1 mg），记下砝码的数值。左手仍用纸带将称量瓶从秤盘上取下，拿到接收器的上方，右手用纸片夹住瓶盖柄打开瓶盖，但瓶盖也不要离开接收器的上方。将瓶身慢慢向下倾斜，这时原在瓶底的样品逐渐流向瓶口。接着，一面用瓶盖轻轻敲击瓶口边沿，一面转动称量瓶使样品慢慢落入容器中，接近需要量时（通常从体积上估计），一边继续用瓶盖轻敲瓶口（图 5-11），一边逐渐将瓶身竖直，使沾在瓶口附近的样品落入瓶中，盖好瓶盖。再将称量瓶放回秤盘，取出纸带，关好左边门准确称其质量。两次称量质量之差即为倒入接收器的样品质量。如此重复操作，直至倾出样品质量达到要求为止。

图 5-10　夹取称量瓶的方法

图 5-11　倾出样品的方法

按上述方法连续递减，即可称取多份样品，若称取 3 份样品，则只需连续称量 4 次即可。

称量过程中应注意以下几点：

1）若倾出样品不足，可重复上述操作直至倾出样品量符合要求为止（重复次数不宜超过 3 次）；若倾出样品量大大超过所需数量，则只能弃去重称。

2）盛有样品的称量瓶除放在表面皿上存放于干燥器中和秤盘上外，不得放在其他地方，以免沾污。

3）沾在瓶口上的样品应敲回瓶中，以免沾到瓶盖上或丢失。

递减称样法比较简单、快速、准确，在分析化学实验中常用来称取待测样品和基准物。

图 5-12　安瓿

基准物和样品称量时所选用的称量容器应根据基准物或样品的性质而定。在称量易吸湿、易氧化或易与二氧化碳反应的物质时，应选用带磨口盖的称量瓶；如果是液体样品，则应选用胶帽滴瓶。对于易挥发的液体，应选用安瓿，如图 5-12 所示。先称空安瓿质量，将安瓿在酒精灯上微微加热，吸入样品后加热封口，再称总质量，两次质量之差即为试液的质量。对于不吸湿，在空气中不发生变化的固体粉末，可以选用小表面皿或硫酸纸。用硫酸纸称取固体物质，倒出被称物后应再称一次纸的质量，以防纸上残留被称物而使被称物质量不准确。

（3）固定质量称样法　固定质量称样法是为了称取指定质量的物质。如用直接法配制指定浓度的标准溶液时，常用固定质量称样法来称取基准物。此法只能用来称取不易吸湿的物质。

操作技术：首先调好天平的零点，将清洁干燥的小表面皿（通常直径为 6 cm，也可以使用扁形称量瓶）放到左秤盘上，在右盘上加入等质量的砝码使其达到平衡。再向右盘增加所需称取样品质量的砝码，然后用牛角匙逐渐加入样品，半开启天平进行试重，直到所加样品只差很小量时（此量应小于微分标尺满标度），便可开启天平，极其小心地以左手持盛有样品的牛角匙，伸向表面皿中心部位上方 2～3 cm 处，用拇指、中指及掌心拿稳牛角匙，以食指轻弹（最好是摩擦）牛角匙柄，让匙里的样品以非常缓慢的速度抖入表面皿中（图5-13），这时眼睛既要注意牛角匙，同时也要注意微分标尺投影屏，待微分标尺正好移动到所需要的刻度时，立即停止抖入样品。注意此时右手始终不要离开升降枢旋钮。

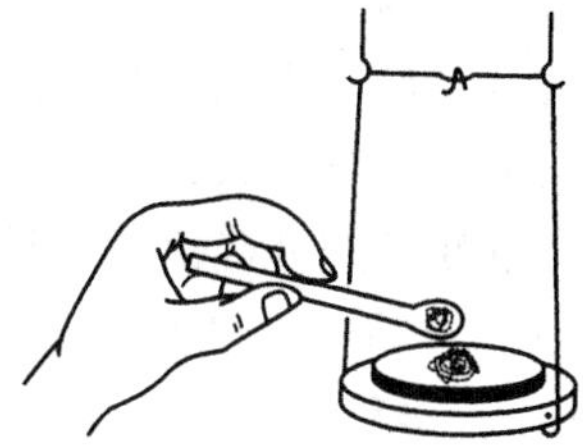

图 5-13　固定质量称样方法

例如，指定称取基准物 $K_2Cr_2O_7$ 0.490 3 g，可在加码器刻度盘上增加 0.49 g 环玛，用牛角匙在左盘表面皿上慢慢加入 $K_2Cr_2O_7$，至投影屏显示 0.3 mg 时，立即停止加样。

此操作必须十分仔细，若不慎多加样品，只能关闭升降枢，用牛角匙取出多余的样品，再重复上述操作直到合乎要求为止。然后取出表面皿，将样品直接转入接收器中。

操作时应注意下面几点：

1）加样品或取出牛角匙时，样品绝不能失落在秤盘上。开启天平加样时，切忌抖入过多的样品，否则会使天平突然失去平衡。

2）称好的样品必须定量地由表面皿直接转入接收器。若样品为可溶性盐类，沾在表面皿上的少量样品可用蒸馏水吹洗到接收器中。

3）放在空气中的样品通常都含有湿存水，其含量随样品的性质和条件而变化，因此，不论用上面哪种方法称取样品，在称量前均必须采用适当的干燥方法将其除去。

4）对于性质比较稳定不吸湿的样品，可将样品薄薄地铺在表面皿或蒸发皿上，然后放入烘箱或马福炉里，在指定温度下干燥一定时间，取出后放入干燥器中冷却，最后移至磨口称量瓶中备用。

5）对于受热易分解的样品，应在较低温度下干燥，或常温下在真空干燥器中进行干燥。有时为了方便，可直接取未经干燥的样品进行分析，同时另取此样品进行水分测定，然后再以湿品含量换算为干品含量。

4. 电子天平称量方法

（1）称量前的检查

1）取下天平罩，叠好，放于天平后。

检查天平盘内是否干净，必要的话予以清扫。

2）检查天平是否水平，若不水平，调节底座螺钉，使气泡位于水平仪中心。

3）检查硅胶是否变色失效，若是，应及时更换。

（2）开机　关好天平门，预热 30 min 后，轻按 ON 键，LTD 指示灯全亮，松开手，天平先显示型号，稍后显示为 0.000 0 g，即可开始使用。

（3）电子天平的一般使用方法　电子天平的使用方法较半自动电光天平来说大为简化，无须加减砝码调节质量。复杂的操作由程序代替。下面简单介绍电子天平的制剂称量和去皮称量。

1）直接称量：在 LTD 指示灯显示为 0.000 0 g 时，打开天平侧门，将被测物小心置于秤盘上，关闭天平门，待数字不再变动后即得被测物的质量。打开天平门，取出被测物，关闭天平门。

2）去皮称量：将容器置于秤盘上，关闭天平门，待天平稳定后按 TAR 键清零，LTD 指示灯显示为 0.000 0 g，取出容器，变动容器中物质的量，将容器放回秤盘，不关闭天平门粗略读数，看质量变动是否达到要求，若在所需范围之内，则关闭天平门，读出质量变动的准确值。以质量增加为正，减少为负。

（4）样品的称量方法

1）直接称量法：用于称量洁净干燥的不易潮解或升华的固体试样的质量，如称量某小烧杯的质量。关好天平门，按 TAR 键清零。打开天平左门，将小烧杯放入秤盘中央，关闭天平门，待稳定后读数。记录后打开左门，取出烧杯，关好天平门。

2）固定质量称量法：又称增量法，用于称量某一固定质量的试样。这种称量操作的速度很慢，适用于称量不易吸潮，在空气中能稳定存在的粉末或小颗粒（最小颗粒应小于 0.1 mg）样品，以便精确调节其质量。

本操作可以在天平中进行，用左手手指轻击右手腕部，将牛角匙中样品慢慢振落于容器内，当达到所需质量时停止加样，关上天平门，显示平衡后即可记录所称取试样的质量。记录后打开左门，取出容器，关好天平门。

固定质量称量法要求称量精度在 0.1 mg 以内。如称取 0.500 0 g 石英砂，则允许质量的范围是 0.499 9~0.500 1 g。超出这个范围的样品均不合格。若加入量超出，则需重称试样，已用试样必须弃去，不能放回到试剂瓶中。操作中不能将试样撒落到容器以外的地方。称好的试样必须定量地转入接收器中，不能有遗漏。

3）递减称量法：又称减量法，用于称量一定范围内的样品和试剂。主要针对易挥发、易吸水、易氧化和易与二氧化碳反应的物质。

用滤纸条从干燥器中取出称量瓶，用纸片夹住瓶盖柄打开瓶盖，用牛角匙加入适量试样（多于所需总量，但不超过称量瓶容积的 2/3），盖上瓶盖，置入天平中，显示稳定后，按 TAR 键清零。用滤纸条取出称量瓶，在接收器的上方倾斜瓶身，用瓶盖轻击瓶口使试样缓缓落入接收器中。当估计试样接近所需量时，继续用瓶盖轻击瓶口，同时将瓶身缓缓竖直，用瓶盖敲击瓶口上部，使沾于瓶口的试样落入瓶中，盖好瓶盖。将称量瓶放入天平，显示的质量减少量即为试样质量。

若敲出质量多于所需质量时，则需重称，已取出试样不能收回，须弃去。

（5）称量结束后的工作　称量结束后，按 OFF 键关闭天平，将天平还原。在天平的使用记录本上记下称量操作的时间和天平状态，并签名。整理好台面之后方可离开。

（6）使用电子天平的注意事项

1）在开门、关门、放取称量物时，动作必须轻缓，切不可用力过猛或过快，以免造成天平损坏。

2）对于过热或过冷的称量物，应使其回到室温后方可称量。

3）称量物的总质量不能超过天平的称量范围。在固定质量称量时要特别注意。

4）所有称量物都必须置于一定的洁净干燥容器（如烧杯、表面皿、称量瓶等）中进行称量，以免沾染腐蚀天平。

实训 5-3　分析天平的称量练习

知识目标

1. 熟悉分析天平的构造，学会正确的称量方法。
2. 掌握固定质量称样法和递减称样法。

能力目标

能利用分析天平熟练地称量样品。

【仪器和试剂】

仪器：分析天平，托盘天平，表面皿，称量瓶，牛角匙，锥形瓶（或小烧杯）。

试剂：固体试剂（可用 Na_2CO_3、$KHC_8H_4O_4$ 或 NaCl、$K_2Cr_2O_7$）。

【原理】

原理见天平的构造和称量方法。

【实训内容及操作】

1. 直接称样法

按分析天平称量一般程序操作：

1）在分析天平上准确称出小表面皿的质量。

2）在分析天平上准确称出称量瓶的质量。

2. 递减称样法（差减法）

1）将洁净的锥形瓶（或小烧杯）编上号。

2）在洁净、干燥的称量瓶中装入约 2 g Na_2CO_3，先在托盘天平上粗称其质量，再在分析天平上称其准确质量（准确至 0.1 mg），记下质量，设为 m_1。

3）取出称量瓶，按递减称样法的称量方法操作，轻移样品 0.2~0.3 g 于锥形瓶中，并准确称出称量瓶和剩余样品的质量，设为 m_2，锥形瓶中样品质量为 m_1-m_2。

以同样的方法连续称出 3 份样品，每份样品均称准至 0.1 mg。

用同样的方法连续再称取 0.4~0.5 g 样品 2~3 份，以熟悉操作。

3. 固定质量称样法

固定质量称样法是指称取某一固定质量的样品，例如要称取 0.408 4 g $KHC_8H_4O_4$，方法如下：

1）将准确称量的小表面皿放入天平的左盘，并在右盘上加相应的砝码与之平衡。

2）再在天平右盘上加 0.4 g 环码。

3）按正确操作，在表面皿的中央用牛角匙加入近 0.4 g 样品，观察投影屏上微分标尺，用牛角匙缓慢将样品抖入表面皿中，直至样品质量为 0.408 4 g。将样品移入容器中。以同样方法再称取 2~3 份样品。

4. 实验记录

（1）直接称样法

<table>
<tr><td rowspan="2">称量物</td><td rowspan="2">所加砝码/g</td><td colspan="2">所加环码/mg</td><td rowspan="2">微分标尺读数/mg</td><td rowspan="2">物品质量/g</td></tr>
<tr><td>内圈</td><td>外圈</td></tr>
<tr><td rowspan="2">表面皿</td><td></td><td></td><td></td><td></td><td></td></tr>
<tr><td></td><td></td><td></td><td></td><td></td></tr>
<tr><td rowspan="2">称量瓶</td><td></td><td></td><td></td><td></td><td></td></tr>
<tr><td></td><td></td><td></td><td></td><td></td></tr>
</table>

（2）递减称样法

次　序 记录项目	1#	2#	3#
称量瓶+样品质量 m_1/g			
倾出样品后称量瓶+样品质量 m_2/g			
样品质量（m_1-m_2）/g			

（3）固定质量称样法

次　序 记录项目	1#	2#	3#
样品+表面皿质量/g			
空表面皿质量/g			
样品质量/g			

【思考题】

1. 在什么情况下选用递减称样法称样？什么情况下选用固定质量称样法称样？

2. 用固定质量称样法和递减称样法称取样品是否要测天平的零点，为什么？

3. 称量物体质量时，若微分标尺向负向偏移，应加砝码还是应减砝码？若微分标尺向正向偏移，又应如何处理？

项目 3　滴定分析基本操作技术

知识目标

1. 了解滴定分析所需的常用仪器。
2. 掌握滴定分析仪器的洗涤方法。
3. 掌握滴定分析仪器的基本操作技术。

能力目标

能正确使用滴定分析仪器。

一、滴定分析仪器

滴定分析是根据滴定时所消耗的标准溶液的体积及其浓度来计算分析结果的。因此，除了要准确地确定标准溶液的浓度外，还必须准确地测量它的体积。溶液体积测量的误差是滴定分析中误差的主要来源。体积测量如果不准确（如误差大于 0.2%），其他操作步骤即使做得都很准确也是徒劳的。因此，为了使分析结果能符合所要求的准确度，就必须准确地测量溶液的体积。要准确测量溶液的体积，一方面取决于所用容量仪器的容积是否准确；另一方面还取决于能否正确使用这些仪器。

在滴定分析中测量溶液准确体积所用的容量仪器有滴定管、移液管和吸量管及容量瓶等。滴定管、移液管、吸量管为“量出”式量器，量器上标有“A”字样，我国目前统一用“Ex”表示“量出”，用于测定从量器中放出液体的体积；一般容量瓶为“量入”式量器，量器上标有“E”字样，我国目前统一用“In”字样表示“量入”。用于测定注入量器中液体的体积。另一种是“量出”式容量瓶，瓶上标有“A”或“Ex”字样，它表示在标明温度下，液体充满到标线刻度后，按一定方法倒出液体时，其体积与瓶上标明的体积相同。

二、滴定分析仪器的使用

（一）滴定管

滴定管是用于准确测量滴定时放出的操作溶液体积的量器，它是具有刻度的细长玻璃管，随其容量及刻度值的不同，滴定管分为常量滴定管、半微量滴定管和微量滴定管三种（表 5-5）。按要求不同，有“蓝带”滴定管、棕色滴定管（用于装高锰酸钾、硝酸银、碘等标准溶液）。按构造不同又分为普通滴定管和自动滴定管。按其用途不同又分为酸式滴定管及碱式滴定管。

带有玻璃磨口旋塞以控制液滴流出的是酸式滴定管（简称酸管），用来盛放酸类或氧化性溶液，但不能装碱性溶液，因为磨口旋塞会被碱腐蚀而粘住不能转动。用带玻璃珠的乳胶管控制液滴，下端再连一尖嘴玻璃管的是碱式滴定管（简称碱管），用于盛放碱性溶液和非氧化性溶液，不能装 $KMnO_4$、I_2、$AgNO_3$ 等溶液，以防将胶管氧化而变性。

表 5-5　滴定管的容量及刻度值

分类名称	容量/mL	刻度值/mL	分类名称	容量/mL	刻度值/mL
常量	50	0.1	微量	5	0.01 或 0.05
	25	0.1		2	
半微量	10	0.05		1	

1. 使用前的准备

（1）洗涤　对于无明显油污、不太脏的酸式滴定管，可用肥皂水或洗涤剂冲洗；若较脏而又不易洗净时，则用铬酸洗液浸泡洗涤。每次倒入 10～15 mL 洗液于滴定管中，两手平端滴定管，并不断转动，使洗液布满全管并接触管壁 2～3 min，洗净后将一部分洗液从管口放回原瓶，然后打开旋塞，将剩余的洗液从出口管放回原瓶中。滴定管先用自来水冲洗，再用蒸馏水润洗几次。洗净的滴定管内壁应完全被水均匀润湿，不挂水珠。洗涤时，应注意保护玻璃旋塞，防止碰坏。

碱式滴定管的洗涤方法与酸式滴定管基本相同，但在需用洗液洗涤时要注意洗液不能直接接触乳胶管。用洗液清洗时，可取下乳胶管，将碱式滴定管倒立夹在滴定管架上，管口插入装有洗液的烧杯中，用洗耳球插在另一管口上反复吸取洗液进行洗涤 2～3 min，然后安好乳胶管，用自来水冲洗滴定管，并用蒸馏水润洗几次。

（2）涂油、试漏　酸式滴定管使用前应检查旋塞转动是否灵活，与滴定管是否密合，如不合要求，则取下旋塞，用滤纸片擦干净旋塞和旋塞槽，用手指蘸少量凡士林（或真空脂）在旋塞的两头涂上薄薄的一层，在离旋塞孔的两旁少涂凡士林，以免凡士林堵住旋塞孔，如图5-14 所示（如果凡士林堵塞小孔，可用细铜丝轻轻将其捅出。如果还不能除净，则用热洗液浸泡一定时间，或用有机溶剂除去）。把旋塞直接插入旋塞槽内。插时，旋塞孔应与滴定管平行，径直插入旋塞槽，此时不要转动旋塞，这样可以避免将油脂挤到旋塞孔中去。然后，向同一方向不断旋转旋塞，直到旋塞和旋塞槽上的油脂全部透明为止。旋转时，应有一定的向旋塞小头方向挤的力，以免来回移动旋塞，使孔受堵。最后用小乳胶圈套在玻璃旋塞小头槽内，以防塞子滑出而损坏。

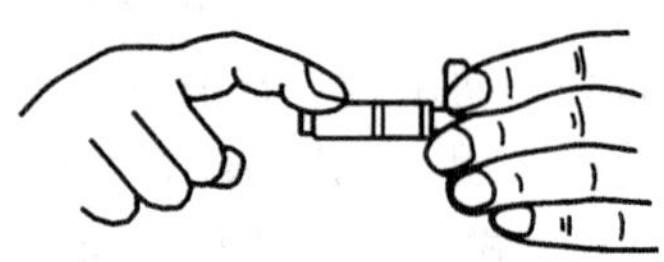

图 5-14　旋塞涂油操作

经上述处理后，旋塞应转动灵活，油脂层没有纹路，旋塞呈均匀透明状态，可进行试漏。

检查滴定管是否漏水时，可将酸式滴定管旋塞关闭，用水充满至“0”刻度，把滴定管直立夹在滴定管架上静置 2 min，观察刻度线液面是否下降，滴定管下端管口及旋塞两端是否有水渗出，可用滤纸在旋塞两端察看。将旋塞转动 180°，再静置 2 min，查看是否有水渗出。若前后两次均无水渗出，旋塞转动也灵活，即可使用。如果漏水，则应该重新进行涂油操作。

碱式滴定管使用前应检查乳胶管是否老化、变质，要求乳胶管和玻璃珠大小合适，能灵活控制液滴。玻璃珠过大，则不便操作；过小，则会漏水。如不合要求，应重新装配玻璃珠和乳胶管。

（3）装溶液与赶气泡　准备好了滴定管，即可装操作溶液（即标准溶液或被标定的溶液）。

装操作溶液前，应将试剂瓶中的溶液摇匀，使凝结在瓶内壁上的水珠混入溶液，这在天气比较热，室温变化比较大时更有必要。混匀后将操作溶液直接倒入滴定管中，不得用其他容器（如烧杯、漏斗）来转移，此时，左手前三指持滴定管上部无刻度处，并可稍微倾斜，右手拿住细口瓶往滴定管中倒溶液。如用小试剂瓶，可用右手握住瓶身（瓶签向手心）倾倒溶液于管中；大试剂瓶则仍放在桌上靠边处，手拿瓶颈使瓶慢慢倾斜，让溶液慢慢沿滴定管内壁流下。

先用摇匀的操作溶液将滴定管润洗三次（第一次 10 mL 左右，大部分可由上口放出，第二、三次各 5 mL 左右，可以从出口管放出），以除去管内残留水分，确保操作溶液浓度不变。为此，注入操作溶液 10 mL，然后两手平端滴定管（注意把住玻璃旋塞）慢慢转动溶液，一定要使操作溶液流遍全管内壁，并使溶液接触管壁 1~2 min。每次都要打开旋塞冲洗出口管。将润洗溶液从出口管放出，并尽量把残留液放尽。最后，关好旋塞，将操作溶液倒入，直到充满至“0”刻度以上为止。

对于碱管，还要注意玻璃珠下方的洗涤与浸润。

装好溶液的滴定管，使用前必须注意检查滴定管的出口管是否充满溶液，旋塞附近或胶管内有无气泡。为使溶液充满出口管和除去气泡，在使用酸管时，右手拿滴定管上部无刻度处，并使滴定管倾斜约 30°，左手迅速打开旋塞使溶液冲出排出气泡（下面用烧杯承接溶液），这时出口管中应不再留有气泡。若气泡仍未排出，可重复操作。也可打开旋塞，同时抖动滴定管，使气泡排出。如仍不能使溶液充满出口管[1]，可能是出口管未洗净，必须重新洗涤。

在使用碱管时，装满溶液后，应将其垂直地夹在滴定管架上，左手拇指和食指拿住玻璃珠所在部位，并使乳胶管向上弯曲，出口管斜向上方，然后在玻璃珠部位往一旁轻轻捏挤胶管，使溶液从管口喷出（图 5-15a），气泡即随之排出，再一边捏乳胶管一边把乳胶管放直，注意当乳胶管放直后，再松开拇指和食指，否则出口仍会有气泡。最后把管外壁擦干。

排出气泡后，装入操作液至“0”刻度以上，并调节液面处于“0.00 mL”处备用。

2. 滴定管的使用

（1）滴定管的操作　进行滴定时，应该将滴定管垂直地夹在滴定管架上。酸管的操

---

[1] 有时由于酸管制作不合规格要求，因此，按上法仍无法排出酸管出口处的气泡。这时可在出口尖嘴上接一根约 10 cm 的乳胶管，然后按碱管排气泡的方法将乳胶管向上弯曲排气，这样，气泡一定会排除干净。

作要点：左手无名指和小指向手心弯曲，轻轻地贴着出口管，用其余的三指控制旋塞的转动（图 5-15b），但应注意不要向外拉旋塞以免推出旋塞造成漏液，也不要过分往里扣，以免造成旋塞转动困难而不能操作自如。

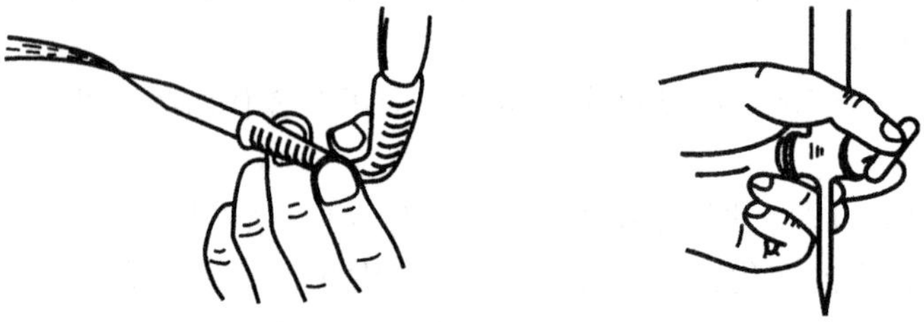

a.碱式滴定管排出气体　　b.操作旋塞的姿势

图 5-15　滴定管的使用

碱管的操作要点：左手无名指及小指夹住出口管，拇指与食指在玻璃珠所在部位往一旁捏挤乳胶管，玻璃珠移至手心一侧，使溶液从玻璃珠旁边空隙处流出。

注意：①不要用力捏玻璃珠，也不能使玻璃珠上下移动；②不要捏到玻璃珠下部的乳胶管，以免空气进入而形成气泡，影响读数；③停止滴定时，应先松开拇指和食指，最后才松开无名指与小指。

无论使用哪种滴定管，都必须掌握三种滴液方法：

1）逐滴连续滴加，即每秒 3~4 滴，“见滴成线”的方法。

2）只加一滴，要做到需加一滴就能只加一滴的熟练操作。

3）使液滴悬而不落，只加半滴，甚至不到半滴的方法。

（2）滴定操作　滴定前后都要记取读数，终读数与初读数之差就是滴定消耗溶液的体积。

滴定操作一般在锥形瓶中进行，也可在烧杯内进行。最好以白瓷板做背景。滴定开始前用洁净小烧杯内壁轻碰滴定管尖端，以把悬在滴定管尖端的液滴除去。

在锥形瓶中滴定时，用右手前三指拿住瓶颈，其余两指辅助在下侧，调节滴定管高度，使瓶底离滴定台高 2~3 cm，使滴定管的下端伸入瓶口约 1 cm，左手按前述方法控制滴定管旋塞滴加溶液，右手运用腕力摇动锥形瓶，边滴加边摇动使溶液随时混合均匀，反应及时进行完全，两手操作姿势如图 5-16a 所示。

若使用碘瓶等具塞锥形瓶滴定，瓶塞要夹在右手的中指与无名指之间（图 5-16b），不要放在其他地方。

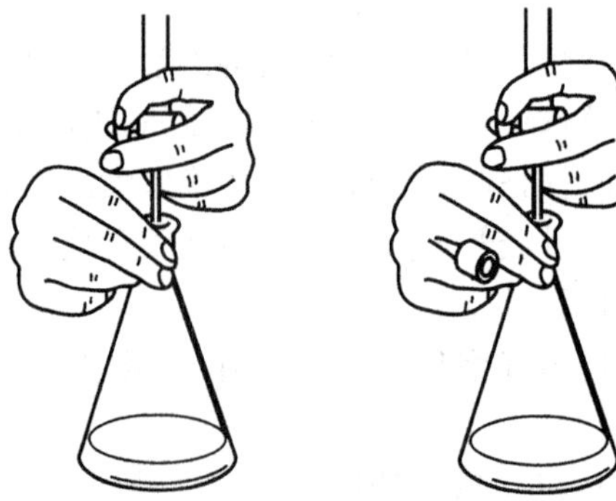

a　　b

图 5-16　滴定操作姿势

滴定操作应注意下述几点：

1）摇瓶时，应微动腕关节，使溶液向同一方向做圆周运动，但勿使瓶口接触滴定管，溶液也不得溅出。

2）滴定时左手不能离开旋塞让溶液自行流下。

3）注意观察液滴落点周围溶液颜色的变化。开始时应边摇边滴，滴定速度可稍快（每秒3~4滴为宜），但不要流成水流。接近终点时，应改为加一滴，摇几下，最后，每加半滴，即摇动锥形瓶，直至溶液出现明显的颜色变化，准确到达终点为止。滴定时，不要去看滴定管上部的体积，而不顾滴定反应的进行。加半滴溶液的方法如下：微微转动旋塞，使溶液悬挂在出口管嘴上，形成半滴（有时还可控制不到半滴），用锥形瓶内壁将其沾落，再用洗瓶以少量蒸馏水吹洗瓶壁。

用碱管滴加半滴溶液时，应先松开拇指和食指，将悬挂的半滴溶液沾在锥形瓶内壁上，以避免出口管尖端出现气泡。

4）每次滴定最好都从滴定管的“0.00 mL”处开始（或从“0.00 mL”附近的某一固定刻度线开始），这样可固定使用滴定管的某一段，以减少体积误差。

（3）滴定管的读数　滴定管读数不准确是滴定分析误差的主要来源之一。因此，正确读数应遵循下列原则。

1）装满或放出溶液后，必须等1~2 min，待附着在内壁上的溶液流下后，再进行读数。如果放出溶液的速度较慢（例如滴定到最后阶段，每次只加半滴溶液时），等0.5~1 min即可读数。每次读数前要检查一下管壁是否挂水珠，管尖是否有气泡，是否挂水珠。若在滴定后挂有水珠读数，是无法读准确的。

2）读数时应将滴定管从滴定管架上取下，用右手大拇指和食指捏住滴定管上部无刻度处，其他手指从旁辅助，使滴定管保持垂直，然后读数。若把滴定管夹在滴定管架上读数，应使滴定管保持垂直（一般不采用，因为很难确保滴定管垂直）。

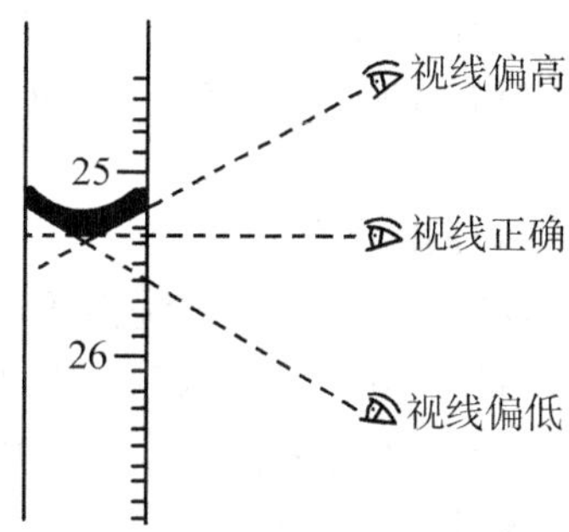

图5-17　滴定管读数

3）由于水的附着力和内聚力的作用，滴定管内的液面呈弯月形，无色或浅色溶液的弯月面比较清晰，读数时，应读弯月面下缘实线的最低点，即视线与弯月面下缘实线最低处成一水平，如图5-17所示。对于有色溶液，其弯月面是不够清晰的，读数时，可读液面两侧最高点，即视线应与液面两侧最高点成水平。例如，对$KMnO_4$、I_2等有色溶液的读数就应如此。注意初读数与终读数应采用同一标准。

4）读数要求读到小数点后第二位，即估计到±0.01 mL，如读数为25.33 mL，数据应立刻记录在记录本上。

5）为了便于读数，可以在滴定管后衬一黑白两色的读数卡。读数时，使黑色部分在弯月面下约1 mm，弯月面的反射层即全部成为黑色，如图5-18所示。读此黑色弯月面下缘的最低点。但对深色溶液须读两侧最高点时，可以用白色卡作为背景。

6）使用“蓝带”滴定管时，液面呈现三角交叉点，读取交叉点与刻度相交之点的读数，如图5-19所示。

7）滴定至终点时应立即关闭旋塞，并注意不要使滴定管中的溶液有稍许流出，否则终读数便包括流出的半滴溶液。

滴定结束后，滴定管内剩余的溶液应弃去，不得将其倒回原试剂瓶中，以免沾污整瓶操作溶液。随即洗净滴定管，倒置在滴定管架上。

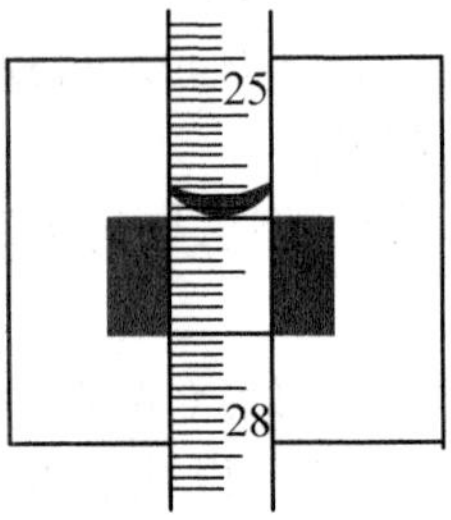

图 5-18　读数卡

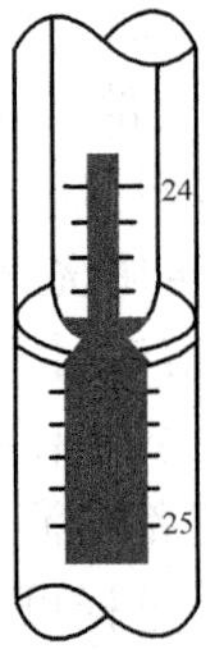

图 5-19　蓝带滴定管读数

（二）容量瓶

容量瓶（图 1-4）是用于测量容纳液体体积的一种量器。是一种“量入式量器”（瓶上标有“E”或“In”字样）。它是细颈梨形的平底玻璃瓶，带有玻璃磨口塞或塑料塞。瓶颈上刻有环形标线。在指定温度下，当溶液充满至标线时，所容纳的液体体积等于瓶上标示的体积。主要是用于配制标准溶液、样品溶液。也可用于将准确容积的浓溶液稀释成准确容积的稀溶液。此过程通常称为“定容”。常用的容量瓶有 10 mL，25 mL，50 mL，100 mL，250 mL，500 mL，1 000 mL 等各种规格。

1. 使用前的准备

容量瓶在使用前要洗涤干净，洗涤方法与滴定管相同。洗净的容量瓶内壁应为蒸馏水均匀润湿，不挂水珠，否则要重洗。

带玻璃磨口塞的容量瓶使用前要检查瓶塞是否漏水。检查方法如下：注入自来水至标线附近，盖好瓶塞，左手食指按住瓶塞，其余手指拿住瓶颈标线以上部分，右手指尖托住瓶底边缘（图 5-20a），然后将瓶倒立 2 min，观察瓶塞周围是否有水渗出（可用滤纸查看），如不漏水，将瓶直立；将瓶塞旋转 180°后，再如上述进行检查，如不漏水，即可使用。不可将玻璃磨口塞放在桌面上，以免沾污和搞错。打开瓶塞操作时，可用右手的食指和中指夹住瓶塞的扁头（也可用橡皮圈或细尼龙绳将瓶塞系在瓶颈上，细绳应稍短于瓶颈），如果瓶塞漏水，该容量瓶则不能使用。

2. 容量瓶的操作

用容量瓶配制标准溶液或样品溶液时，最常用的方法是将准确称取的待溶固体物质放于小烧杯中，加水或其他溶剂将其溶解，然后将溶液定量地转移至容量瓶中。在转移过程中，用一玻璃棒插入容量瓶内，玻璃棒的下端靠近瓶颈内壁，上部不要碰瓶口，烧杯嘴紧靠玻璃棒，使溶液沿玻璃棒和内壁慢慢流入。要避免溶液从瓶口溢出（图 5-20b），待溶液全部流完后，将烧杯沿玻璃棒稍向上提，同时使烧杯直立，使附着在烧杯嘴的一滴溶液流回烧杯中，并将玻璃棒放回烧杯中。注意勿使溶液流至烧杯外壁引起损失。用洗瓶吹洗玻璃棒和烧杯内壁5次以上，洗涤液按上述方法移入容量瓶，使残留在烧杯中的少许溶液定量地转移至容量瓶中。然后加蒸馏水稀释，当加水至容量瓶的3/4左右时，用右手将容量瓶拿起，按水平方向旋摇几周，使溶液初步混匀。继续加水至距离标线约1 cm处，等1~2 min使附在瓶颈内壁的溶液流下后，再用细长的滴管滴加蒸馏水（注意切勿使滴管接触溶液）至弯月面下缘与标线相切；也可用洗瓶加水至标线，盖上瓶塞。用左手食指按住瓶塞，右手指尖托住瓶底边缘（图5-20c）将容量瓶倒置并摇荡，再倒转过来，使气泡上升到顶，如此反复10次左右，使溶液充分混匀，最后，放正容量瓶，打开瓶塞，使瓶塞壁周围的溶液流下。重新盖好瓶塞，再倒转振荡3~5次使溶液全部混匀。

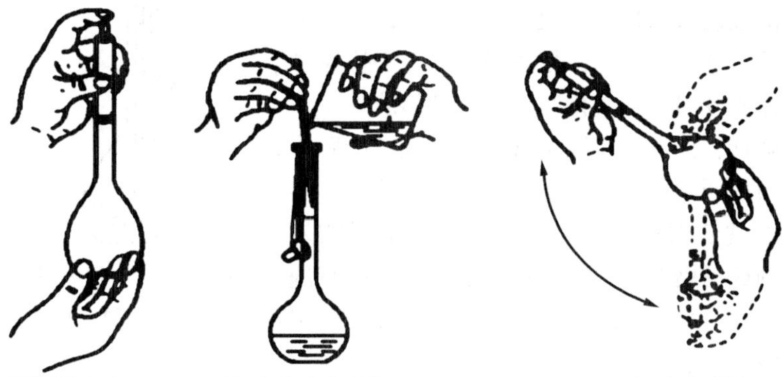

a.容量瓶的拿法　　b.溶液移入容量瓶　　c.振荡容量瓶

图5-20　容量瓶的使用

若用容量瓶把浓溶液定量稀释，则用移液管移取一定体积的浓溶液，放入容量瓶中，稀释至标线，按上述方法摇匀，可得到准确浓度的稀溶液。

3. 使用容量瓶的注意事项

1）热溶液必须冷至室温后，再移入容量瓶中，稀释至标线，否则会造成体积误差。

2）不要用容量瓶长期存放溶液，如溶液要准备使用较长时间，应转移到磨口试剂瓶中保存，试剂瓶应用配好的溶液充分洗涤、润洗后，方可使用。

3）容量瓶不能放在烘箱内烘干，也不能加热。如需使用干燥的容量瓶时，可将容量瓶洗净，再用乙醇等有机溶剂荡洗后晾干或用电吹风的冷风吹干。用后的容量瓶应立即用水冲洗干净。如长期不用，磨口处应洗净擦干，并用纸片将磨口隔开。

（三）移液管

移液管（图1-3）是准确移取一定量溶液的量器，移液管一种是一根细长而中间有膨大部分的玻璃管，称为大肚移液管，管颈上部刻有环形标线，膨大部分标有它的容积和标定时的温度，在标明的温度下，先使溶液吸入管中，溶液弯月面下缘与移液管标线相切，再让溶液按一定方法自由流出，则流出的溶液的体积与管上标明的体积相同。常用的移液管有5 mL，10 mL，25 mL，50 mL，100 mL等规格。另一种移液管是具有分刻度的玻璃管，称吸量管或分度吸管，它可以准确量取标示范围内任意体积的溶液。使用时，将溶液吸入，读取与液面相切的刻度（如“0”刻度），然后将溶液放出至适当刻度，两刻度之差即为放出溶液的体积。

1. 使用前的准备

移液管在使用前都应该洗净，使整个内壁和下部的外壁不挂水珠。为此，可先用自来水冲洗一次，再用铬酸洗液洗涤。洗涤时，以左手持洗耳球，将食指和拇指放在洗耳球的上方，右手拿住移液管或吸量管标线以上的地方，将洗耳球紧接在移液管口上（图 5-21a）排出洗耳球中的空气，将移液管插入洗液瓶中，左手拇指和食指慢慢放松将洗液缓慢吸入移液管全管约 1/3 处，用右手食指按住管口移去洗耳球，把管横置，左手扶住管的下端，慢慢开启右手食指，一边转动移液管，一边使管口降低，让洗液布满全管进行润洗。最后将洗液从上口放回原瓶，然后用自来水充分冲洗，再用蒸馏水润洗 3 次，并用洗瓶冲洗管的下部的外壁。如果内壁污染严重，则应把移液管放入盛有洗液的大量筒中，浸泡 15 min 至数小时，取出再用自来水冲洗，然后用蒸馏水润洗。

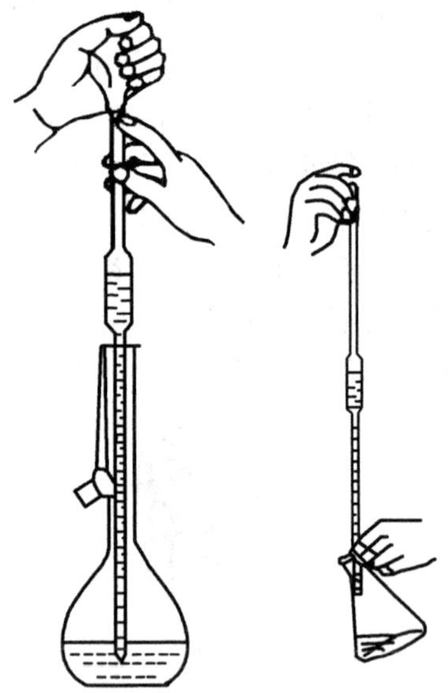

a.用洗耳球吸取溶液　　b.放液体法

图 5-21　移液管的操作

移液管的尖端容易碰坏，操作时要小心。

2. 移液管的使用

在用洗净的移液管移取溶液前，为避免移液管管壁及尖端上残留的水进入所要移取的溶液中，使溶液浓度改变，应先用滤纸将尖端内外的水吸干，然后用待吸溶液润洗 3 次（按洗涤移液管的方法进行），但用过的溶液应从下口放出弃去。

移取溶液时，用右手的大拇指和中指拿住移液管管颈标线上方，将移液管直接插入待吸溶液液面下 1~2 cm 处，不要伸入太深，以免移液管外壁黏附有过多的溶液，影响量取溶液体积的准确性；也不要伸入太浅，以免液面下降后造成吸空。吸液时将洗耳球紧密连接在移液管口上，并注意容器中液面和移液管尖的位置，应使移液管尖随液面下降而下降。当管内液面上升至标线稍高位置时，迅速移去洗耳球，并用右手食指按住管口，将移液管向上提，使其离开液面，并使管的下部沿待吸液容器内壁轻转两圈，以除去管外壁上的溶液。另取一干净小烧杯，将移液管放入烧杯中，使管尖端紧靠烧杯内壁，烧杯稍倾斜，移液管垂直，微微松开食指，并用拇指和中指轻轻转动移液管，让溶液慢慢流出，液面下降，直到溶液的弯月面与标线相切时（注意：观察时眼睛与移液管的标线应处在同一水平位置上），立刻用食指按住管口，使溶液不再流出。取出移液管，左手改拿接收器，将接收器倾斜。将移液管放入接收器中，使管尖与容器内壁紧贴成 45°左右，并使移液管保持垂直，松开右手食指，使溶液自由地沿壁流下，如图 5-21b 所示。待液面下降到管尖后，再等待 15 s 后取出移液管。注意：除非在管上特别注明“吹”的以外，管尖最后残留的溶液切勿吹入接收器中。因为在校正移液管的容量时，就没有把这滴溶液计算在内。此种移液管称非吹式移液管。但必须指出，由于管口尖部做得不很圆滑，因此留存在管尖部位的体积可能会由于靠接收器内壁的管尖部位方位不同而有大小的变化，为此，可在等 15 s 后，将管身往左右旋转一下，这样管尖部分每次留存的体积将会基本相同，不会导致平行测定时的过大误差。

还有一种移液管，分度刻到离管尖尚差 1~2 cm（不完全流出式），使用这种移液管时，应注意不要使液面下降到刻度以下。

3. 注意事项

1）在同一实验中应尽可能使用同一根或同一类移液管。

2）移液管用完后应立即用自来水冲洗，再用蒸馏水冲洗干净，放在移液管架上。

3）移液管不能放在烘箱中烘烤，也不能加热。

实训 5-4　滴定分析仪器基本操作练习

知识目标

1. 掌握滴定分析仪器的洗涤法。

2. 掌握滴定管、容量瓶及移液管的操作方法。

能力目标

能正确地使用滴定管、容量瓶及移液管。

【仪器和试剂】

仪器：滴定管，容量瓶，移液管，锥形瓶，烧杯，量筒，洗耳球。

试剂：$K_2Cr_2O_7$，浓 H_2SO_4。

【原理】

烧杯、锥形瓶等非定量容器可以用毛刷、自来水洗净后，再用蒸馏水洗涤。量筒、容量瓶、移液管、滴定管、比色管等定量容器不能用毛刷清洗，应用洗液润湿后，用自来水冲洗干净，并用蒸馏水或去离子水洗涤 3 遍备用。要求洗净的玻璃仪器内壁应完全被水均匀润湿，不挂水珠。

容量瓶、移液管、滴定管的装液、读数见本项目相关内容。

【实训内容及操作】

1. 认领、清点仪器

按实验仪器单认领、清点滴定分析中所有的仪器。

2. 配制铬酸洗液

称取研细的 $K_2Cr_2O_7$ 5 g，溶于 10 mL 水中，在搅拌下缓慢加入 82 mL 浓 H_2SO_4，冷却后装入 250 mL 试剂瓶中，保存备用。

3. 洗涤仪器

进行分析工作前，应将仪器按正确洗涤方法洗涤干净，使之达到要求的标准——壁内外不挂水珠。

洗涤时要注意保管好酸式滴定管的旋塞，容量瓶磨口塞和保护移液管尖，防止损坏。

4. 操作练习

（1）滴定管的准备及使用　按操作要点依次进行如下操作，一般重复 2~3 次。

酸式滴定管：洗涤→涂油→试漏→润洗→装溶液（以水代替）→赶气泡→调“0”→滴定→读数。

碱式滴定管：洗涤→试漏→润洗→装溶液（以水代替）→赶气泡→调“0”→滴定→读数。

（2）容量瓶的使用　按规范要求进行如下操作，并重复 2~3 次。

洗涤→试漏→装溶液（以水代替）→稀释→平摇→稀释→调液面至标线→摇匀。

（3）移液管的使用　分别选用 25 mL，10 mL 移液管进行如下操作练习。

洗涤→润洗→吸液（用容量瓶中的水）→调液面→移液（移至锥形瓶中）或放液（按不同刻度把溶液移入锥形瓶中）。

【思考题】

1. 应怎样检查滴定管是否洗涤干净？使用未洗净的滴定管对滴定有什么影响？

2. 滴定管中存在气泡对滴定有什么影响？应怎样赶去气泡？

3. 容量瓶可否烘干、加热？

4. 使用移液管的操作要领是什么？为何要使液体垂直流下？为何放完液体后要停一定时间？最后留于管尖的半滴液体应如何处理？为什么？

实训 5-5　滴定管、容量瓶和移液管的校准

知识目标

1. 掌握滴定管、容量瓶和移液管的校准方法。

2. 掌握滴定分析仪器的基本操作方法。

能力目标

能正确地对滴定管、容量瓶和移液管进行校准。

【仪器】

滴定管，容量瓶，移液管，具塞锥形瓶，烧杯，量筒，洗耳球。

【原理】

欲使分析结果准确，所用量具必须有足够的准确度，但有些容量器皿达不到要求，故需校准。

【实训内容及操作】

1. 滴定管的校准（称量法）

1）将已洗净处理后的滴定管（50 mL）盛满蒸馏水，调至零刻度。

2）将已烘干的 50 mL 具塞锥形瓶在分析天平上称其质量。

3）从滴定管向锥形瓶中按刻度值依次放出 10 mL，20 mL，30 mL，40 mL，50 mL 的蒸馏水（若为 25 mL 滴定管每次放 5 mL 左右），依次测量其质量。

4）记录，填写下表。

水温：　　　　室温：　　　　　　　　　空锥形瓶质量：

滴定管读数/mL	瓶+水质量/g	水的质量/g	实际容量/mL	计算容量/mL	误差

2. 移液管和容量瓶的相对校准

将 25 mL 移液管和 250 mL 容量瓶洗净晾干，用25 mL移液管准确移取蒸馏水 10 次于容量瓶中，仔细地观察弯月面下缘，是否与标线相切，若不相切，另做一标记（重复 2~3 次）。使用时可采用这一校准的标记[1]。

【思考题】

1. 影响滴定分析量器校准的主要因素有哪些？

2. 称量用的锥形瓶为何要用“具塞”的？不具塞行不行？

3. 从滴定管放纯水于称量用锥形瓶中时应注意些什么？

4. 在校准滴定管时，为什么具塞磨口锥形瓶的外壁必须干燥？锥形瓶的内壁是否一定要干燥？

实训 5-6　HCl 标准溶液的配制与标定

知识目标

1. 掌握递减称样法称取基准物的方法。
2. 掌握用 Na_2CO_3 标定 HCl 溶液的原理。

能力目标

1. 学会配制酸标准溶液。
2. 学会用基准物标定酸标准溶液。
3. 熟练进行滴定操作。

【仪器和试剂】

仪器：分析天平，称量瓶，滴定管，容量瓶，移液管，锥形瓶，烧杯，量筒，洗耳球。

试剂：浓盐酸，无水 Na_2CO_3（AR），硼砂，甲基橙指示剂（0.1%）。

【原理】

酸碱溶液浓度的比较，是酸碱滴定和滴定分析的基础练习。其原理是依据酸碱中和时，选择适当的指示剂，指示酸碱中和的化学计量点，从而判断酸碱溶液的相对浓度。

[1] 如为初次练习，使用移液管操作不熟练，此记号只可供参考。

酸碱滴定中常用的酸碱如盐酸、硫酸、氢氧化钠等，都不能直接配制成准确浓度的标准溶液，所用的酸、碱标准溶液都是要经过标定的。

标定酸时常用的基准物有 Na_2CO_3 和 $Na_2B_4O_7 \cdot 10H_2O$ 等。Na_2CO_3 与盐酸的反应如下：

$$Na_2CO_3+HCl = NaHCO_3+NaCl$$

$$NaHCO_3+HCl = NaCl+H_2O+CO_2$$

以上反应，pH 突跃范围是 3.5~5，可选用甲基橙做指示剂。

$Na_2B_4O_7 \cdot 10H_2O$ 与盐酸的反应如下：

$$Na_2B_4O_7 \cdot 10H_2O+2HCl = 4H_3BO_3+2NaCl+5H_2O$$

化学计量点的 pH 约为 5，可以选用甲基红做指示剂（不能选用甲基橙）。

【实训内容及操作】

1. 0.1 mol · L^{-1}的 HCl 溶液的配制

按要求完成如下操作。计算配制 0.1 mol · L^{-1} HCl 溶液 250 mL 所需 6 mol · L^{-1}HCl 的体积→量取后用蒸馏水稀释配成 250 mL 溶液→储于试剂瓶中→贴标签，备用。

2. 标定 0.1 mol · L^{-1} HCl 溶液的浓度

（1）用 Na_2CO_3 标定　以递减称样法称取预先烘干的无水 Na_2CO_3（如何计算称量范围?）置于 100 mL 小烧杯中，加约 50 mL 水溶解，然后将溶液定量移入 250 mL 容量瓶中，以纯水稀释至刻度，摇匀。用 25 mL 移液管准确移取 Na_2CO_3 溶液置于 250 mL 锥形瓶中，加甲基橙指示剂一滴，用欲标定的 0.1 mol · L^{-1} HCl 溶液进行滴定，直至溶液刚由黄色转变为橙色时即为终点，读数并记录。平行滴定 3 次。

根据 Na_2CO_3 的质量（m）和所消耗 HCl 溶液的体积（V）计算出 HCl 标准溶液的浓度及标定结果的精密度。

用 Na_2CO_3 标定 HCl 结果

序号	1	2	3
V_{HCl}（最终读数）/mL			
V_{HCl}（起始读数）/mL			
V_{HCl}（消耗）/mL			
c_{HCl}/（mol · L^{-1}）			
平均值			
相对平均偏差			

（2）用硼砂标定　准确称取 0.4~0.5 g 硼砂三份于锥形瓶中，分别加水 50 mL 溶解后，加甲基红指示剂一滴，用所配制的 HCl 滴定至指示剂由黄色变为橙色，记录 HCl 溶液用量，按实验原理公式求 HCl 溶液浓度。

用硼砂（$Na_2B_4O_7 \cdot 10H_2O$）标定 HCl 结果

序号	1	2	3
称得硼砂质量/g			
V_{HCl}（最终读数）/mL			
V_{HCl}（起始读数）/mL			
V_{HCl}（消耗）/mL			
c_{HCl}/（$mol \cdot L^{-1}$）			
平均值			
相对平均偏差			

【注意事项】

1）0.1 $mol \cdot L^{-1}$HCl 溶液为粗略配制，故量取 6 $mol \cdot L^{-1}$HCl 溶液不必十分精确。

2）用差减法称量基准物时要注意操作规范。

3）滴定所用锥形瓶要标记瓶号，以免混乱。

4）准确记录和保留实验数据的有效数字位数。

5）用无水 Na_2CO_3 标定盐酸时，反应产生 H_2CO_3，会使滴定突跃不明显，致使指示剂颜色变化不够敏锐。因此，在接近滴定终点以前，应剧烈摇动或最好把溶液加热至沸，并摇动以赶走 CO_2，冷却后再继续滴定。

【思考题】

1. 为什么把 Na_2CO_3 放在称量瓶中称量？称量瓶是否要预先称准？称量时盖子是否需要盖好？

2. 标定 0.1 $mol \cdot L^{-1}$ HCl 时，称取硼砂 0.4~0.5 g，此称量范围是怎样计算的？若称取太多或太少有什么缺点？

3. 用 Na_2CO_3 标定盐酸是否可用酚酞或甲基红做指示剂？

4. 实验中所用的锥形瓶是否要烘干？

实训 5-7　氢氧化钠标准溶液的配制与标定

知识目标

1. 掌握 NaOH 标准溶液的标定方法。
2. 掌握用邻苯二甲酸氢钾标定氢氧化钠溶液的原理。
3. 了解邻苯二甲酸氢钾的性质与应用。
4. 掌握 NaOH 标准溶液的配制、保存方法。

能力目标

1. 能用基准物邻苯二甲酸氢钾标定氢氧化钠溶液。

2. 具有天平、容量器皿（滴定管、移液管、容量瓶等）的使用技能。

【仪器和试剂】

仪器：分析天平，称量瓶，滴定管，容量瓶，移液管，锥形瓶，烧杯，量筒，洗耳球。

试剂：NaOH 标准溶液（0.1 mol · L^{-1}），邻苯二甲酸氢钾（$KHC_8H_4O_4$，AR），酚酞指示剂（0.2%）。

【原理】

由于 NaOH 固体易吸收空气中的 CO_2 和水分，故只能选用标定法（间接法）来配制其标准溶液，即先配成近似浓度的溶液，再用基准物或已知准确浓度的酸溶液标定其准确浓度。

标定 NaOH 常用的基准物有草酸、邻苯二甲酸氢钾，也可以用标准酸溶液进行标定。以草酸（$H_2C_2O_4 \cdot 2H_2O$）标定氢氧化钠溶液，标定反应为

$$H_2C_2O_4+2NaOH=\!=\!=Na_2C_2O_4+2H_2O$$

滴定反应的 pH 突跃范围为 7.7~10.0，可以用酚酞做指示剂。

待标定的 NaOH 溶液浓度，用下式计算。

$$c_{NaOH}=\frac{2\left(\frac{m}{M}\right)_{\text{草酸}}\times 1\ 000}{V_{NaOH}}$$

式中：m——草酸的质量，g；

V_{NaOH}——消耗的 NaOH 体积，mL。

以邻苯二甲酸氢钾标定氢氧化钠溶液，标定反应为

$$KHC_8H_4O_4+NaOH=\!=\!=KNaC_8H_4O_4+H_2O$$

滴定产物为 $KNaC_8H_4O_4$，溶液呈碱性，也可用酚酞做指示剂。

NaOH 溶液的浓度用下式计算。

$$c_{NaOH}=\frac{\left(\frac{m}{M}\right)_{\text{邻苯二甲酸氢钾}}\times 1\ 000}{V_{NaOH}}$$

式中：m——邻苯二甲酸氢钾的质量，g；

V_{NaOH}——消耗的 NaOH 体积，mL。

标准溶液的浓度要保留 4 位有效数字。

【实训内容及操作】

1. $KHC_8H_4O_4$ 溶液的配制

用递减称样法称取 $KHC_8H_4O_4$ 三份，每份质量 0.4~0.6 g，称准至 0.000 1 g。分别置于三个已编号的 250 mL 锥形瓶中，各加 50 mL 不含二氧化碳的热水使之溶解，冷却备用。

2. 0.1 mol · L^{-1} NaOH 溶液的标定

在上述 $KHC_8H_4O_4$ 溶液中，分别加酚酞指示剂 2~3 滴，用欲标定的 0.1 mol · L^{-1} NaOH 溶液滴定，直至溶液由无色转为浅红色，30 s 不褪色，即为终点。

计算 c_{NaOH} 及标定的精密度。

注：如果经较长时间终点微红色慢慢褪去，那是由于溶液吸收了空气中的 CO_2 生

成 H_2CO_3 所致。

【数据记录】

项目 \ 次数	1	2	3
$m_{邻苯二甲酸氢钾}$/g			
V_{NaOH}（最终读数）/mL			
V_{NaOH}（起始读数）/mL			
V_{NaOH}（消耗）/mL			
c_{NaOH}/（mol·L^{-1}）			
平均值/（mol·L^{-1}）			
相对偏差			
相对平均偏差			

【思考题】

1. 装基准物的锥形瓶，其内壁是否必须干燥？溶解基准物所用水的体积是否需要准确？为什么？

2. 用邻苯二甲酸氢钾标定 NaOH 溶液为什么用酚酞而不用甲基橙做指示剂？

3. 根据标定结果，试分析本次标定引入的个人操作误差。

实训 5-8 工业纯碱和烧碱液的测定（双指示剂法）

知识目标

1. 了解双指示剂法测定碱液中 NaOH 和 Na_2CO_3 含量的原理。

2. 了解双指示剂的使用及其优点。

3. 掌握双指示剂法操作方法。

能力目标

能采用双指示剂法测定碱液中 NaOH 和 Na_2CO_3 含量。

【仪器和试剂】

仪器：滴定管，容量瓶，移液管，锥形瓶，烧杯，量筒，洗耳球。

试剂：HCl 标准溶液（0.5 mol·L^{-1}），甲酚红和百里酚蓝混合试剂，甲基橙指示剂，酚酞指示剂。

【原理】

滴定法测定碱液中 NaOH 和 Na_2CO_3 的含量，可以在同一份试液中用两种不同的指示剂来分别指示终点，这种测定方法称“双指示剂法”。此法方便、快速，在生产中应用普遍。

常用的两种指示剂是酚酞和甲基橙。滴定过程是在试液中先加酚酞，用 HCl 标准溶液滴定至红色刚刚褪去为第一个终点。由于酚酞的变色范围在 pH = 8 ~ 10，此时不仅

NaOH 完全被中和，Na_2CO_3 也被滴定成 $NaHCO_3$，记下此时 HCl 标准溶液的耗用量 V_1；再加入甲基橙指示剂，溶液呈黄色，继续用 HCl 标准溶液滴定至橙色，为第二个终点。此时只有 $NaHCO_3$ 被滴定成 H_2CO_3，HCl 标准溶液的耗用量为 V_2。根据前后两次 HCl 标准溶液的耗用量 V_1，V_2 可以计算出试液中 NaOH 及 Na_2CO_3 的质量浓度 ρ，计算公式为

$$\rho_{NaOH}=\frac{(V_1-V_2)\times c_{HCl}\times M_{NaOH}}{V}$$

$$\rho_{Na_2CO_3}=\frac{2V_2\times c_{HCl}\times M_{Na_2CO_3}}{2\times V}$$

式中：c——HCl 标准溶液的浓度，$mol \cdot L^{-1}$；

ρ——NaOH 或 Na_2CO_3 的质量浓度，$g \cdot L^{-1}$；

M——物质的摩尔质量，$g \cdot mol^{-1}$；

V——试液的体积，mL。

【实训内容及操作】

1. 实训步骤

（1）混合碱溶液的配制　准确称取 m g（估算）混合碱，放入烧杯中，加蒸馏水溶解后，转移入 250 mL 容量瓶中，以蒸馏水稀释至刻度，摇匀后制成碱液样品备用。

（2）滴定　用移液管吸取碱液样品 10.00 mL，加酚酞指示剂 1~2 滴，用 0.5 $mol \cdot L^{-1}$ HCl 标准溶液滴定，边滴加边充分摇动，以免局部 Na_2CO_3 直接被滴至 H_2CO_3。滴定至酚酞恰好褪色为止，此时即为第一个终点，记下所用标准溶液的体积 V_1。

然后再加 2 滴甲基橙指示剂，此时溶液呈黄色，继续以 HCl 标准溶液滴定至溶液呈橙色，此时即为终点，记下所用 HCl 标准溶液的体积 V_2。

2. 结果计算

根据滴定结果，利用前述两式分别计算出 NaOH 和 Na_2CO_3 的含量。

【注意事项】

1）标准溶液总的耗用量为 V_1+V_2。

2）双指示剂中的酚酞指示剂可用甲酚红和百里酚蓝混合指示剂代替。

3）甲酚红的变色范围为 6.7(黄)~8.4（红），百里酚蓝的变色范围为 8.0（黄）~9.0（蓝），混合后的变色点是 8.3，酸色呈黄色，碱色呈紫色，在 pH=8.2 时为樱桃色，变色较敏锐。

【思考题】

1. 碱液中的 NaOH 及 Na_2CO_3 含量是怎样测定的？

2. 如欲测定碱液的总碱度，应该采用何种指示剂？试拟出测定步骤及以 Na_2CO_3 的质量浓度（单位为 $g \cdot L^{-1}$）表示的总碱度的计算公式。

3. 试液的总碱度，是否宜于以质量分数表示？

实训 5-9　EDTA 标准溶液的配制、标定与水的总硬度的测定

知识目标

1. 掌握 EDTA 标准溶液标定原理。
2. 掌握配制和标定 EDTA 标准溶液的操作方法。
3. 掌握用配位滴定法测定水的硬度的原理和方法。
4. 掌握计算水的总硬度的方法。

能力目标

能利用 EDTA 标准溶液测定水的总硬度。

内容一　EDTA 标准溶液的配制和标定

【仪器和试剂】

仪器：滴定管，容量瓶，移液管，锥形瓶，烧杯，量筒，洗耳球。

试剂：锌或氧化锌（ZnO），$CaCO_3$，EDTA 二钠盐（AR），盐酸（浓），盐酸（1∶2），KOH 溶液（100 $g \cdot L^{-1}$），氨水（1∶1），$(CH_2)_6N_4$（六亚甲基四胺）溶液（300 $g \cdot L^{-1}$），NH_3-NH_4Cl 缓冲溶液，铬黑 T，二甲酚橙（2 $g \cdot L^{-1}$ 水溶液），钙指示剂（钙指示剂与固体 NaCl 以 1∶100 混合）。

【原理】

1）乙二胺四乙酸（简称 EDTA，用 H_4Y 表示），难溶于水，常温下溶解度为 0.2 $g \cdot L^{-1}$（约 0.000 7 $mol \cdot L^{-1}$），在分析中通常使用其二钠盐配制标准溶液。乙二胺四乙酸二钠盐的溶解度为 120 $g \cdot L^{-1}$，可配成 0.3 $mol \cdot L^{-1}$ 以上的溶液，其标准溶液常采用间接法配制。

2）标定 EDTA 常用的基准物有 Zn、ZnO、$CaCO_3$、Bi、Cu、$MgSO_4 \cdot 7H_2O$、Pb 等，通常选用其中与被测物组分相同的物质做基准物，这样，滴定条件一致，可减小误差。因本实验要测水的硬度，故选用碳酸钙做基准物。

3）EDTA 是配位性能很强的配合剂，几乎跟所有的阳离子进行 1∶1 配合，其应用相当广泛。

4）变色原理：钙指示剂（用 H_3In 表示）在水中存在如下平衡：

$$H_3In \rightleftharpoons 2H^+ + HIn^{2-}$$

在 pH≥12，HIn^{2-} 离子与 Ca^{2+} 形成比较稳定的配离子，其反应式：

$$\underset{\text{纯蓝色}}{HIn^{2-}} + Ca^{2+} \rightleftharpoons \underset{\text{酒红色}}{CaIn^-} + H^+$$

所以在钙标准溶液中加入钙指示剂时，溶液呈酒红色。当用 EDTA 溶液滴定时，由于 EDTA 能与 Ca^{2+} 形成比 $CaIn^-$ 配离子更稳定的配离子，因此在滴定终点附近，$CaIn^-$ 配离子转化为更稳定的 CaY^{2-} 配离子，使钙指示剂游离出来，溶液呈蓝色。滴定反应为

$$\underset{\text{酒红色}}{CaIn^-} + H_2Y^{2-} + OH^- = \underset{\text{无色}}{CaY^{2-}} + \underset{\text{纯蓝色}}{HIn^{2-}} + H_2O$$

5）用此法测定钙时，若有 Mg^{2+} 共存［pH≥12 时，$Mg^{2+} \rightarrow Mg(OH)_2 \downarrow$］，则 Mg^{2+} 不仅不干扰测定，而且使终点变化比 Ca^{2+} 单独存在时更敏锐。当 Ca^{2+}、Mg^{2+} 共存时，终点由酒红色到纯蓝色，当 Ca^{2+} 单独存在时，则由酒红色变为紫红色，所以标定时常常加入少量 Mg^{2+}。

6）溶液中的 Fe^{3+}、Al^{3+}、Cu^{2+}、Ca^{2+} 对实验有干扰。

【实训内容及操作】

1. 0.02 mol · L^{-1} EDTA 标准溶液的配制

称取分析纯 $Na_2H_2Y \cdot 2H_2O$ 3.7 g，溶于 300 mL 水中，可以加热溶解，冷却后转移至试剂瓶中，稀释至 500 mL，充分摇匀，待标定。

2. EDTA 标准溶液的标定

用 Ca^{2+} 标准溶液标定。

（1）Ca^{2+} 标准溶液的配制　将基准物 $CaCO_3$ 在 105 ℃下烘 2 h，冷却至室温。准确称取 0.500 0 g $CaCO_3$，放在 100 mL 烧杯中，盖上表面皿，加入少量水润湿，然后滴加盐酸（1∶2，控制速度防止飞溅）使 $CaCO_3$ 全部溶解。以少量水冲洗表面皿，定量转移至 250 mL 容量瓶中，用水稀释至刻度，摇匀，即得到 0.019 98 mol · L^{-1} Ca^{2+} 标准溶液。

（2）用 Ca^{2+} 标准溶液标定 EDTA　用移液管准确移取 25.00 mL Ca^{2+} 标准溶液于 250 mL 锥形瓶中，约加 20 mL 蒸馏水，再加入少量钙指示剂，滴加 KOH 溶液（大约 20 滴）至溶液呈现稳定的紫红色，然后用待标定的 EDTA 溶液滴定至溶液由紫红色变成纯蓝色。记下所消耗的 EDTA 溶液的体积 V_{EDTA}。

【数据处理】

根据所耗 EDTA 溶液的体积和标准溶液中 $CaCO_3$ 质量，计算出 EDTA 溶液的准确浓度，平行做 3 份。记录格式自拟。

EDTA 标准溶液浓度的计算：

$$c_{EDTA} = \frac{m_{CaCO_3} \times \frac{25.00}{250.0}}{100.09 \times V_{EDTA}}$$

式中：c_{EDTA}——EDTA 标准溶液的浓度，mol · L^{-1}；

V_{EDTA}——滴定时消耗 EDTA 标准溶液的体积，mL；

m_{CaCO_3}——滴定时 $CaCO_3$ 基准物的质量（0.500 0 g）；

100.09——$CaCO_3$ 基准物的摩尔质量，g · mol^{-1}。

【思考题】

配制 EDTA 标准溶液通常使用乙二胺四乙酸二钠，而不使用乙二胺四乙酸，为什么？

内容二　水的总硬度的测定

【试剂】

水样（自来水），铬黑 T，NH_3-NH_4Cl 缓冲溶液（pH = 10），刚果红试纸，盐酸（6 mol · L^{-1}），NaOH 溶液（4 mol · L^{-1}），钙指示剂（钙指示剂与固体 NaCl 以 1∶100

混合)，EDTA 标准溶液。

【原理】

水的硬度大小是以 Ca、Mg 总量折算成 $CaCO_3$ 或 CaO 的量来衡量的，各国采用的硬度单位有所不同。我国目前常用的表示方法，以度（°）计，即 1 L 水中含有 10 mg CaO 称为 1°。有时也以质量浓度（$mg \cdot L^{-1}$）表示。

硬水和软水尚无明确的界限，硬度小于 5.6°的水，一般可称为软水。生活饮用水要求硬度小于 25°，工业用水则要求为软水，否则易在容器、管道表面形成水垢，造成危害。

水的硬度主要用 EDTA 滴定法测定。在 pH≈10 的氨性缓冲溶液中，用铬黑 T 做指示剂进行滴定，溶液由酒红色变成纯蓝色即为终点。滴定时，Fe^{3+}、Al^{3+}等干扰离子可用三乙醇胺及酒石酸钾钠掩蔽，少量 Cu^{2+}、Pb^{2+}、Zn^{2+}等则可用 KCN、Na_2S 或巯基乙酸等掩蔽。

【实训内容及操作】

1. 实验步骤

（1）总硬度的测定　用 50 mL 移液管吸取水样 50.00 mL，放于 250 mL 锥形瓶中，加入 pH=10 的 NH_3-NH_4Cl 缓冲溶液 5 mL，铬黑 T 3 滴，用上面已标定的 EDTA 标准溶液，滴定至溶液由酒红色变成纯蓝色为终点，记下所用 EDTA 标准溶液的体积 V_1。

（2）钙硬度的测定　用 100 mL 移液管吸取水样 100.00 mL 放于 250 mL 锥形瓶中。加入 6 $mol \cdot L^{-1}$盐酸酸化[1]，至刚果红试纸（pH=3~5，颜色由蓝到红）变蓝紫色为止。煮沸 2~3 min，冷却至 40~50 ℃，加入 4 $mol \cdot L^{-1}$ NaOH 溶液 4 mL，再加少量钙指示剂，以 EDTA 标准溶液滴定至溶液由红色变成蓝色为终点。记下所用 EDTA 标准溶液的体积 V_2。

2. 结果计算

总硬度：

$$\rho_{总}(CaCO_3) = \frac{c_{EDTA} \times V_1 \times M_{CaCO_3}}{V} \times 1\ 000$$

$$水的总硬度 = \frac{c_{EDTA} \times V_1 \times M_{CaO}}{V \times 10} \times 1\ 000$$

钙硬度：

$$\rho_{钙}(CaCO_3) = \frac{c_{EDTA} \times V_2 \times M_{CaCO_3}}{V} \times 1\ 000$$

式中：c_{EDTA}——EDTA 标准溶液浓度，$mol \cdot L^{-1}$；

V_1——测定总硬度时消耗 EDTA 标准溶液的体积，mL；

V_2——测定钙硬度时消耗 EDTA 标准溶液的体积，mL；

V——所取水样体积，mL；

M_{CaCO_3}——$CaCO_3$ 的摩尔质量，$g \cdot mol^{-1}$；

[1] 盐酸不可多加，否则影响滴定时溶液的 pH。

M_{CaO}——CaO 的摩尔质量，g · mol^{-1}；

$\rho_{总}(CaCO_3)$ ——以 $CaCO_3$ 的质量浓度计水的总硬度，mg · L^{-1}；

$\rho_{钙}(CaCO_3)$ ——以 $CaCO_3$ 的质量浓度计水的钙硬度，mg · L^{-1}。

【思考题】

1. 用 EDTA 法测定总硬度的基本原理是什么？采用什么指示剂指示终点？说明其变色原理，试液的 pH 应控制在什么范围？如何控制？

2. 测定钙硬度时为什么加盐酸？加盐酸应注意什么？

3. 单独测定 Ca^{2+} 能否用铬黑 T 为指示剂？Mg^{2+} 的存在是否干扰测定？若在铬黑 T 指示剂中加入一定量 MgY，对滴定终点有何影响？说明反应原理。

4. 测水的总硬度时，何种情况下需加三乙醇胺溶液和 Na_2S 溶液，它们起何作用？为什么？

5. 水的硬度的单位有哪几种表示方法？

6. 根据本实验分析结果，评价该水样的水质。

实训 5-10 高锰酸钾溶液的配制和标定、过氧化氢含量的测定

知识目标

1. 掌握 $KMnO_4$ 标准溶液的配制方法和保存条件。

2. 掌握用 $Na_2C_2O_4$ 做基准物标定高锰酸钾溶液浓度的原理、方法及条件。

3. 掌握用 $KMnO_4$ 标准溶液直接滴定 H_2O_2 的基本原理和方法。

能力目标

能利用 $KMnO_4$ 标准溶液测定 H_2O_2 的含量。

内容一 $KMnO_4$ 标准溶液的配制和标定

【仪器和试剂】

仪器：滴定管，容量瓶，移液管，锥形瓶，烧杯，量筒，洗耳球。

试剂：$KMnO_4(s)$，无水 $Na_2C_2O_4$，硫酸（3 mol · L^{-1}）。

【原理】

$H_2C_2O_4 \cdot 2H_2O$ 和 $Na_2C_2O_4$ 是常用作标定 $KMnO_4$ 溶液浓度的基准物。标定反应及条件：

$$2MnO_4^- + 5C_2O_4^{2-} + 16H^+ \xlongequal[H_2SO_4，催化剂\ Mn^{2+}]{75 \sim 85\ ℃} 2Mn^{2+} + 10CO_2 + 8H_2O$$

【实训内容及操作】

1. 实验步骤

(1) 0.02 mol · L^{-1} $KMnO_4$ 标准溶液的配制　称取 0.6 g 高锰酸钾，置于大烧杯中，加水 150 mL 使其溶解，再加水至 500 mL，盖上表面皿，缓缓煮沸 15 min，并在水浴上

保温 1 h，冷却后以 G_4 玻璃砂芯漏斗[1]或玻璃纤维过滤，除去 MnO_2 等杂质，溶液保存于干燥棕色瓶中，待标定。

（2）$KMnO_4$ 溶液的标定　准确称取 0.15~0.20 g 已于 105~110 ℃烘至恒重的基准物 $Na_2C_2O_4$ 2~3 份，分别放在 250 mL 锥形瓶中，加 30 mL 蒸馏水使其溶解，加入 10 mL 3 mol · L^{-1} H_2SO_4，加热到 75~85 ℃（开始冒蒸气）[2]，趁热用待标定的$KMnO_4$溶液滴定。开始滴定时，MnO_4^- 离子颜色消失较慢，待前一滴溶液褪色后，再加第二滴，继续滴定至溶液呈粉红色，30 s 不褪色，即为终点（滴定结束时的温度不应低于 65 ℃）。记下消耗 $KMnO_4$ 溶液的体积 V_{KMnO_4}。

根据每份 $Na_2C_2O_4$ 的质量和消耗 $KMnO_4$ 的体积，计算 $KMnO_4$ 的准确浓度。

2. 实验记录

次数	1	2	3
$m_{Na_2C_2O_4}$/g			
V_{KMnO_4}/mL			
c_{KMnO_4}			

3. 浓度计算

待标定的 $KMnO_4$ 溶液浓度按下式计算。

$$c_{KMnO_4}=\frac{\frac{2}{5}\times m_{Na_2C_2O_4}}{V_{KMnO_4}\times M_{Na_2C_2O_4}}$$

式中：c_{KMnO_4}——$KMnO_4$ 标准溶液的浓度，mol · L^{-1}；

V_{KMnO_4}——滴定时消耗 $KMnO_4$ 溶液的体积，L；

$m_{Na_2C_2O_4}$——$Na_2C_2O_4$ 的质量，g；

$M_{Na_2C_2O_4}$——$Na_2C_2O_4$ 的摩尔质量，mol · L^{-1}。

【思考题】

1. 配制 $KMnO_4$ 标准溶液时，为什么要煮沸一定时间？为什么要冷却放置后过滤？能否用滤纸过滤？

2. 装 $KMnO_4$ 的锥形瓶或烧杯，放置较久后其壁上常有棕色沉淀物，它是什么？怎样才能洗净？

3. 在酸性条件下，以 $KMnO_4$ 标准溶液滴定 $Na_2C_2O_4$ 时，开始时紫色褪去较慢，后来褪去较快，为什么？

4. 用 $Na_2C_2O_4$ 标定 $KMnO_4$ 溶液浓度时，为什么必须在 H_2SO_4存在下进行？可否用 HCl 或 HNO_3？

---

[1] 过滤高锰酸钾溶液所使用的 G_4 玻璃砂芯漏斗预先应以同样的高锰酸钾溶液缓缓煮沸 5 min，收集瓶也要用此高锰酸钾溶液洗涤 2~3 次。

[2] 加热及放置时，均应盖上表面皿，以免尘埃及有机物等落入。

5. $KMnO_4$ 溶液为什么要装在棕色酸式滴定管中？盛 $KMnO_4$ 溶液的滴定管应怎样读数？

内容二 过氧化氢含量的测定

【仪器和试剂】

仪器：滴定管，容量瓶，移液管，锥形瓶，烧杯，量筒，洗耳球。

试剂：$KMnO_4$ 标准溶液，H_2SO_4 溶液（约 20%），H_2O_2 样品。

【原理】

溶液中过氧化氢的含量可用高锰酸钾法测定。在酸性溶液中 H_2O_2 很容易被 $KMnO_4$ 氧化而生成游离的氧和水，其反应式如下：

$$5H_2O_2+2MnO_4^-+6H^+ \longrightarrow 2Mn^{2+}+8H_2O+5O_2$$

开始反应时速率较慢，滴入第一滴 $KMnO_4$ 溶液时溶液不容易褪色，待生成 Mn^{2+} 之后，由于 Mn^{2+} 的催化，加快了反应速率，故能一直顺利地滴定到终点。根据 $KMnO_4$ 标准溶液的用量计算样品中 H_2O_2 的含量。

【实训内容及操作】

1. 实验步骤

量取[1] 1.8 mL（约 2 g）30%过氧化氢，注入具塞小锥形瓶中（称准至 0.000 1 g），移入 250 mL 容量瓶中，稀释至刻度，充分摇匀。

用移液管吸取试液 25.00 mL，放于锥形瓶中，加 20% H_2SO_4 溶液 10 mL，用上面已标定的 $KMnO_4$ 标准溶液滴定至溶液呈微红色，30 s 不褪色为终点。记录消耗 $KMnO_4$ 溶液的体积，平行测定 2~3 次。根据 $KMnO_4$ 标准溶液的浓度和消耗 $KMnO_4$ 溶液的体积，计算样品中 H_2O_2 的质量分数。

2. 实验记录

次数	1	2	3
V_{KMnO_4}/mL			

3. 结果计算

试样中 H_2O_2 的含量通过下式计算。

$$\omega_{H_2O_2}=\frac{\frac{5}{2}\times c_{KMnO_4}\times V_{KMnO_4}\times M_{H_2O_2}}{m\times\frac{25.00}{250.00}}$$

式中：c_{KMnO_4}——$KMnO_4$ 标准溶液的浓度，$mol \cdot L^{-1}$；

V_{KMnO_4}——滴定时消耗 $KMnO_4$ 标准溶液的体积，mL；

$M_{H_2O_2}$——H_2O_2 的摩尔质量，$g \cdot mol^{-1}$；

[1] 用移液管准确量取 2.00 mL 过氧化氢样品，不用称量，可计算 H_2O_2 的质量浓度。

m——H_2O_2 样品的质量，g；

$\omega_{H_2O_2}$——样品中 H_2O_2 的质量分数。

【思考题】

1. 用高锰酸钾法测定 H_2O_2 时，能否用 HNO_3、HCl 和 HAc 控制酸度？为什么？
2. 用 $KMnO_4$ 标准溶液滴定 H_2O_2 试液时为什么出现棕色混浊物？应如何处理？
3. 若样品为 3%H_2O_2 应如何进行测定？

实训 5-11　维生素 C 的测定

知识目标

1. 学习测定维生素 C 的原理与方法。
2. 掌握微量滴定法的操作技术。

能力目标

1. 熟练进行滴定操作。
2. 能利用微量滴定法测定维生素 C 的含量。

【仪器和试剂】

仪器：研钵，锥形瓶（50 mL），天平，容量瓶（50 mL），量筒，移液管，微量滴定管，漏斗，新鲜蔬菜或新鲜水果，滤纸。

试剂：2%草酸溶液，1%草酸溶液，标准维生素 C 溶液，2，6-二氯酚靛酚溶液。

【原理】

维生素 C 又称作抗坏血酸，具有很强的还原性，在中性和微酸性环境中，能将染料 2，6-二氯酚靛酚还原成无色的还原型的 2，6-二氯酚靛酚，本身被氧化成脱氢维生素 C。氧化型的 2，6-二氯酚靛酚在酸性溶液中呈现红色，在中性或碱性溶液中呈蓝色。滴定时，用 2，6-二氯酚靛酚滴定含维生素 C 的酸性溶液，在维生素 C 未被全部氧化时，滴下染料立即被还原成无色；当溶液由无色变为微红色时即表示溶液中的维生素 C 刚好全部被氧化，此时即为滴定终点。可以依据标准 2，6-二氯酚靛酚的消耗量求出维生素 C 的含量。

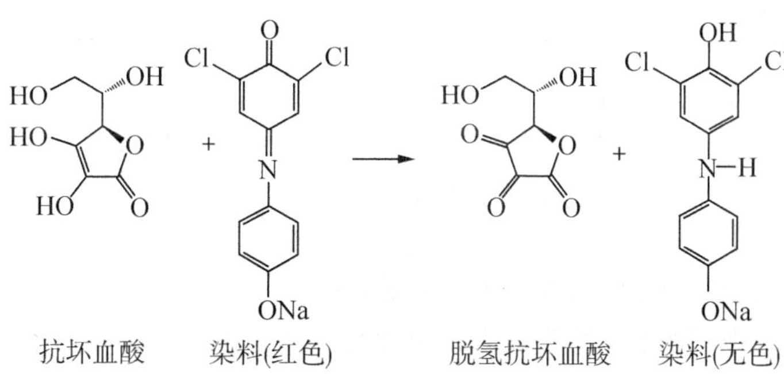

【实训内容及操作】

（1）标准维生素 C 溶液（0.1 mg/mL）的配制　准确称取 10.00 mg 纯抗坏血酸溶于 1%草酸溶液中，并稀释至 100 mL，储于棕色瓶中。

（2）0.01%2，6-二氯酚靛酚溶液的配制　称取 250 mg 2，6-二氯酚靛酚溶于 150 mL 含有 52 mg 碳酸氢钠的热水中，冷却后加水稀释至 250 mL，滤去不溶物，储于棕色瓶中，并以标准抗坏血酸溶液标定。

（3）样品液提取　将新鲜蔬菜或水果用水洗净，用纱布或吸水纸吸去表面水分。称取新鲜样品约 4 g，置于研钵中，加入 5 mL 2%草酸溶液研成匀浆，残渣再次研磨成浆状，滤纸过滤，将滤液转入 50 mL 容量瓶中，用 2%草酸溶液定容，为样品液。

（4）标准溶液的滴定　准确吸取标准维生素 C 溶液 1.0 mL，至 50 mL 锥形瓶中，加入9 mL 1%草酸溶液，立即用 2，6-二氯酚靛酚溶液滴定至锥形瓶内溶液呈粉红色，保持 15 s 不褪色为终点，记录染料消耗体积，重复三次取平均值。

（5）样品滴定　准确吸取滤液（样品液）三份，每份 10.0 mL，分别放入 3 个 50 mL 锥形瓶内，立即用 2，6-二氯酚靛酚溶液滴定至锥形瓶内溶液呈粉红色，保持 15 s 内不褪色为终点，记录每次所用染料液的体积。滴定过程一般不超过 2 min。

（6）空白测试　吸取 2%草酸溶液 10 mL，放入 50 mL 锥形瓶中，用 2，6-二氯酚靛酚滴定至终点，记录滴定液消耗的体积，重复三次取平均值。

【实验结果与分析】

1. 数据记录

项目	平行滴定			平均值
	1	2	3	
滴定标准维生素 C 溶液所消耗的染料体积/mL				
滴定试样溶液所消耗的染料体积/mL				
滴定空白所消耗的染料体积/mL				

2. 计算试样中维生素 C 含量

计算公式：100 g 样品中维生素 C 含量（mg）＝ $(V_1 - V_2)KV \times 100/(W \cdot V_3)$

式中：V_1——滴定样品所耗用的染料的平均毫升数；

V_2——滴定空白所耗用的染料的平均毫升数；

V_3——样品测定时所用样品液的毫升数；

K——1 mL 染料相当于维生素 C 的毫克数（由标准维生素 C 溶液的滴定计算）；

V——样品提取液稀释之总体积（mL）；

W——样品质量（g）。

【注意事项】

1）某些水果、蔬菜（如橘子、西红柿）浆状物泡沫太多，可加数滴丁醇或辛醇消除。

2）整个操作过程要迅速，防止还原型抗坏血酸被氧化。滴定过程一般不超过 2 min。滴定所用的染料不应小于 1 mL 或多于 4 mL，样品含维生素 C 太高或太低时酌情增减样液用量或改变提取液稀释度。

3）本实验必须在酸性条件下进行。在此条件下干扰物质反应进行很慢。

4）2%草酸有抑制抗坏血酸氧化酶的作用，而 1%草酸无此作用。

【思考题】

1. 维生素 C 理化性质最重要的是哪一点？为何用草酸来提取？

2. 为了准确测定维生素 C 的含量，实验过程中应注意哪些操作步骤？为什么？

项目 4　分光光度分析技术

知识目标

1. 了解分光光度法的原理、特点与应用范围。
2. 了解分光光度计、原子吸收光谱仪的构造和性能。
3. 掌握分光光度计、原子吸收光谱仪的操作方法。

能力目标

能正确使用分光光度计。

一、分光光度法

1. 分光光度法的原理及其分类

分光光度法也称吸光光度法或吸收光谱法，基本原理是基于物质（分子、离子或原子）对光的选择性吸收，产生吸收光谱或使入射光强度减弱的性质。特征谱线因吸收而减弱的程度称吸光度（A）。根据朗伯（Lambert）-比尔（Beer）定律，当一束平行单色光垂直通过某均匀溶液时，溶液的吸光度（A）与吸光物质的浓度（c）及液层厚度（b）的乘积成正比，即

$$A = Kbc$$

其中吸光系数 K 与溶液的本性、温度以及波长等因素有关。溶液中其他组分（如溶剂等）对光的吸收可用空白液扣除。

由上式可知，当固定溶液层厚度和吸光系数时，吸光度（A）与溶液的浓度（c）成线性关系。即

$$A=kc$$

所以，通过测定被测物质在特定波长处或一定波长范围内光的吸光度，可对该物质进行定性和定量分析。

在定量分析时，首先需要测定溶液对不同波长光的吸收情况（吸收光谱），以波长（λ）为横坐标，吸收强度（A）为纵坐标，绘出该物质的吸收光谱曲线，从中确定最大吸收波长。然后以此波长的光为光源，测定一系列已知浓度 c 溶液的吸光度 A，作 $A-c$ 标准（工作）曲线。在分析试样溶液时，根据测量的吸光度 A，查标准（工作）曲线即可确定出相应的物质浓度。

用紫外光源测定无色物质的方法，称为紫外分光光度法；用可见光光源测定有色物质的方法，称为可见光光度法；用锐线光源等测定物质的方法，称原子吸收分光光度法。

2. 分光光度法的特点

1）应用广泛。由于各种各样的无机物和有机物在紫外可见区都有吸收，因此均可借此法加以分析测定。到目前为止，元素周期表上的所有元素分析（除少数放射性元素和惰性元素之外）均可采用此法。

2）灵敏度高。由于新的显色剂的大量合成，并在应用研究方面取得了可喜的进展，使得对元素测定的灵敏度有所推进，特别是有关多元配合物和各种表面活性剂的应用研究，使许多元素的摩尔吸光系数由原来的几万提高到数十万。

3）选择性好。目前有些元素只要利用控制适当的显色条件就可直接进行光度法测定，如钴、铀、镍、铜、银、铁等元素的测定，已有比较满意的方法。

4）准确度高。对于一般的分光光度法，其浓度测量的相对误差在 1%~3%范围内，如采用示差分光光度法进行测量，则误差可减少到百分之零点几。

5）分析成本低、操作简便、快速。由于分光光度法具有以上优点，因此目前广泛地应用于化工、冶金、地质、医学、食品、制药等部门及环境监测系统。例如，在水质分析中，目前能用直接法和间接法测定的金属和非金属元素就有 70 多种。

二、分光光度计

分光光度法对于分析人员来说，可以说是最有用的方法之一。目前几乎每一个分析实验室都有紫外分光光度计、可见分光光度计或原子吸收分光光度计。

分光光度计是基于溶液中的分子、离子或基态原子蒸气对光的选择性吸收，利用分光光度法对物质进行定量定性分析的仪器。常用光的波长范围为：200~400 nm 的紫外光区，400~760 nm 的可见光区，2. 5~25 μm 的红外光区，所用仪器为紫外分光光度计、可见分光光度计（或比色计）、紫外-可见分光光度计、红外分光光度计以及原子吸收分光光度计。其中，可见分光光度计、紫外分光光度计广泛用于溶液中无机物、有机物含量的测定，原子吸收分光光度计主要用于金属元素及部分有机化合物的分析检验。

1. 仪器的基本结构

分光光度计的基本构造主要由光源、单色器、吸收池、检测器和显示器五大部分组成，如图 5-22 所示。

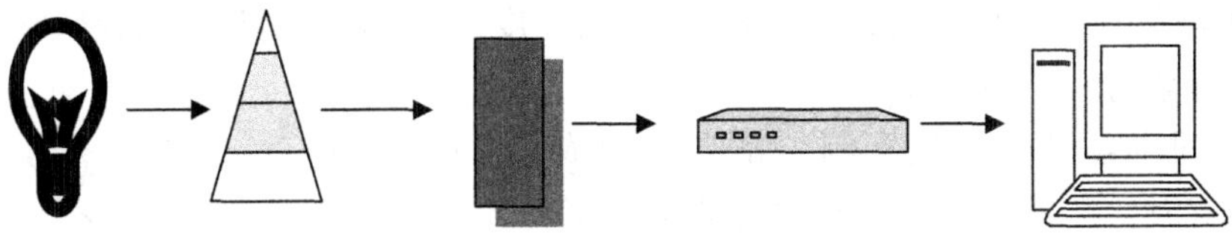

图 5-22 分光光度计的基本构造

（1）光源　在整个紫外区或可见光区可以发射连续光谱，并具有足够的辐射强度、较好的稳定性、较长的使用寿命。

可见光区常用光源是钨灯或碘钨灯，波长范围 350~1 000 nm；

紫外光区常用氢灯或氘灯，波长范围 180~360 nm；

原子吸收中一般使用空心阴极灯，波长范围 190~900 nm。

（2）单色器　是将光源辐射的复合光分成单色光的装置。单色器是分光光度计的心脏部分，一般由狭缝、色散元件及透镜系统等组成。关键是色散元件，最常见的色散元件是棱镜和光栅。

（3）吸收池（原子化器）　用于盛放试液的装置。吸收材料必须能够透过所测光谱范围的光，一般可见光区使用玻璃吸收池，紫外光区使用石英吸收池。吸收池的厚度（指内径）一般有 5 mm，10 mm，20 mm，30 mm，40 mm 等规格，其中 10 mm 的吸收池用得较多。

（4）检测器　利用光电效应将透过吸收池（或单色器）的光信号变成可测的电信号。常用的有光电管、光电倍增管、光电二极管、光电摄像管等。要求其灵敏度高、响应时间短、噪声水平低、稳定性好。

（5）显示器　将检测器输出的信号放大并显示出来的装置。常用的是液晶数字指示窗口和计算机控制显示。

2. 仪器的分类

按仪器的使用波长分类：主要包括真空紫外分光光度计（0.1~200 nm）、可见分光光度计（350~1100 nm）、紫外分光光度计（190~400 nm）、紫外-可见分光光度计（190~800 nm）、原子吸收分光光度计（190~900 nm）等。

按仪器使用的光学系统分类：主要包括单光束分光光度计、双光束分光光度计、双波长分光光度计、动力学分光光度计等。

3. 分析检验方法

（1）定性分析　通常根据吸收光谱的形状、吸收峰的数目以及最大吸收波长的位置和相应的摩尔吸收系数等进行定性分析鉴定。

定性分析一般采用比较法。即在相同的测定条件下，比较待测物与已知标准物的吸收光谱曲线，如果它们的吸收光谱曲线完全等同，则可认为它们可能是同一物质。

（2）定量分析　根据朗伯-比尔定律，物质在一定波长处的吸光度与它的浓度成线性关系。所以通过测定溶液对一定波长入射光的吸光度，便可求得溶液物质浓度及含量。对于单组分物质的定量分析，一般采用单波长的比较法和标准曲线法。

1）比较法。在相同的条件下配制样品溶液和标准溶液（与待测组分的浓度相似），在相同的实验条件下和最大波长处分别测得吸光度 A_x 和 A_s，然后进行比较求得样品溶液中待测组分的浓度：$c_x = c_s(A_x/A_s)$

2）标准曲线法。首先配制一系列已知浓度的标准溶液，在最大吸收波长处分别测得各标准溶液的吸光度 A，然后，作 $A-c$ 的校正（工作）曲线（理想的曲线应为经过原点的直线），在完全相同的实验条件下测出试液的吸光度，并从工作曲线上求得相应的试液的浓度（图 5-23）。

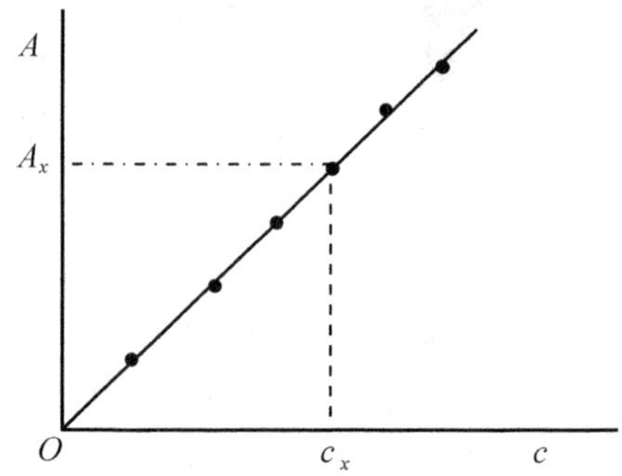

图 5-23　标准曲线法示意

3）标准加入法。取几份相同体积的被测试液，在上述试液中分别加入不同量的被测元素的标准溶液，其中第一份不加被测元素的标准溶液，其余都加，最后稀释至相同体积，使加入的标准溶液浓度分别为 0、c_0、$2c_0$、$3c_0$，…，然后在同样实验条件下分别测定它们的吸光度，绘制吸光度对标准溶液浓度的校准曲线，再将该曲线外推至与浓度轴相交。交点至坐标原点的距离 c_x，即是被测元素经稀释后的浓度（图 5-24）。

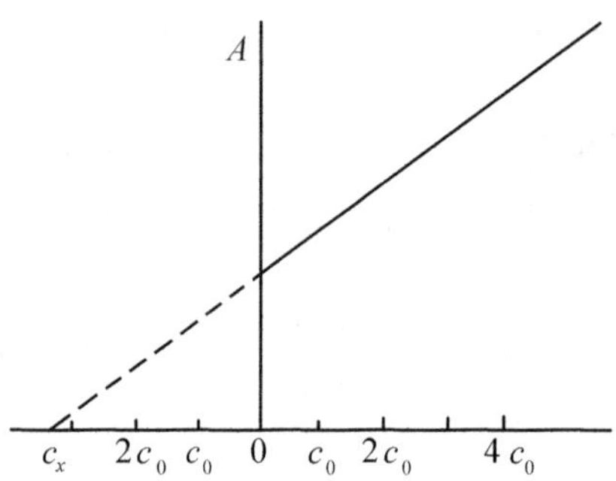

图 5-24　标准加入法示意

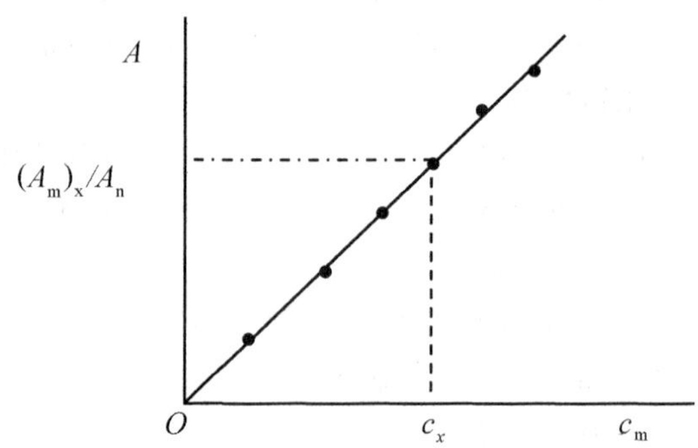

图 5-25　内标法示意

4）内标法：若试样中待测元素为 m，另选一试液中不存在的 n 元素作为内标元素，操作时将已知准确浓度的内标元素以相同体积的标准溶液依次加入到待测 m 元素不同浓度的标准系列溶液和待测试液中，然后在相同条件下，依次测量每种溶液中待测元素 m 和内标元素 n 吸光度的比值（A_m/A_n），绘制（A_m/A_n）$-c_m$ 内标曲线，由待测试液测出（A_m）$_x/A_n$ 比值，从曲线上查找待测试样中 m 的含量（图 5-25）。

对于多组分或含量较高的溶液的定量分析，可采用双波长法、示差法等方法。

4. 分光光度法的实验步骤

一般按如下程序进行，标准溶液的配制→供试样品溶液的配制→最大波长的确定（波长扫描）→标准曲线的绘制→供试样品含量测定。分析过程一般包括以下三个基本步骤。

1）绘制吸收曲线。在一定的波长范围内，测定溶液对不同波长光的吸光度，然后以波长为横坐标，相应的吸光度为纵坐标作图得吸收曲线，从曲线上确定溶液的最大吸收波长。

2）绘制标准曲线。在最大吸收波长处，分别测定一系列不同浓度标准溶液的吸光度，再以标准溶液的浓度为横坐标，相应的吸光度为纵坐标作图得标准曲线。

3）计算试样的物质含量。在相同的条件下测定试样溶液的吸光度，然后从标准曲线上确定溶液浓度，进而计算试样的物质含量。

三、典型分光光度计简介

（一）721 型和 722 型分光光度计

目前国产分光光度计有 721 型、722 型、UV－7504 型、UV－1900 型等多种型号，其中，721 型和 722 型是理化实验室常用分析仪器，其正确使用是职业技能鉴定中必须掌握的技能之一。

1. 仪器的结构与性能

721 型和 722 型分光光度计（图 5–26）是在可见光谱区域内使用的单光束型分析仪器，主要应用于在可见光区对溶液中无机物及有机物的定量分析，对于溶液中无色的物质常需借助于显色剂，是可见光分光光度计的典型代表。722 型分光光度计采用数字显示，其灵敏度、准确性和选择性都较高，既能测定溶液的吸光度，又可直接测定溶液浓度，因而在教学、科研和生产上得到更广泛使用。

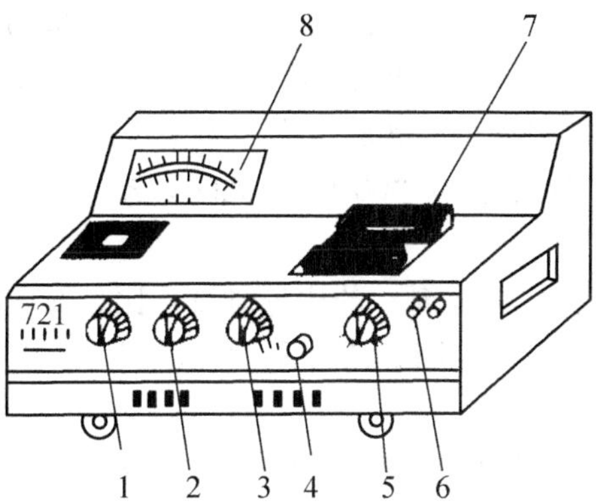

721型

1. 波长调节旋钮；2. 调“0”电位器；3. 100%透光率调节器；4. 吸光池座架拉杆；5. 灵敏度选择；6. 电源开关；7. 样品室盖；8.微安表

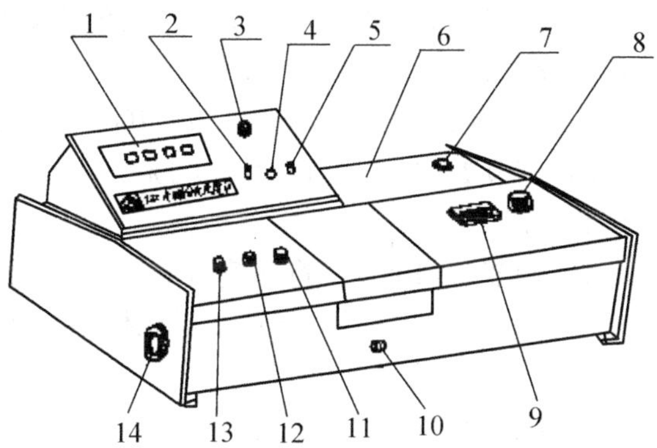

722型

1. 数字显示器；2. 吸光度调零旋钮；3. 选择开关；4.吸光度调斜率电位器；5. 浓度旋钮；6. 光源室；7. 电源开关；8. 波长手轮；9. 波长刻度窗；10. 试样架拉手；11.100%T旋钮；12.0%T旋转；13.灵敏度调节旋钮；14. 干燥器

图 5–26　分光光度计外形及各部分功能

721 型和 722 型分光光度计的基本结构，包括光源、单色器（光栅）、比色槽和比色皿、光电转换器、显示装置（微安表、数码显示屏）、稳压装置等。工作原理是根据朗伯–比尔定律设计，工作波长范围为 330~800 nm，以钨丝白炽灯（或钨卤素灯）为光源，棱镜做单色器，采用自准式光路，用 GD–7 型真空光电管作为光电转换器，以场效应管作为放大器，微电流用微安表或数字显示。数显读数可以直接测定溶液的浓度。仪器构造如图 5-27 所示。

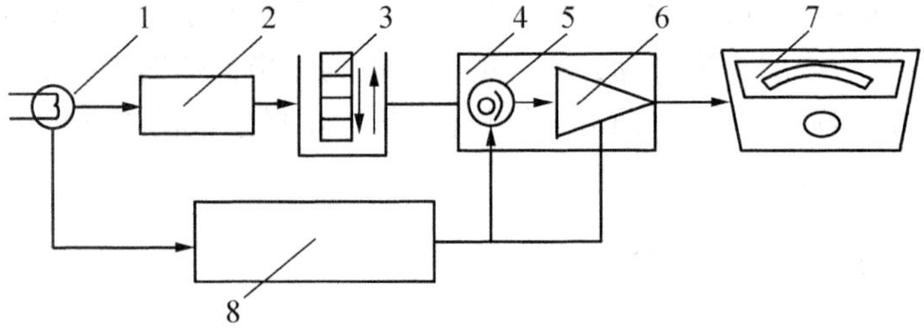

图 5-27　721 型和 722 型分光光度计的构造示意

1. 光源；2. 单色器；3. 吸收池；4. 光电管暗盒；5. 光电管；6. 放大器；7. 微安表（显示器）；8. 稳压器

2. 使用操作技术

以 722 型分光光度计为例：

1）预热仪器。将选择开关置于“T”，打开电源开关，使仪器预热 20 min。为了防止光电管疲劳，不要连续光照，预热仪器时和不测定时应将试样室盖打开，使光路切断。

2）选定波长。根据实验要求，转动波长手轮，调至所需要的单色波长。

3）固定灵敏度挡。在能使空白溶液很好地调到“100%”的情况下，尽可能采用灵敏度较低的挡，使用时，首先调到“1”挡，灵敏度不够时再逐渐升高。但换挡改变灵敏度后，须重新校正“0%”和“100%”。选好的灵敏度，实验过程中不要再变动。

4）调节 $T=0\%$。轻轻旋动“0%”旋钮，使数字显示为“00. 0”（此时试样室是打开的）。

5）调节 $T=100\%$。将盛蒸馏水（或空白溶液，或纯溶剂）的比色皿放入比色皿座架中的第一格内，并对准光路，把试样室盖子轻轻盖上，调节透过率“100%”旋钮，使数字显示正好为“100. 0”。

6）吸光度的测定。将选择开关置于“A”，盖上试样室盖子，将空白液置于光路中，调节吸光度调节旋钮，使数字显示为“00. 0”。将盛有待测溶液的比色皿放入比色皿座架中的其他格内，盖上试样室盖，轻轻拉动试样架拉手，使待测溶液进入光路，此时数字显示值即为该待测溶液的吸光度值。读数后，打开试样室盖，切断光路。重复上述测定操作 1~2 次，读取相应的吸光度值，取平均值。

7）浓度的测定。选择开关由“A”旋置“C”，将已标定浓度的样品放入光路，调节浓度旋钮，使得数字显示为标定值；再将被测样品放入光路，此时数字显示值即为该待测溶液的浓度值。

8）关机。实验完毕，切断电源，将比色皿取出洗净，并将比色皿座架用软纸擦净。

3. 注意事项

1）为了防止光电管疲劳，不测定时必须将试样室盖打开，使光路切断，以延长光电管的使用寿命。

2）每台仪器所配套的比色皿不可与其他仪器上的表面皿单个调换。取拿比色皿时，手指只能捏住比色皿的毛玻璃面，而不能碰比色皿的光学表面。

3）可见和紫外分光光度分析中所用的吸收池都是两面由透明材料制成（可见光度分析采用光学玻璃、紫外光度分析则采用石英材料），另两面由毛玻璃制成的长方形容器。石英吸收池一般都带有盖子，以防止溶剂挥发。吸收池在使用中要注意保护透明光面，避免擦伤或被硬物划伤，操作时要手触毛玻璃面。溶液不能装得过满，以防振动时溢出溶液腐蚀光度计，一般装溶液至 3/4 容积即可。先用滤纸轻轻吸去吸收池外面的溶液，再用镜头纸（折叠成四层使用，切勿揉成团）擦至透明，即可放入样品架进行测量。

吸收池中经常盛有色溶液和有机化合物，洗涤吸收池时应先用盐酸乙醇（1∶2）洗涤剂浸泡，再用水清洗。要特别注意测定完毕尽快用水冲洗干净，否则，一旦着色就较难彻底洗净。

（二）UV-7504 型紫外-可见分光光度计

紫外-可见分光光度计可以在紫外可见光区任意选择不同波长的光，在应用方面有了很大的发展，尤其是在相关学科发展的基础上，促使分光光度计仪器的不断创新，功能更加齐全。其中，UV-7504 型紫外-可见分光光度计较具有代表性。

1. 仪器结构与功能

UV-7504 型紫外-可见分光光度计采用低杂散光、高分辨率的单光束光路结构，具有良好的稳定性、重现性和精确的测量精度；该机具有自动切换钨灯和氘灯功能，适用于 200～1 000 nm 波长范围内的测量；它采用最新微机处理技术，具有自动调校 0%T 和 100%T 等控制功能，以及多种浓度运算和数据处理功能；仪器配有标准 RS-232 通讯接口和标准并行打印口，可向计算机发送测试数据和接受微机的控制命令，并可直接打印测试结果。仪器配有相应的工作软件，可实现光度测量、光谱扫描、定量测试、时间扫描及多种数据处理等功能。

UV-7504 型紫外-可见分光光度计形状、外观和控制面板如图 5-28 所示。

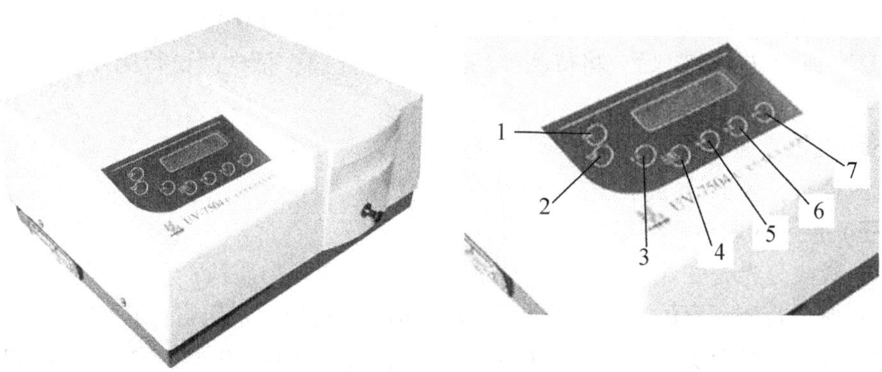

图 5-28　UV-7504 型紫外-可见分光光度计

仪器键盘共由 7 个键组成，各有不同的功能。

1——“▲”键，此键有4个功能：

1）在浓度状态下（C）按此键，浓度参数自动增加。

2）在斜率状态下（F）按此键，斜率参数自动增加。

3）在WL=×××.×nm（波长改变）状态下按此键，波长参数自动增加。

4）在仪器完成自检后，波长停在546 nm时，按此键可以快速进入预设波长。

2——“▼”键，此键有4个功能：

1）在浓度状态下（C）按此键，浓度参数自动减少。

2）在斜率状态下（F）按此键，斜率参数自动减少。

3）在WL=×××.×nm（波长改变）状态下按此键，波长参数自动减少。

4）在仪器完成自检后，波长停在546 nm时，按此键可以快速进入预设波长。

3——“方式”键，按此键仪器的测试模式在吸光度、浓度、透射比间转换。

4——“OABS/100%T”键，在吸光度状态下，按此键仪器自动将参比调为“0.000A”；在透射比状态下，按此键仪器自动将参比调为“100%T”。

5——“返回”键，当仪器设置等方面出现错误时，按此键可以返回到原始状态。

6——“设定”键，按此键第一次显示自动设置的参数，第二次后参数方式将自动切换。

7——“确认”键，按此键为确认一切参数设置有效，若不按此键，则设置无效。

2. 使用操作技术

（1）开机　接通电源，开机预热20 min，至仪器自动校正后，显示器显示“546.0 nm 0.000A”，仪器自检完毕，即可进行测试。

（2）用“方式”键设置测试方式　根据需要选择吸光度（A）、浓度（c）、透光度（T）。

（3）选择分析波长　按设定键屏幕显示“WL=×××.×nm”字样，按“▲”“▼”键调节至所需波长，按确认键确定。稍等，待仪器显示出所需波长，并已经把参比调成A=0.000时，即可测试。

（4）校准与测试　将参比样品溶液和被测试样品溶液放入样品槽中，盖上样品室盖，将参比溶液推入光路，按“OABS/100%T”键调节A=0及T=100%；当仪器显示“0.000A”或“100%T”后，将待测样品溶液推入光路，依次测试待测样品的数据，并记录。

（5）关机　测试完毕，取出吸收池，清洗并晾干后入盒保存；关机、关闭电源，拔下电源插头，盖上仪器防尘罩，填写仪器使用记录。

（三）原子吸收分光光度计

原子吸收分光光度计也称原子吸收光谱仪，是基于物质所产生的原子蒸气对特定谱线（通常是待测元素的特征谱线）的吸收作用来进行元素定量分析的仪器。目前使用的原子吸收分光光度计有PE公司AA100型、岛津AA6300型、澳大利亚GBC公司AA933型等多种型号。岛津AA6300型仪器外观如图5-29所示。主要用于痕量元素的分析，具有灵敏度高及选择性好两大主要优点。广泛应用于特种气体、金属有机化合物、金属醇盐中微量元素的分析。

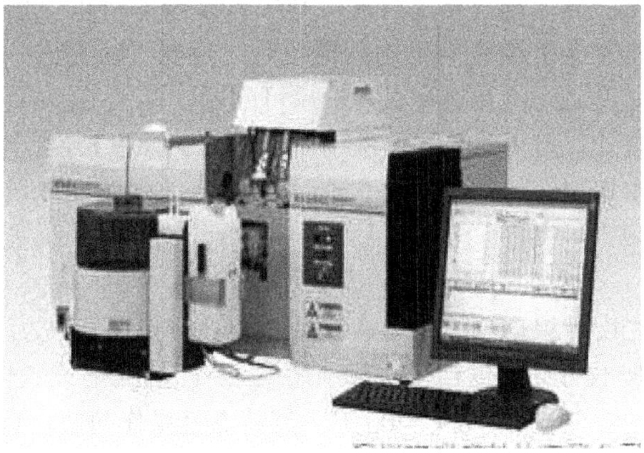

图 5-29　岛津 AA6300 型原子吸收分光光度计

1. 仪器的结构与性能

原子吸收分光光度计有多种型号，有单光束、双光束、双波道、多波道等结构形式。一般由四大部分组成，即光源（单色锐线辐射源）、试样原子化器、单色仪和数据处理系统（包括光电转换器及相应的检测装置）。基本构造如图 5-30 所示。

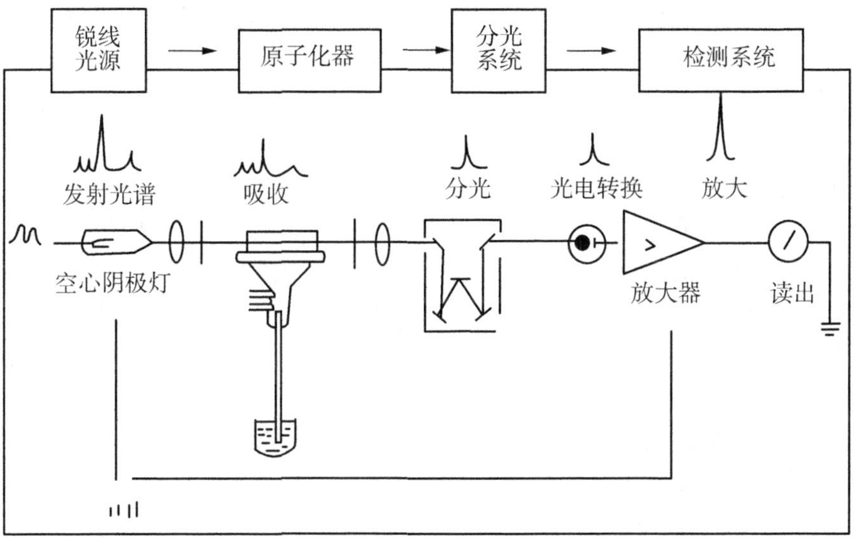

图 5-30　原子吸收分光光度计基本构造

（1）光源　发射被测元素基态原子所吸收的特征共振线（波长范围为 190~900 nm）。要求能发射锐线，辐射光强度大，稳定性好，一般使用空心阴极灯。

（2）原子化器　提供能量使被测物质干燥、汽化并转化为气态基态原子。有火焰原子化器、石墨炉原子化器、石英炉原子化器、阴极溅射原子化器等。

（3）分光系统　将吸收线（待测元素的共振线）与非吸收线（邻近线）分开。一般由色散元件（棱镜、光栅）、凹凸镜、狭缝等构成。

（4）检测系统　接受要测量的光信号并将光信号转变为电信号。主要由检测器、放大器、对数变换器、显示记录装置组成。其中：检测器将单色器分出的光信号转变成电信号；放大器将光电倍增管输出的较弱信号，经电子线路进一步放大；对数变换器进行光强度与吸光度之间的转换；显示记录可配置计算机工作站。

原子吸收法与紫外、可见分光光度法一样，都属于吸收光谱；都遵循朗伯-比尔定律；测量过程也基本相同。但仪器的光源、各部分的排列顺序以及物质的吸收机制不同。

2. 仪器的分类

原子吸收分光光度计根据原子化方法或原理的不同主要可分为两大类。

（1）火焰原子吸收分光光度计　一般利用空气-乙炔火焰或氧化亚氮-乙炔火焰使原子汽化，原子化的温度在 2 100~2 400 ℃。其特点是操作简便、重现性好、有效光程大、对大多数元素有较高灵敏度，测定的元素可达 70 多种。国产的火焰原子吸收分光光度计，都可配备各种型号的氢化物发生器，还可测定砷（As）、锑（Sb）、锗（Ge）、碲（Te）等元素。但原子化效率低（约 10%），灵敏度不够高，一般不能直接分析固体样品。

（2）石墨炉原子吸收分光光度计　是用石墨炉作为原子化器，通过电热的方法使原子汽化，原子化的温度在 2 900~3 000 ℃。其特点是原子化效率高、在可调的高温下试样利用率达 100%、灵敏度高、试样用量少（液体试样为 1~5 μL，固体试样为0. 1~10 mg），适用于难熔元素的测定，可以测定近 50 种元素。但试样组成不均匀性的影响较大，测定精密度较低，共存化合物的干扰比火焰原子化法大，干扰背景比较严重，一般都需要校正背景。

3. 原理与分析过程

每一种元素的原子不仅可以发射一系列特征谱线，也可以吸收与发射线波长相同的特征谱线（位于光谱的紫外区和可见区）。当光源发射的某一特征波长的光通过原子蒸气时，即入射辐射的频率等于原子中的电子由基态跃迁到较高能态所需要的能量频率时，原子中的外层电子将选择性地吸收这种特征谱线，使入射光减弱，即有一定的吸光度 A。

一般试样在热解石墨炉（或火焰原子化器）中被蒸发，解离为气态基态原子，成为基态原子蒸气；气态基态原子对空心阴极灯发射（该元素的锐线光源）的特征辐射进行选择性吸收，且吸光度与被测元素含量的关系遵循朗伯-比尔定律。

4. 仪器的操作规程（以岛津 AA6300 型为例）

（1）开机前准备

1）认真学习 AA6300 原子吸收分光光度计的使用说明书，熟悉其基本操作要点。

2）检查仪器主机、计算机、打印机等电源线连接是否正常。

3）检查排风装置状况是否正常，检查空压机电源、供气管路状况是否正常。

4）检查乙炔气供气系统状况是否正常，检查原子化器水封是否构成。

5）检查火焰原子化器用的点火枪是否备好。

（2）开机（火焰法）

1）先开乙炔气，主阀一圈半，二次压力 0. 09 MPa，不超过 0. 12 MPa。

2）再开空气压缩机，输出压力 0.35 MPa，不超过 0.4 MPa。

3）打开主机电源。

4）运行软件，根据向导提示一步一步设置仪器参数。

5）点火：同时按住黑白两个按钮几秒钟，直至火点着，松手放开。

6）待显示数据稳定后，点“自动调零”。

7）点“空白”测空白值。

8）依次进标准样，数据稳定后，点开始（Start）测量，得到标准曲线。

9）放入待测样品，数据稳定后，点开始（Start）测量，得到所求值。

（3）关机

1）火焰法检测完毕应用蒸馏水冲洗进样管。

2）关闭软件。

3）在主机不关的情况下关乙炔钢瓶，然后按排气键（Purge）排乙炔气至减压阀指针为零。

4）火焰法关掉空压机，给空压机排水、放气；关主机。

（4）注意事项

1）火焰法用的吸样管如需更换，要特别小心，注意对准，动作轻柔，切不可用蛮力。

2）原子吸收分光光度计是利用高温使样品原子化，在检测过程中应特别小心，不要轻易触碰仪器，以免烫伤，也不可将易燃物品放在仪器上。

实训 5-12　分光光度计的性能检查

知识目标

1. 了解可见、紫外-可见分光光度计的结构与性能。
2. 熟悉仪器的技术指标及一般检查方法。

能力目标

掌握可见、紫外-可见分光光度计的正确使用和性能检测方法。

【仪器和试剂】

仪器：722 型（或其他型号）分光光度计；比色皿，10 mL 比色管，2 mL 移液管，10 mL 移液管。

试剂：1 mg · mL^{-1} $K_2Cr_2O_7$ 标准溶液，10 mg · mL^{-1} $CoCl_2$ 标准溶液，10 mg · mL^{-1} $CuSO_4$ 标准溶液，0.1 mol · L^{-1} NH_4Cl 溶液，0.1 mol · L^{-1} $(NH_4)_2SO_4$ 溶液。

【原理】

分光光度计的基本原理是溶液中的物质在光的照射激发下，产生了对光吸收的效应，物质对光的吸收是具有选择性的，各种不同的物质都具有其各自的吸收光谱，因此当某单色光通过溶液时，其能量就会被吸收而减弱，光能量减弱的程度（A）和物质的浓度有一定的比例关系，符合朗伯-比尔定律，即

$$A = k \cdot c$$

检查的主要技术项目有：

1）仪器外观、波长精密度和重现性、分辨率、吸收值精密和仪器的线性范围。

2）对于符合朗伯-比尔定律的溶液，测量时溶液的浓度与吸光值之间有良好的线性关系。

3）一套比色皿之间应互相匹配以及仪器的绝缘等。

【实训内容与操作】

1. 仪器外观检查

仪器所有紧固件应紧固良好，各调节器能正常工作，仪器在工作台上操作时不得有摆动现象，比色皿座应推动自如，无松动、卡住的现象。光束透过各透光孔应畅通无阻。

仪器所配比色皿的透光面应光洁，无表面刮痕、擦毛和斑点，任何一面不得有裂纹。

2. 波长精度的检查

在波长标度上的波长标度值误差，应符合以下规定：

波长范围	420~500 nm	510~600 nm	610~700 nm
允许误差	≤±3 nm	≤±5 nm	≤±6 nm

检查方法：使用仪器配备的镨钕玻璃片，该片对不同波长的光透光率不同。在分光光度计上测定其透光率-波长曲线，从曲线上找出镨钕玻璃片的透光率峰值，则该仪器的波长误差 $\Delta\lambda=\lambda-\lambda_0$。$\lambda_0$ 等于 529 nm（或 808 nm）。

3. 线性误差的检查

在吸光度为 0.1~0.8（透光率为 80%~16%）的范围内，对符合朗伯-比尔定律的溶液进行测定，在不同的吸光度值范围测量溶液浓度的线性误差应符合以下规定：

吸光度范围	0.1~0.3	0.3~0.6	0.6~0.8
线性误差	≤±6%	≤±3%	≤±4%

检查方法：配制 $K_2Cr_2O_7$，$CoCl_2$，$CuSO_4$ 溶液，每种溶液配制以下三个浓度：

溶液名称	溶液浓度/（$\times10^3\mu g\cdot mL^{-1}$）			测定波长/nm	备注
$K_2Cr_2O_7$	0.030 0	0.090 0	0.150	440	浓度以 Cr 计量
$CoCl_2$	2.00	6.00	10.00	510	浓度以 Co 计量
$CuSO_4$	2.00	6.00	10.00	690	浓度以 Cu 计量

以溶剂为参比，用仪器分别测量以上各个溶液的吸光度，每一浓度的溶液必须重复测量 3 次，取其平均值。

将记录的吸光度与对应浓度，按下列公式计算各点的线性误差。

$$K=\frac{A_1+A_2+A_3}{c_1+c_2+c_3}\qquad c_1K=A_1';\ c_2K=A_2';\ c_3K=A_3'$$

$$A_1\text{ 的线性误差}=\frac{(A_1-A_1')}{A_1'}\times100\%\qquad A_2\text{ 的线性误差}=\frac{(A_2-A_2')}{A_2'}\times100\%$$

$$A_3\text{ 的线性误差}=\frac{(A_3-A_3')}{A_3'}\times100\%$$

4. 灵敏度的检查

仪器的灵敏度是吸光度变化值与相应溶液浓度变化值之比，其比值应符合下表规定：

溶液名称	灵敏度/（$A/\mu g \cdot mL^{-1}$）	测定波长/nm
$K_2Cr_2O_7$	≥0.012/3	440
$CoCl_2$	≥0.014/200	510
$CuSO_4$	≥0.014/200	690

检查方法：配制如下浓度的溶液，测定溶液吸光度，并计算灵敏度。

溶液名称	溶液浓度/（$\times 10^3 \mu g \cdot mL^{-1}$）	测定波长/nm	备注
$K_2Cr_2O_7$	0.030 0 与 0.033 0	440	浓度以 Cr 计量
$CoCl_2$	2.00 与 2.20	510	浓度以 Co 计量
$CuSO_4$	2.00 与 2.20	690	浓度以 Cu 计量

5. 重现性检查

仪器在同一工作条件下，用同一种溶液连续重复测定 7 次，其吸光度最大读数与最小读数之差不应大于 0.5%。

检查方法：将波长固定在 690 nm，用含 Cu $2.00\times10^3\ \mu g \cdot mL^{-1}$硫酸铜溶液连续测定 7 次，计算其吸光度最大读数与最小读数之差。

6. 吸收池（比色皿）匹配性的检查

在同一波长下，配套使用的吸收池之间透光率之差要求不大于 0.5%。

检查方法：将波长固定在 440 nm，把含 Cr $0.030\ 0\times10^3\ \mu g \cdot mL^{-1}$的 $K_2Cr_2O_7$ 溶液分别注入一套吸收池，将其中一只推入光路中，调节至 95%（T 值可选小于 100%而又尽量大的任一值），然后将各吸收池一一推入光路，记录各吸收池同第一只吸收池之间的透光率差值，差值不大于 0.5%即可配对或配套使用。

【注意事项】

1）使用前，使用者应该首先了解仪器的结构和原理，以及各个旋钮及其功能。

2）仪器接地要良好，否则显示数字不稳定。

3）仪器左侧下角有一只干燥剂筒，应保持其干燥，发现干燥剂变色应立即更新或烘干后再用。

4）每台仪器所配套的比色皿不能与其他仪器上的比色皿单个调换。

5）当仪器停止工作时，切断电源，电源开关同时切断，并罩好仪器。

6）如果大幅度改变测试波长时，须等数分钟后才能正常工作。

【思考题】

1. 同组比色皿透光性的差异对比色有何影响？

2. 检查分光光度计的波长精度、稳定度、灵敏度、重现性、线性，有什么实际意义？

实训 5-13　邻二氮菲分光光度法测定微量铁

知识目标

1. 了解光度分析法选择实验条件的方法。
2. 掌握邻二氮菲分光光度法测定铁的原理和方法。
3. 学会制作与使用吸收曲线及标准曲线。

能力目标

1. 能正确使用分光光度计。
2. 能利用邻二氮菲分光光度法测定样品中的微量铁。

【仪器和试剂】

仪器：722 型（721 型或其他型号）分光光度计，pHS-3B 型（或其他型号）酸度计，玻璃电极，甘汞电极，容量瓶或比色管（50 mL），移液管（5 mL，10 mL）；容量瓶（100 mL，1 000 mL）。

试剂：铁铵矾 $NH_4Fe(SO_4)_2 \cdot 12H_2O$，6 mol·$L^{-1}$ 盐酸，邻二氮菲溶液（1.2 g·L^{-1}，新鲜配制），盐酸羟胺溶液（100 g·L^{-1}，新鲜配制），HAc-NaAc 缓冲溶液（pH＝4.5），盐酸（2 mol·L^{-1}），NaOH 溶液（0.4 mol·L^{-1}），铁样品。

【原理】

应用分光光度法进行定量分析时，通常要经过称样、溶解、显色及测量等步骤，其中显色反应条件是影响测定灵敏度和准确度的主要因素。显色反应条件包括显色剂用量、溶液酸度、显色反应时间和温度、试剂加入的顺序以及干扰物质的影响等，均需一一加以研究，以便拟定出最佳分析方案，使测定既准确又快速。本实验通过对 Fe（Ⅱ）邻二氮菲显色反应条件的研究，初步了解拟定分光光度法测定条件的方法和过程。

邻二氮菲是测定微量铁的高灵敏性、高选择性试剂，邻二氮菲分光光度法是化工产品中微量铁测定的通用方法。在 pH 为 2~9 的溶液中，邻二氮菲和 Fe^{2+} 反应生成橘红色配合物：

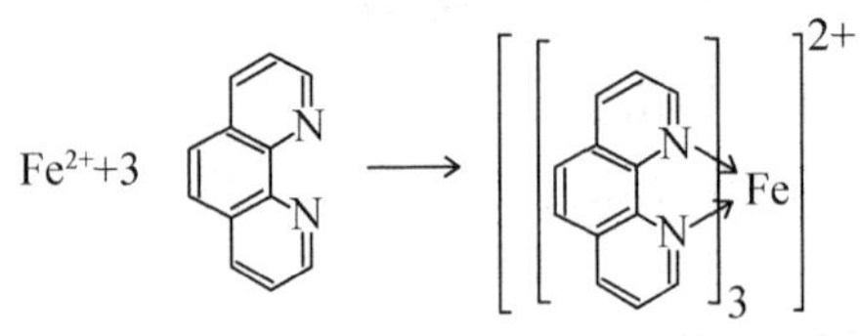

该配合物的 $\lg K_{稳}=21.3$（20 ℃），在 510 nm 处有最大吸收，摩尔吸收系数 $k_{510}=1.1\times10$ L·mol^{-1}·cm^{-1}。

邻二氮菲与 Fe^{3+} 也能生成 3∶1的淡蓝色配合物，其 $\lg K_{稳}=14.10$。因此，在显色之前应预先用盐酸羟胺（$NH_2OH \cdot HCl$）将全部铁还原为 Fe^{2+}。邻二氮菲与 Bi^{3+}、Cd^{2+}、Hg^{2+}、Ag^{+}、Zn^{2+} 等生成沉淀，与 Co^{2+}、Cu^{2+}、Ni^{2+} 等形成有色配合物，因此应设法消除以上离子的干扰。

【实训内容及操作】

1. 铁标准溶液的配制

（1）铁标准储备液（100 mg · L^{-1}）的配制　准确称取 0.863 4 g 铁铵矾 $NH_4Fe(SO_4)_2 \cdot 12H_2O$ 于小烧杯中，加入 20 mL 6 mol · L^{-1}盐酸和少量水，溶解后，定量地转移到 1 000 mL 容量瓶中，用水稀释至刻度，摇匀。

（2）铁标准溶液（10.0 mg · L^{-1}）的配制　准确吸取 100 mg · L^{-1}铁标准溶液 10.00 mL 于 100 mL 容量瓶中，用水稀释至刻度，摇匀。

2. 测定条件的研究

（1）绘制吸收曲线　吸取 10.0 mg · L^{-1}铁标准溶液 5.00 mL，于 50 mL 容量瓶中，加入 100 mg · L^{-1}盐酸羟胺溶液 1 mL，摇匀，放置 2 min。然后再加入 HAc-NaAc 缓冲溶液 5 mL，1.2 mg · L^{-1}邻二氮菲 2.00 mL，以水稀释至刻度，摇匀。用 1 cm 吸收池，以试剂空白为参比，从波长 440～560 nm，每隔 10 nm 测定一次吸光度（在 500～520 nm 间隔 5 nm 测量一次），结果填入下表，再以波长为横坐标，吸光度为纵坐标绘制吸收曲线，最后从吸收曲线上确定测量的适宜波长。

波长与吸光度关系

λ/nm	440	460	480	500	505	510	515	520	540	560
A										

（2）显色剂用量的选择　取 7 个 50 mL 容量瓶，准确移取 10.0 mg · L^{-1}铁标准溶液 10.00 mL 于各容量瓶中，各加入 100 g · L^{-1}盐酸羟胺 1 mL，放置 2 min 后，再加入5 mL HAc-NaAc 缓冲溶液，然后在各容量瓶中分别准确加入 12 g · L^{-1}邻二氮菲0.20 mL，0.40 mL，0.60 mL，1.00 mL，1.50 mL，2.00 mL，3.00 mL，用水稀释至刻度，摇匀。用 1 cm 吸收池，以蒸馏水为参比，在最大吸收波长（510 nm）下，分别测定各溶液的吸光度，结果填入下表。再以加入邻二氮菲溶液的体积为横坐标，吸光度为纵坐标作图，从曲线上确定出显色剂的适宜用量。

显色剂的用量与吸光度关系

V/mL	0.2	0.4	0.6	0.8	60	1.0	2.0	4.0
A								

（3）溶液酸度的选择　吸取 100 mg · L^{-1}铁标准储备液 10.00 mL 于 100 mL 容量瓶中，加入 2 mol · L^{-1}盐酸 10 mL，100 g · L^{-1}盐酸羟胺 10 mL，放置 2 min 之后，加入 1.2 g · L^{-1}邻二氮菲 20.00 mL，以水稀释至刻度，摇匀。

取 7 个 50 mL 容量瓶，用移液管分别吸取上述溶液 10.00 mL 于各容量瓶中，然后用吸量管分别向各容量瓶中依次加入 0.40 mol · L^{-1} NaOH 溶液 0.00 mL，1.00 mL，2.00 mL，4.00 mL，5.00 mL，7.00 mL，9.00 mL，用水稀释至刻度，摇匀。用 1 cm 吸收池，以蒸馏水为参比，在最大吸收波长（510 nm）下，分别测定各溶液的吸光度，再用 pH 酸度计或 pH 试纸分别测定各溶液的 pH，结果填入下表。再以 pH 为横坐标，吸光度为纵坐标，绘出 A-pH 曲线，从曲线上选出显色反应的最佳酸度条件。

显色溶液的酸度与吸光度关系

V_{NaOH}/mL	0.00	1.00	2.00	4.00	5.00	7.00	9.00
pH							
A							

3. 标准曲线的绘制

取 6 个 50 mL 容量瓶，用吸量管分别吸取 10.0 mg · L^{-1} 铁标准溶液 0.00 mL，2.00 mL，4.00 mL，6.00 mL，8.00 mL，10.00 mL 于各容量瓶中，各加 100 g · L^{-1} 盐酸羟胺 1 mL，摇匀，放置 2 min。再各加 HAc-NaAc 缓冲溶液 5 mL，1.2 g · L^{-1} 邻二氮菲溶液 2.00 mL，以水稀释至刻度，摇匀。以试剂空白为参比，用 1 cm 吸收池，在最大吸收波长处（510 nm）分别测出不同浓度溶液的吸光度，再以铁的浓度为横坐标，相应的吸光度为纵坐标，绘制标准曲线。

铁标准溶液浓度与吸光度关系

标准溶液	含铁 10 mg · L^{-1}					
体积/mL	0.00	2.00	4.00	6.00	8.00	10.00
质量浓度/mg · L^{-1}						
吸光度 A						

4. 样品中铁含量的测定

取 3 支比色管，分别加入 5 mL 未知 Fe 样品，按照上述与绘制标准曲线相同的操作方法对试液进行显色，加水稀释至刻度，摇匀，10 min 后，同样以空白溶液为参比，以 1 cm 吸收池在最大波长处（510 nm）测定未知溶液的吸光度，从标准曲线上查出未知试液中的铁含量，填写下表，并计算平均值与相对误差。

样品测试（查曲线）

样品	1	2	3
吸光度 A			
质量浓度/（mg · L^{-1}）			
平均值			
相对误差			

【数据处理】

1. 绘制曲线

根据上述实验数据分别绘制以下曲线：

（1）吸收曲线。

（2）吸光度-显色剂用量曲线。

（3）A-pH 曲线。

（4）标准曲线（ρ-A 曲线）。

2. 拟定实验条件

由上述曲线拟定出邻二氮菲光度法测铁的最佳实验条件，包括最大吸收波长、适宜的酸度、显色剂用量。

3. 计算

计算出原试液中铁的质量浓度（单位为 $mg \cdot L^{-1}$）。

【思考题】

1. 邻二氮菲分光光度法测定铁的适宜条件是什么？
2. 进行显色反应时，加入各种试剂的顺序是任意的吗？为什么？
3. 试拟出以邻二氮菲分光光度法分别测定样品中微量 Fe^{2+} 和 Fe^{3+} 含量的分析方案。

实训 5-14　工业废水中挥发酚含量的测定

知识目标

1. 熟悉酚标准溶液的配制与标定。
2. 了解工业废水中酚的分离方法。
3. 掌握分光光度法测定微量酚的原理和方法。

能力目标

1. 学会制作与使用标准曲线。
2. 能利用分光光度法测定工业废水中微量酚。

【仪器和试剂】

仪器：可见或紫外-可见分光光度计，蒸馏装置（图 3-1）。

试剂：苯酚标准储备液［配制：称取 1.00 g 无色苯酚（C_6H_5OH）溶于水，移入 1L 容量瓶中，稀释至刻度，在冰箱内保存，至少稳定一个月］。苯酚储备液中苯酚含量，可用标准硫代硫酸钠溶液标定，储备液的质量浓度按下式计算：

$$\rho(C_6H_5OH) = \frac{\frac{1}{6}\times(V_1-V_2)\times c(Na_2S_2O_3)\times M(C_6H_5OH)}{V}$$

式中：V_1——空白试验中硫代硫酸钠标准溶液的滴定用量，mL；

V_2——滴定苯酚储备液时，硫代硫酸钠标准溶液的滴定用量，mL；

V——取用苯酚储备液体积，mL；

$c(Na_2S_2O_3)$——硫代硫酸钠标准溶液的浓度，$mol \cdot L^{-1}$；

$M(C_6H_5OH)$——C_6H_5OH 的摩尔质量，$g \cdot mol^{-1}$。

苯酚标准使用液（可通过储备液适当稀释而制成），NH_3-NH_4Cl 缓冲溶液（pH = 9.8）（配制：称取 20 g NH_4Cl，溶于 100 mL 浓氨水中，稀释至 200 mL），2%4-氨基安替比林溶液（配制：称取 2 g 4-氨基安替比林，溶于水中，稀释至 100 mL，储于棕色瓶中），8%铁氰化钾溶液，10%硫酸铜溶液，磷酸溶液（1∶9）。

【原理】

采用预蒸馏将酚蒸出，测定的是挥发酚。含酚量在 0. 1～1. 0 mg · L^{-1}的废水样，可采用 4-氨基安替比林为显色剂，在 pH 为 10. 0±0. 2 的酸度条件下，以铁氰化钾为氧化剂，酚与显色剂作用生成橙红色吲哚酚安替比林染料，可用分光光度法测定。其反应式为

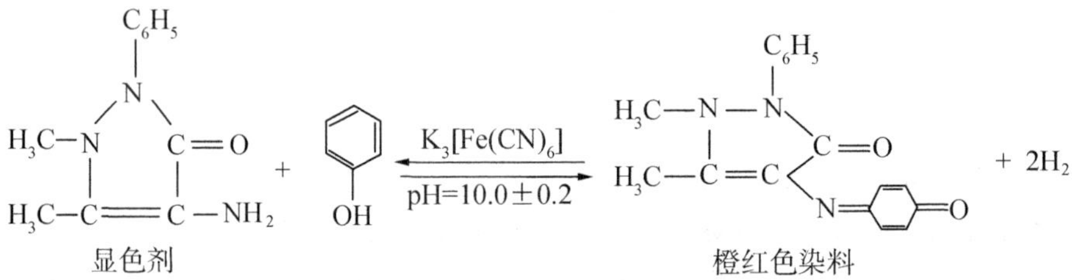

生成的物质在冰中能稳定 30 min。如用氯仿萃取，可使此染料稳定 4 h，并能提高测定灵敏度。

当水样中存在氧化剂、还原剂、油类及某些金属离子时，均应设法消除并进行蒸馏。如对游离氯可加入硫酸亚铁还原；对硫化物可用硫酸铜使之沉淀或酸化，使其变成硫化氢逸出；对油类可采取溶剂萃取清除。进一步蒸馏，既可分离出挥发酚，又能避免颜色、混浊和金属离子等干扰。

【实训内容及操作】

1. 标准曲线的绘制

在 6 个 50 mL 容量瓶中分别加入 0. 00 mL，0. 50 mL，1. 00 mL，3. 00 mL，5. 00 mL，10. 00 mL 标准酚溶液（含酚 0. 010 mg · mL^{-1}左右），加入 2. 5 mL NH_3-NH_4Cl 缓冲溶液，1. 0 mL 4-氨基安替比林溶液，混匀，加入 1. 0 mL 铁氰化钾溶液，混匀，加水稀释至刻度。放置 10 min，以试剂溶液为参比液，于 510 nm 处用 1 cm 比色皿测定标准酚溶液的吸光度 A 值。填入下表。

酚溶液浓度与吸光度

标准溶液	含酚 0. 01 mg · mL^{-1}					
体积/mL	0. 00	0. 50	1. 00	3. 00	5. 00	10. 00
质量浓度/（mg · L^{-1}）						
吸光度 A						

2. 废水样的测定

量取 250 mL 废水样于蒸馏装置内，加入 5 mL $CuSO_4$ 溶液，用 H_3PO_4 溶液调节溶液 pH≤4. 0，放入数粒沸石，进行蒸馏，以 250 mL 量筒收集馏出液，待馏出液量为 220～230 mL 时停止加热。待蒸馏瓶内液面静止后，再向其中加 25 mL 蒸馏水，继续加热蒸馏至馏出液的液面达量筒 250 mL 的标线为止。

移取适量的馏出液，按制作标准曲线方法显色，然后测定其吸光度 A 值，填入下表。

样品测试

样品	1	2	3
吸光度 A			
质量浓度/（$mg\cdot L^{-1}$）			
平均值			
相对误差			

【数据处理】

1. 绘制曲线

用酚标准溶液的测定结果，在坐标纸上绘制酚溶液浓度与吸光度 A 值间关系的标准曲线。

2. 计算试样苯酚浓度

根据所测试样的 A 从标准曲线上查出酚浓度，进而计算 250 mL 废水样中挥发酚的质量及浓度（用苯酚的形式来表征，单位为 $mg\cdot L^{-1}$）。

【注意事项】

1）加热蒸馏是实验的关键。

2）如水样含挥发酚较多，移取适量水样并加至 250 mL 进行蒸馏，则在计算时应乘以稀释倍数。

3）当水样中存在氧化剂、油类、硫化物、有机或无机还原性物质和芳香胺类时会对测定产生干扰，应消除干扰后再测定。

【思考题】

1. 测定酚时为何要蒸馏出酚？能否直接取水样实验？

2. 定量分析中，为什么要求使用同一套比色皿？定性分析是否也有相同的要求？为什么？

实训 5-15　原子吸收光谱法测定自来水中钙、镁的含量

知识目标

1. 认知火焰原子吸收分光光度计，结合仪器主要部件功能加深理解原子吸收光谱法的基本原理。

2. 掌握用标准曲线法测定元素含量的定量分析方法。

能力目标

1. 能正确使用原子吸收分光光度计。

2. 会用标准曲线法测定自来水中钙、镁含量。

【仪器和试剂】

仪器：带火焰原子化器原子吸收分光光度计及其附件，天平，烧杯，容量瓶，移

液管，表面皿。

试剂：金属镁或 $MgCO_3$（GR），无水 $CaCO_3$（GR），浓 HCl（GR），HCl 溶液（1 mol·L^{-1}）。

【原理】

原子吸收光谱法主要用于定量分析，它是基于从光源中辐射出的待测元素的特征谱线通过试样的原子蒸气时，被蒸气中待测元素的基态原子所吸收，使透过的谱线强度减弱。在一定的条件下，其吸收程度与试液待测元素的浓度成正比，即

$$A = k \cdot c$$

本实验采用标准曲线法测定水中钙、镁含量，即先测定已知浓度的各待测离子标准溶液的吸光度，分别绘制吸光度-浓度标准曲线。再于同样条件下测定水样中各待测离子的吸光度，从标准曲线上即可查出水样中各待测离子的含量。

【实训内容及操作】

1. 标准溶液的配制

（1）钙标准储备液（1 000 μg·mL^{-1}）　准确称取于 110 ℃下烘干 2 h 的无水 $CaCO_3$ 0.625 g 于 100 mL 烧杯中，用少量水湿润，盖上表面皿，从烧杯嘴滴加 1 mol·L^{-1}HCl，直至完全溶解，然后定量地转移至 250 mL 容量瓶中，用水稀释定容，摇匀，贴好标签。

（2）钙标准溶液（100 μg·mL^{-1}）　用移液管准确吸取上述钙标准储备液 10.0 mL 于 100 mL 容量瓶中，加 1∶1HCl 2 mL，用水稀释定容，摇匀，贴好标签。

（3）镁标准储备液（1 000 μg·mL^{-1}）　准确称取金属镁 0.250 g 于 100 mL 烧杯中，盖上表面皿，从烧杯嘴滴加 5 mL 6 mol·L^{-1}HCl 溶液，使之溶解。然后定量地转移至 250 mL 容量瓶中，用水稀释定容，摇匀，贴好标签。

（4）镁标准溶液（50 μg·mL^{-1}）　用移液管准确吸取上述镁标准储备液 5.00 mL 于 100 mL 容量瓶中，用水稀释定容，摇匀，贴好标签。

2. 调试仪器

检测仪器情况，在教师指导下开机，调试仪器达到下表的实验条件。

测定钙、镁的试验条件

测定条件	Ca	Mg
吸收线波长/nm	422.7	285.2
空心灯电流/mA	3	2
燃烧器高度/mm	6	6
气体流量/（mL·min^{-1}）	1 700	1 500

3. 配制标准溶液

（1）钙标准溶液系列　准确吸取 2.00 mL、4.00 mL、6.00 mL、8.00 mL、10.00 mL100 μg·mL^{-1}的钙标准溶液分别置入 5 个 100 mL 容量瓶中，分别加 6 mol·L^{-1}HCl 2 mL，用水稀释定容，摇匀。

（2）镁标准溶液系列　准确吸取 1.00 mL、2.00 mL、3.00 mL、4.00 mL、5.00 mL

50 μg · mL^{-1}的镁标准溶液分置于 5 个 100 mL 容量瓶中，分别加 6 mol · L^{-1}HCl 2 mL，用水稀释定容，摇匀。

（3）配制自来水样　准确吸取适量（视未知钙、镁的浓度而定）自来水置于 100 mL 容量瓶中，加入 6 mol · L^{-1}HCl 2 mL，用水稀释定容，摇匀。

4. 绘制标准曲线

（1）点火并矫正仪器　在选定的实验条件下，按照操作使用说明点火，待火焰稳定后，用去离子水做空白，对仪器进行调校。

（2）绘制标准曲线　以去离子水为参比，然后依次对标准系列和水样进行测定。测定某一种元素时应换用该种元素的空心阴极灯作为光源，分别测定不同浓度标准溶液和水样的钙、镁吸光度。以各金属元素的标准浓度为横坐标，测得的相应吸光度值为纵坐标，绘制标准曲线。

5. 自来水样的测定

（1）钙的测定　用去离子水清洗和调零后，使用钙空心阴极灯，在相同实验条件下测出自来水样中钙的吸光度并记录。

（2）镁的测定　换镁空心阴极灯，用去离子水清洗和调零后，在相同实验条件下测出自来水样中镁的吸光度并记录。

从对应的标准曲线上查得各自的浓度，然后根据水样的稀释倍数计算水样中的钙、镁的含量（以 μg · mL^{-1}为单位）。

【数据处理】

1. 记录实验条件和原始数据

钙标准溶液及自来水样中钙的吸光度

编号	1	2	3	4	5	6
钙标准溶液浓度/（μg · mL^{-1}）	2.00	4.00	6.00	8.00	10.00	自来水样
吸光度 A						

镁标准溶液及自来水样中镁的吸光度

编号	1	2	3	4	5	6
镁标准溶液浓度/（μg · mL^{-1}）	0.500	1.00	1.50	2.00	2.50	自来水样
吸光度 A						

2. 绘制钙、镁的标准曲线

根据实验数据，以吸光度 A 为纵坐标、溶液浓度为横坐标，分别绘制钙、镁标准（工作）曲线。

3. 分析结果计算

由水样测得钙、镁的吸光度，从标准曲线上求出稀释水样中钙、镁的浓度，再换算成自来水样中钙、镁的实际含量。

【思考题】

1. 简述原子吸收分光光度计的基本原理。

2. 原子吸收分光光度分析为何要有待测元素的空心阴极灯做光源？能否用氢灯或钨灯代替？为什么？

3. 通过试验，你认为原子吸收光谱分析的优点是什么？

实训 5-16　原子吸收分光光度法测定水中的镉

知识目标

1. 学习选择合理的方法对水中镉的含量进行测定。
2. 熟练掌握原子吸收分光光度计的操作。
3. 学会实验操作条件的优化。

能力目标

1. 能正确使用火焰原子吸收法测定水中的镉。
2. 会分析处理实验数据，并给出结果。

【仪器和试剂】

仪器：原子吸收分光光度计，镉空心阴极灯，电热板蒸发装置，滤纸，1 000 mL 容量瓶，100 mL 容量瓶，10 mL 容量瓶，10 mL 移液管，漏斗。所有使用到的玻璃仪器均用硝酸（1+1）浸泡 24 h，纯化水洗净，晾干后备用。

试剂：硝酸（1+1），0. 5 $g \cdot L^{-1}$硝酸，镉金属标准品，纯化水。

仪器工作参数：吸收波长 228. 8 nm；助燃气为空气，流量 6. 5 $L \cdot min^{-1}$，其他实验条件待优化。

【原理】

镉是水体中常见的重金属污染物之一，国家饮用水标准强制规定在饮用水中镉含量不得超过 0. 005 $mg \cdot mL^{-1}$。原子吸收分光光度法是检测重金属的通用方法之一，但如果直接采用火焰原子吸收分光光度法测定水样中镉的含量时往往灵敏度较低，达不到上述检测要求，因此，本实验先将样品浓缩后再用火焰原子吸收分光光度法进行测定。

在火焰原子吸收法测定中，实验条件的选择直接影响到测定的灵敏度、准确度、精密度和方法的选择性。本实验通过对燃气流量、灯电流、狭缝宽度和燃烧器高度等实验条件进行优化，以选定测定镉的最佳实验条件。定量采用标准曲线法。

【实训内容及操作】

1. 样品预处理

取待测水样品 200 mL，过滤，在电热板上缓缓加热浓缩至 5 mL，加入硝酸（1+1）10 mL，在电热板上加热消解，待烟雾散去后，继续加热，浓缩至约 5 mL，将样品移入 10 mL 容量瓶中，用 0. 5 $g \cdot L^{-1}$硝酸定容，待测。

另取纯化水 200 mL，同法操作，得到空白试液。

2. 系列浓度的镉标准工作溶液的配制

（1）镉标准储备溶液的配制（0. 100 $g \cdot L^{-1}$）　准确称取镉金属标准品 0. 1 g，取适量硝酸（1+1）溶解，移入 1 000 mL 容量瓶中，用纯化水定容。

（2）镉标准工作溶液的配制　分别移取镉标准储备溶液 1.00 mL、2.00 mL、3.00 mL、4.00 mL 和 5.00 mL，置于 50 mL 容量瓶中，加 0.5 g · L^{-1}硝酸至刻度，混匀。其浓度分别为 0.200 mg · L^{-1}、0.400 mg · L^{-1}、0.600 mg · L^{-1}、0.800 mg · L^{-1}和 1.00 mg · L^{-1}。

3. 实验条件的选择

实验条件未优化时使用的实验条件：吸收波长 228.8 nm；灯电流 4 mA；狭缝宽度 0.4 nm；燃烧器高度 10 mm；燃气采用乙炔；助燃气为空气，流量 6.5 L · min^{-1}。

（1）燃气流量选择　在火焰原子吸收光谱仪的燃烧器参数中改变乙炔流量值分别为 0.8 L · min^{-1}、1.0 L · min^{-1}、1.2 L · min^{-1}、1.4 L · min^{-1}和 1.6 L · min^{-1}，在每一流量下测定 0.600 m · L^{-1}镉标准工作溶液的吸光度（曲线上最大吸光度所对应的燃气流量即为最佳燃气流量）。

（2）灯电流选择　在选定的最佳助燃比条件下，分别在 2 mA、4 mA、6 mA 和 8 mA 不同灯电流时喷雾测定 0.600 mg · L^{-1}镉标准工作溶液的吸光度（选吸光度大且稳定及所对应的尽量低的灯电流为最佳灯电流）。

（3）狭缝宽度选择　在选定的最佳助燃比和灯电流条件下，将狭缝宽度分别置于 0.4 nm、1 nm 和 2 nm，喷雾 0.600 mg · L^{-1}镉标准工作溶液，测量吸光度（选择不引起吸光度减小的最大狭缝为最佳狭缝宽度）。

（4）燃烧器高度选择　在选定的最佳助燃比、灯电流和狭缝宽度条件下，将燃烧器高度分别置于 6 mm、8 mm、10 mm、12 mm 和 14 mm，喷雾 0.600 mg · L^{-1}镉标准工作溶液，测量吸光度（选择最大吸光度所对应的燃烧器高度为最佳燃烧器高度）。

4. 标准曲线的绘制

按照优化选定的仪器工作参数，依次测定浓度为 0.200 mg · L^{-1}、0.400 mg · L^{-1}、0.600 mg · L^{-1}、0.800 mg · L^{-1}和 1.00 mg · L^{-1}的镉标准溶液吸光度，并绘制标准曲线。

5. 镉含量的测定

将制得的样品试液与空白试液按优化选定的仪器工作参数，各自进行吸光度的测定，得到样品的吸光度 $A_x = A_{试液} - A_{空白}$。

【数据处理】

1. 查找标准曲线

由试液的吸光度从标准曲线上查得其浓度（mg · L^{-1}）：c_x。

2. 计算试样中镉的含量（mg · L^{-1}）

计算公式：$c_{Cd样品} = c_x \times \frac{10.0}{200.0}$

【思考题】

1. 助燃比为什么会影响测定的灵敏度？
2. 本实训为何要用空心阴极灯做光源？能否用氢灯或钨灯代替？

项目5　色谱分析技术

知识目标

1. 了解色谱分析法的原理与作用。
2. 熟悉气相色谱仪和高效液相色谱仪的构造和性能。
3. 了解气相色谱仪和高效液相色谱仪的操作方法与步骤。
4. 熟悉色谱法的定性、定量分析方法。

能力目标

能在教师指导下正确使用气相色谱仪和高效液相色谱仪。

色谱法是一种应用最广泛、发展最迅速的分离、分析方法，新技术、新手段、新成果层出不穷，在化工、环保、食品、医药等领域的分析工作中发挥着重要作用。各种类型的色谱仪已成为理化实验室中的必备仪器。

一、色谱法概述

（一）色谱法及其分类、特点

1. 色谱法

色谱法又称色层法或色析法，是一种高效、快速而灵敏的分离方法。它利用不同溶质（样品）与固定相和流动相之间的作用力（分配、吸附、离子交换等）的差别，当两相做相对移动时，各溶质在两相之间进行多次“平衡”，使各溶质达到分离。

早期的色谱法只是一个分离系统，连接上检测器（FID、ECD等或MS）后发展成为一种重要的分离、分析方法与技术。

2. 色谱法的分类

从不同的角度出发，色谱法又可分为柱色谱、纸色谱、薄层色谱、吸附色谱、分配色谱、离子交换色谱、气相色谱、液相色谱等。

（1）按固定相和流动相所处的状态不同分类　结果见表6-1。

表6-1　按两相所处状态不同分类的色谱法

流动相	总称	固定相	色谱名称
气体	气相色谱（GC）	固体	气-固色谱（GSC）
		液体	气-液色谱（GLC）
液体	液相色谱（LC）	固体	液-固色谱（LSC）
		液体	液-液色谱（LLC）

（2）按固定相性质和操作方式的不同分类　结果见表 6-2。

表 6-2　按固定相性质和操作方式不同分类的色谱法

名称	柱色谱		平面色谱	
	填充柱	毛细管柱	纸色谱	薄层色谱
固定相性质	在玻璃或不锈钢柱管内填充固体吸附剂或涂渍在惰性载体上的固定液	在弹性石英玻璃或玻璃毛细管内壁附有吸附剂薄层或涂渍固定液等	具有多孔和强渗透能力的滤纸或纤维素薄膜	在玻璃板或铝箔上涂有硅胶薄层

（3）按色谱分离机制的不同分类　结果见表 6-3。

表 6-3　按色谱分离机制不同分类的色谱法

名称	吸附色谱	分离色谱	离子交换色谱	凝胶色谱（体积排阻色谱）
机制	利用组分在固体吸附剂上吸附能力的强弱进行分离的色谱方法	利用组分在固定液中溶解度的差异而进行分离的色谱方法	利用组分在离子交换树脂上的亲和能力的差别而达到分离的色谱方法	利用组分的分子大小不同在多孔固定相中有选择渗透而达到分离的色谱方法

3. 色谱法的特点

色谱法以其高超的分离能力为特点，它的分离效率远高于其他分离技术（如蒸馏、萃取、离心等方法）。此外，色谱分析法还具有高分离效率、高灵敏度、分析速度快、应用范围广等优点。

1）高分离效率。高分离效率反映在色谱法对性质极为相似的烃类异构体、同位素等也具有很强的分离能力，能分析沸点十分接近的复杂混合物。例如，用毛细管柱可分析汽油中 50~100 多种组分。

2）高灵敏度。高灵敏度反映在当色谱法采用高灵敏度检测器时，可检测出 10^{-13}~10^{-11} g 的痕量组分。

3）操作简便，分析速度快。色谱法操作简便，分析速度快。通常完成一个样品的分析，仅需几分钟或几十分钟。一次可测定多种组分，配有色谱数据处理机工作站的色谱仪可自动处理数据，更加快了分析速度。

色谱法也有其不足之处，首先是从色谱图上不能直接给出定性的结果，必须有已知的纯物质或有关色谱数据作对照，才能确定各色谱峰所代表的组分；其次，定量测定时需要用标准物质对检测器信号进行修正；第三，对某些异构体、某些固定物质的分析能力较差。

（二）色谱过程和相关术语

1. 色谱过程

实现色谱操作的基本条件是具备相对运动的两相——固定相和流动相，色谱过程是组分在流动相与固定相间多次“分配平衡”的过程。在混合物中，若两个组分的分配系数不等，则被流动相携带移动的速率不等，即形成差速移动而被逐渐分离。如图 5-31 所示。

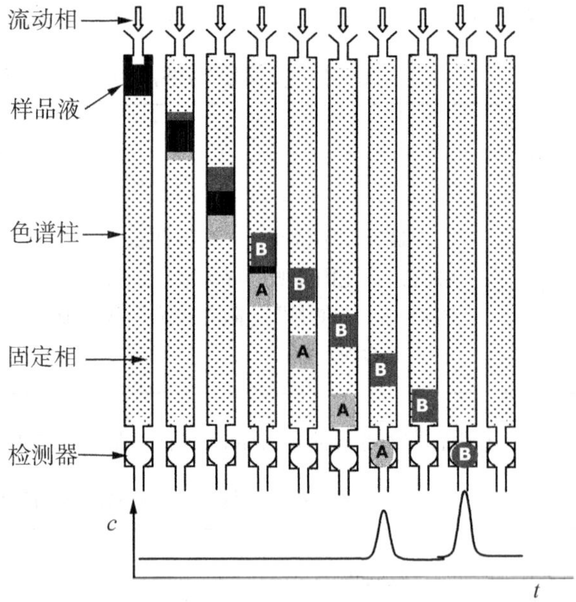

图 5-31　色谱过程示意

色谱过程或分离原理的实质是：

1）色谱过程是吸附与解析的过程。

2）不同组分极性的差异导致吸附与解析的差异。

3）不同组分向前移动的过程是差异不断累积过程，是在动态中由量变到质变的过程。

4）色谱过程是混合物分离为单组分，并被分别检测的过程。

2. 相关术语

（1）色谱图（色谱流出曲线）　在色谱分离、分析过程中，检测色谱分离后各组分的响应信号强度对时间作图得到的曲线（记录仪得到）称为色谱图，又称色谱流出曲线。见图 5-32。色谱图中有一组色谱峰，每个峰代表一种组分，正常的色谱峰呈正态分布。一个试样色谱图的形状受固定相、流动相、色谱柱、检测器、温度、进样量等因素影响。理想的色谱图，一个组分对应一个峰，且每个峰都不很宽，峰间有一定距离，不重叠。

（2）色谱峰　色谱柱流出组分通过检测器系统时所产生的响应信号的微分曲线，称为色谱峰，如图 5-32 及图 5-33 所示。

（3）基线　当有载气通过检测器系统时，在实验操作条件下反映仪器噪声随时间变化的曲线，称为基线。稳定的基线应是一条平稳的直线。

（4）保留值　表示试样中各组分在色谱柱内停（滞）留的时间或组分带出色谱柱所需流动相的体积，常用时间或相应的载气体积表示。

被分离组分在色谱柱内停（滞）留的时间，主要取决于组分的性质或它在两相间的分配过程，在一定的固定相和操作条件下，任何一种物质都有其确定的保留值，保留值是色谱定性分析的参数。

1）保留时间：保留时间是指从进样到色谱柱后出现待测组分信号极大值所需要的时间，常用符号 t_R 表示，见图 5-33 中的 $O'B$。

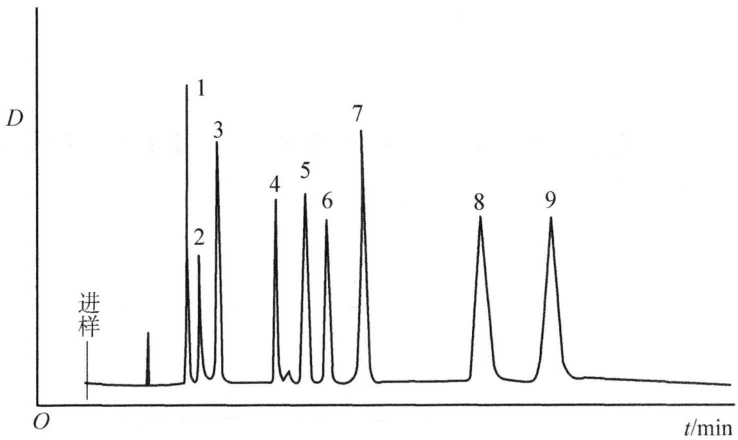

图 5-32　色谱图

2）死时间：死时间是指从进样开始到惰性组分（指不被固定相吸附或溶解的空气或甲烷）从柱中流出，呈现浓度极大值时所需要的时间，常用符号 t_M 表示，见图 5-33 中的 $O'A'$。

3）调整保留时间：调整保留时间是指扣除死时间后的保留时间，常用符号 t'_R 表示，见图 5-33 中的 $A'B$，即

$$t'_R=t_R-t_M$$

4）保留体积：组分从进样到出现峰最大值所需的载气体积，常用符号 V_R 表示。

5）死体积：不被固定相滞留的物质的保留体积，常用符号 V_M 表示。

6）调整保留体积：组分保留体积减去死体积后的值，常用符号 V'_R 表示。即

$$V'_R = V_R - V_M$$

（5）区域宽度　色谱峰区域宽度是色谱流出曲线的一个重要参数，从色谱分离角度着眼，希望区域宽度越窄越好。

1）峰底宽度与半峰宽：通过色谱峰两侧拐点所作的切线与峰底相交两点之间的距离，称为峰底宽度，见图 5-33 中的 IJ，常用符号 W_b 表示。在峰高 $h/2$ 处，色谱峰的宽度，称为半峰宽，如图 5-33 中的 GH，常用符号 $W_{h/2}$表示。

2）标准偏差：在峰高 0.607 h 处峰宽 EF 的一半，称为标准偏差，常用符号 σ 表示，$W=4\sigma$。

（6）峰高和峰面积　峰高是指色谱峰顶点到基线的距离，以 h 表示。峰面积是指每个组分的流出曲线与基线间所包围的面积，以 A 表示。峰高或峰面积的大小和每个组分在样品中的含量有关，因此色谱峰的峰高和峰面积是色谱进行定量分析的主要依据。

（7）分离因子和分离度　分离因子是指相邻两个组分调整保留值之比，又称为分配系数比或选择性系数比，常用 α 表示。分离度是指相邻两个组分的色谱峰，其保留时间差与两峰峰底宽平均值之比，常用 R 表示。即

$$\alpha = \frac{t'_{R_2}}{t'_{R_1}} = \frac{V'_{R_2}}{V'_{R_1}} \qquad R = \frac{t_{R_2} - t_{R_1}}{\frac{1}{2}(W_2 + W_1)}$$

色谱分析的目的就是要将混合物中的各组分分离，为获得较好的准确度，一般规定两相邻峰的分离度 $R \geqslant 1.5$ 时，可认为两组分完全分离。

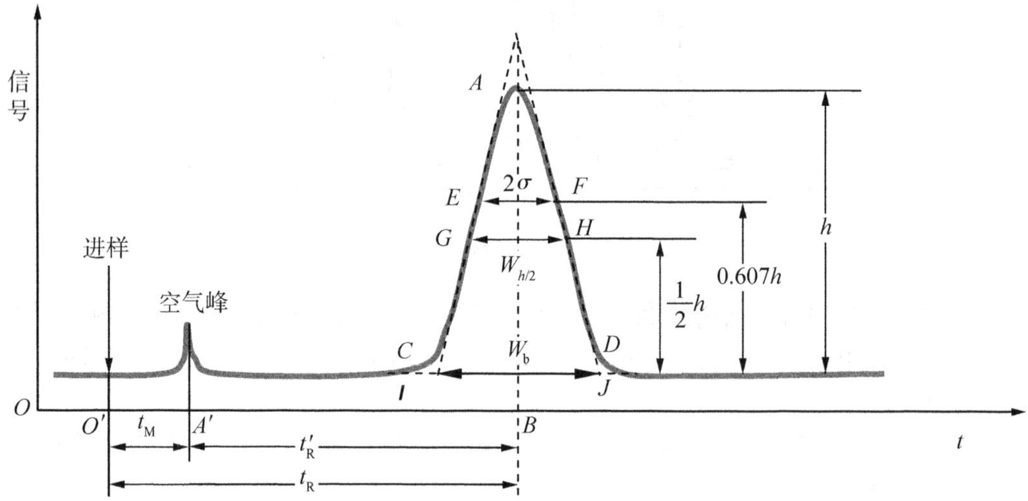

图 5-33　色谱峰及其参数

色谱图在色谱分析中具有重要意义，利用色谱流出曲线可以解决以下问题。

1）根据色谱峰的个数，可以判断样品中所含组分的最少个数。

2）根据色谱峰的位置（保留值），可以进行定性鉴定。

3）根据色谱峰的面积或高度，可以进行定量测定。

4）根据色谱峰的位置及其宽度，可以对色谱柱的分离情况进行评价。

（三）色谱法中的定性和定量方法

色谱的定性和定量分析，就是借助色谱仪确定试样的组分构成及其含量的过程，具有快速、准确、稳定、操作简单等优点，被广泛应用于环境监测、产品检验、医药分析等方面。

1. 色谱定性分析

色谱定性分析就是要弄清楚所得色谱图中各组分峰究竟代表什么物质。可用色谱法定性的物质是很多的。在色谱分析中各物质在一定条件下的“保留值”是特征的，可作为定性分析的依据。

（1）利用保留时间定性　对于组成较为简单的混合物，且所有待测组分范围均为事先已知，要判断各个峰代表什么物质可用此法。即在一定的色谱系统和操作条件下，未知物的保留时间与某一标准物质相同，则可初步认为它们为同一物质。为了提高定性分析的可靠性，还可进一步改变色谱条件（分离柱、流动相、柱温等）或在样品中添加标准物质，如果被测物的保留时间仍然与标准物质一致，则可认为它们为同一物质。见图 5-34。可知未知样中可能有甲醇、乙醇、正丙醇、正丁醇等物质。

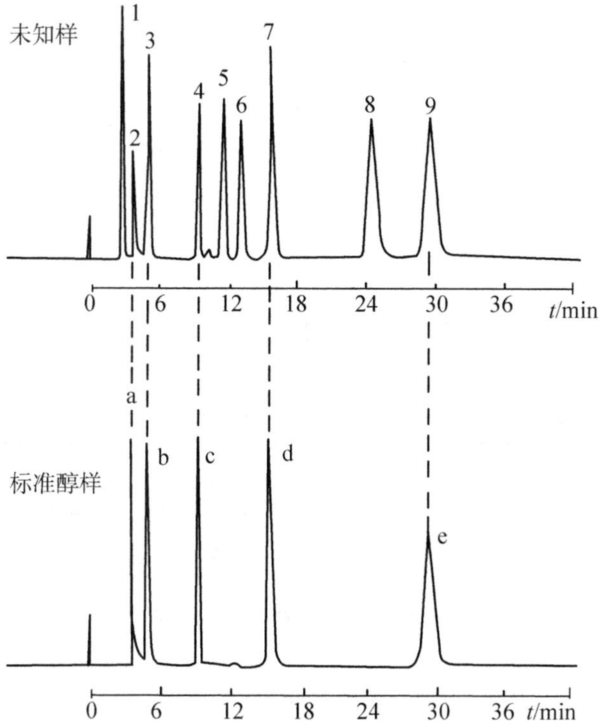

图 5-34　用已知纯物质与未知样品对照比较进行定性分析

1~9. 未知物的色谱峰；a. 甲醇峰；b. 乙醇峰；c. 正丙醇峰；d. 正丁醇峰；e. 正戊醇峰

（2）利用加入纯物质增加峰高的方法定性　当试样中所含组分种类较多时，由于保留值相近而使得到的色谱图上的色谱峰过密，以致难以确认各个色谱峰，进而也难以确认所含有的组分。这时，可将某纯组分直接加到试样中去，此时若某组分峰增高了，即表示试样中可能含有与所加的纯组分相同的物质。

2. 色谱定量分析

色谱定量分析的依据是被测物质的量与它在色谱图上的峰面积（或峰高）成正比。色谱仪的数据处理软件（工作站）可以给出包括峰高和峰面积在内的多种色谱数据（图 5-35）。

但由于同一检测器对不同的物质具有不同的响应值，所以两个相等量的物质出的峰面积往往不相等，或者说，相同的峰面积并不意味着相等物质的量。这样就不能直接用峰面积来计算物质的量或浓度。色谱定量分析的方法主要有以下几种。

（1）校正因子法　校正因子法是将峰面积 A 或峰高 h 乘上一个换算系数进行“校正”的定量方法。校正因子有绝对校正因子和相对校正因子之分。

绝对校正因子（f_i）是指某组分 i 通过检测器的量与检测器对该组分的响应信号之比，即

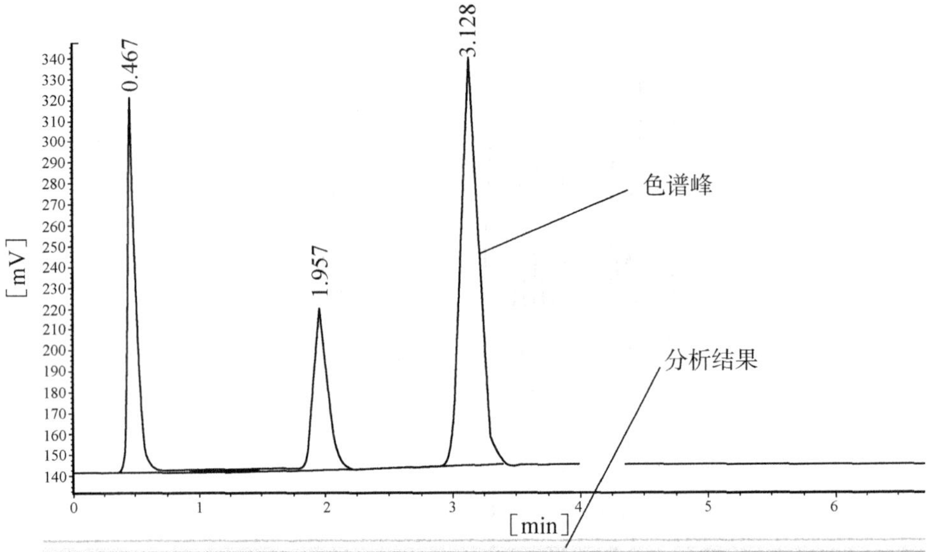

峰序	组分名	保留时间[min]	峰高[uV]	峰面积[uV*s]	峰面积%	含量[%]	峰类型
1		0.467	176788	947787	27.38898	27.38898	SBV
2		1.957	75333	619962	17.91556	17.91556	VV
3		3.128	193330	1892720	54.69546	54.69546	VV
---	总计	--------	445451	3460470	100.00000	100.00000	---

图 5-35 色谱图与色谱数据

$$f_i^A = \frac{\omega_i}{A_i} \quad 或 f_i^h = \frac{c_i}{h_i}$$

式中：f_i^A、f_i^h 为组分 i 的绝对校正因子；A_i 和 h_i 分别为组分 i 的峰面积和峰高；ω_i 为组分 i 通过检测器的量，以质量浓度计；c_i 为组分 i 通过检测器物质的量浓度，以 $mol \cdot mol^{-1}$ 计。

相对校正因子（$f'_{i/s}$）是组分 i 的绝对校正因子与基准物或标准物（苯或正庚烷等）s 的绝对校正因子之比，即

$$f'_{i/s} = \frac{f_i}{f_s} = \frac{m_i}{m_s} \times \frac{A_s}{A_i} \qquad 或 \quad f'_{i/s} = \frac{f_i}{f_s} = \frac{c_i}{c_s} \times \frac{A_s}{A_i}$$

因绝对校正因子很少使用，一般文献上提到的校正因子就是相对校正因子。

被测组分的浓度等于样品组分的峰面积或峰高与相同条件下该组分标准物质的校正因子的乘积，即

$$\omega_{未知} = f'_{i/s} \cdot A_{未知} \qquad 或 \qquad \omega_{未知} = f'_{i/s} \cdot h_{未知}$$

（2）归一化法　归一化法是将所有组分的峰面积分别乘以它们的相对校正因子后求和，即所谓“归一”。试样中被测组分经校正的峰面积（或峰高）占试样各组分经校正的峰面积（或峰高）的总和的比例为其浓度，即

$$\omega_i = \frac{m_i}{m} = \frac{m_i}{m_1 + m_2 + \cdots + m_n} = \frac{f'_i A_i}{f'_1 A_1 + f'_2 A_2 + \cdots + f'_n A_n} = \frac{f'_i A_i}{\sum f'_i A_i}$$

归一化法具有准确、计算简单，样量不影响定量结果，色谱条件对定量结果影响较小等特点。

注意：使用归一化法要求试样中各组分都必须全部出峰。

（3）外标法 又称标准曲线法。将被测组分的纯物质配制成不同浓度的标准溶液，在一定色谱条件下获得色谱图，做峰面积或峰高与浓度的关系曲线，即为标准曲线。见图 5-36。

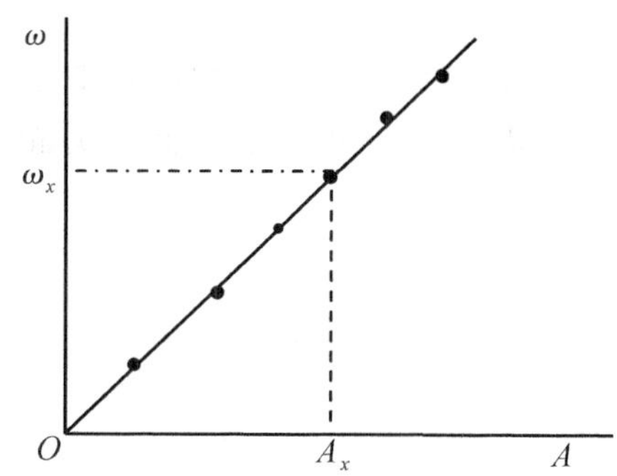

图 5-36 外标法示意

在与绘制标准曲线相同的色谱条件下，测得试样组分的峰面积或峰高，从标准曲线上查出浓度，计算被测组分的含量。

外标法应用简便，不必使用校正因子，特别适合大量试样的分析。

（4）内标法 内标法是将一定的标准物（内标物 s）加入到一定量的试样中，混合均匀后进样，从色谱图上分别测出组分 i 和内标物 s 的峰面积（或峰高），从而确定被测组分的浓度，即

$$\omega_i = \frac{m_i}{m_{样品}} = \frac{m_s f_i A_i}{m_{样品} f_s A_s}$$

或

$$\omega_i = \frac{m_i}{m_{样品}} = \frac{m_s f_i h_i}{m_{样品} f_s h_s}$$

内标法比较适合试样中的组分不能全部出峰，或仅需测定试样中某个或某几个组分的含量时采用。

（5）标准加入法 标准加入法可以看作是内标法和外标法的结合。具体操作是取等量样品若干份，加入不同浓度的待测组分的标准溶液进行色谱分析，以加入的标准溶液的浓度为横坐标，峰面积为纵坐标，绘制如图 5-37 所示的工作曲线。样品中待测组分的浓度即为工作曲线的延长线与横坐标的交点到坐标原点的距离。

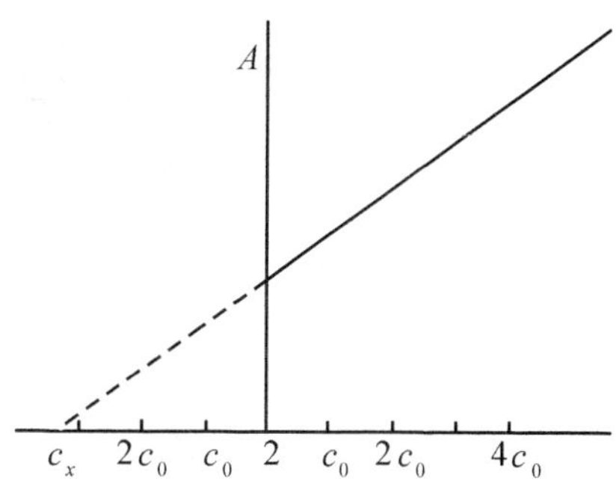

图 5-37 标准加入法示意

由于待测组分以及加入的标准溶液处在相同的样品基体中，因此，这种方法可以消除基体干扰。但是，由于对每一个样品都要配制三个以上的、含样品溶液和标准溶液的混合溶液，因此，这种方法不适于大批样品的分析。

二、气相色谱法

气相色谱法（GC）是以气体为流动相，采用冲洗法的柱色谱技术。气相色谱仪是一种利用气-液分配平衡原理，对多组分混合物进行分离、分析的工具。当多组分的分析物质进入到色谱柱时，由于各组分在色谱柱中的气相和固定液液相间的分配系数不同，引起在色谱柱的运行速度不同，经过一定的柱长后，各组分被分离，依次离开色

谱柱进入检测器，经检测后转换为电信号送至数据处理工作站，从而完成了对被测物质的定性、定量分析。

目前常用的气相色谱仪有岛津（日本）、安捷伦等进口品牌及上海普析、山东鲁南等国产品牌的多种型号，仪器外观如图 5-38 所示。

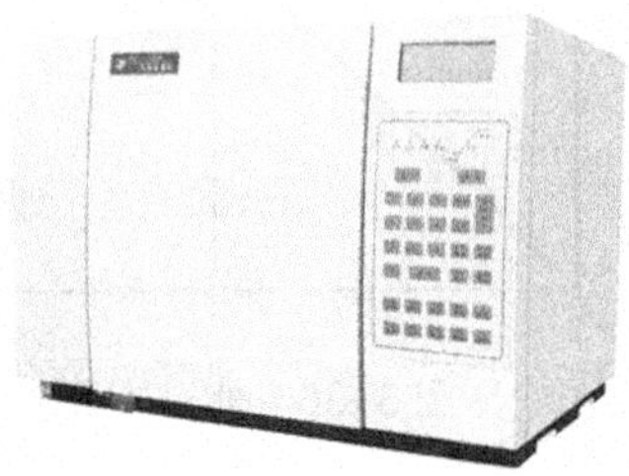

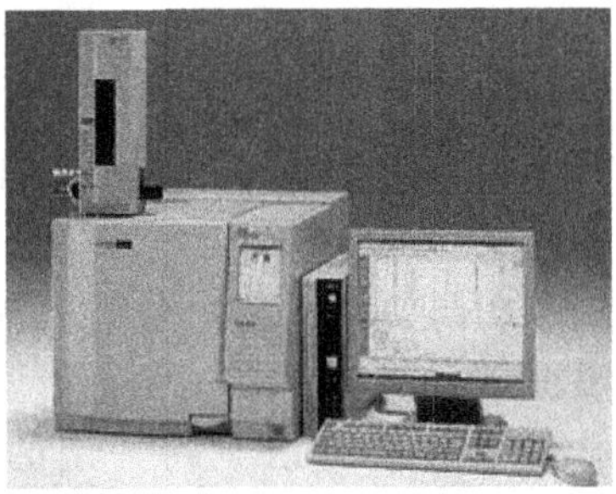

图 5-38　气相色谱仪

1. 仪器的结构与性能

气相色谱仪的基本构造分为两大部分，即分析单元和显示单元，由载气系统、进样系统、分离系统、检测系统、温控系统和记录系统组成。气相色谱仪的基本结构及流程如图5-39 所示。

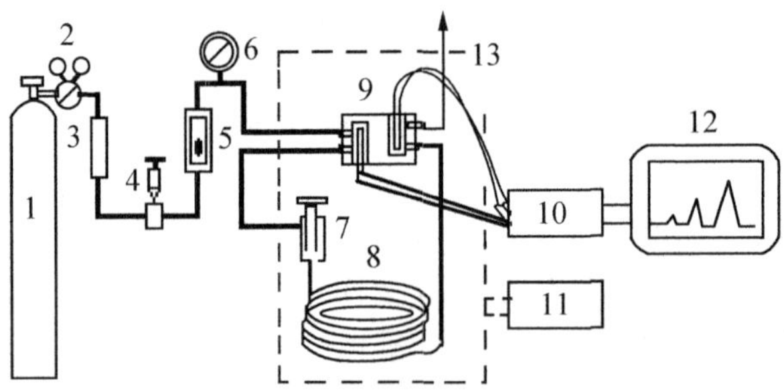

图 5-39　气相色谱仪的基本结构及流程

1. 载气钢瓶；2. 减压阀；3. 载气净化干燥管；4. 针形阀；5. 流量计；6. 压力表；7. 进样器；8. 色谱柱；9. 检测器；10. 放大器；11. 温度控制器；12. 记录仪；13. 恒温箱

（1）载气系统　包括气源、净化干燥管和载气流速控制。常用的载气有 H_2、N_2、He、CO_2 等；净化干燥管使气体依次通过分子筛、活性炭等，以去除载气中的水、有机物等杂质；载气流速控制由压力表、流量计、针形稳压阀组成，以控制载气流速恒定。

（2）进样系统　由进样器和气化室组成。进样器分气体进样器和液体进样器两类，如图 5-40 所示。

气体进样器是推拉式或旋转式的六通阀，进样时气体试样首先充满定量管，切入后，由载气携带进入色谱分离柱；液体进样器一般是使用不同规格的专用注射器，填充柱色谱常用 10 μL，毛细管色谱常用 1 μL。新型仪器带有全自动液体进样器，清洗、润冲、取样、进样、换样等过程自动完成，一次可放置数十个试样。固体试样的分析

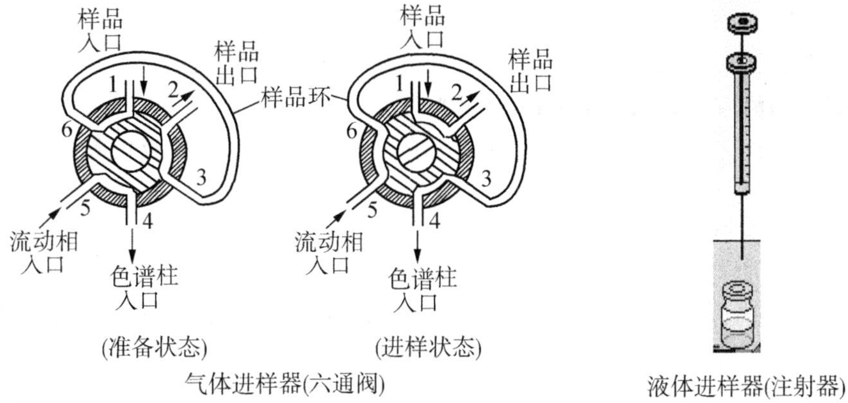

图 5-40　气相色谱进样器

通常用溶剂将试样溶解，然后采用和液体进样同样方法进样。

（3）分离系统　包括色谱柱与柱温箱，是色谱仪的心脏部分，色谱柱是分离成败的关键。色谱柱是色谱仪的核心部件，可分为填充柱和毛细管柱两类。填充柱通常是不锈钢管或玻璃管，内装固定相（粒度为 60~80 目或 80~100 目，其中液-固色谱为固体吸附剂，液-液色谱为担体+固定液），柱内径为 2~6 mm，长度可根据需要确定，有 U 形和螺旋形等形状。

毛细管柱又叫空心柱，其分离效率较高。常用的毛细管柱为涂壁空心柱，其内壁直接涂渍固定液，柱材料大多为熔融石英。柱子可以做得很长（一般几十米，最长可达 300 m），内径一般为 0.1~0.5 mm。

（4）检测系统　被称为色谱仪的“眼睛”，通常由检测元件、放大器、显示记录三部分组成。其作用是被色谱柱分离后的组分依次进入检测器，按其浓度或质量随时间的变化，转化成相应电信号，经放大后，由记录仪记录成色谱图。

近年来气相色谱仪采用色谱数据处理机不仅可打印记录色谱图，而且能在同一张记录纸上打印出处理后的结果，如保留时间、被测组分质量分数等色谱数据（图 5-35）。

常用的检测器有热导检测器（TCD）、氢火焰离子化检测器（FID）等。

热导检测器属于浓度型检测器，即检测器的响应值与组分在载气中的浓度成正比。它的基本原理是基于不同物质具有不同的热导系数，几乎对所有的物质都有响应，是目前应用最广泛的通用型检测器。由于在检测过程中样品不被破坏，因此可用于制备或生产过程的检测以及和其他鉴定技术联用。

氢火焰离子化检测器利用有机物在氢火焰的作用下化学电离而形成离子流，借测定离子流强度进行检测。该检测器灵敏度高、线性范围宽、操作方便、噪声小，是最常用的气相色谱检测器。但检测时样品被破坏，一般只能检测那些在氢火焰中燃烧产生大量碳正离子的有机化合物。

（5）温控系统　温度是色谱分离条件的重要选择参数，它直接影响色谱柱的分离效果、检测器的灵敏度和稳定性。气相色谱仪中需要严格控制温度的部件有汽化室、分离室、检测器三部分。汽化室要保证液体试样能瞬间汽化，检测器要保证被分离后的组分通过时不在此冷凝。

(6) 记录系统　包括放大器、记录仪和数据处理装置等。

2. 仪器的操作技术（以 GC-14C 为例）

开机前准备：根据实验要求，选择合适的色谱柱；气路连接应正确无误，信号线接所对应的信号输入端口。

(1) FID 的操作规程

1) 开机及进样分析。

A. 打开载气（氮气）钢瓶，调节减压阀至 0.5~0.6 MPa，打开氢气及空气发生器电源（如使用氢气钢瓶则调节至 0.2~0.3 MPa）。

B. 连接好色谱柱，确认无漏气现象，确认进样垫及玻璃衬管处于良好状况，如需更换或清洗请在实验前完成。

C. 调节氮气总压表至 400 kPa，调节载气压力至分析条件。打开色谱主机电源，参照实验条件分别按对应的各系统键或相应辅助温控单元（AUX1~AUX5，加装了毛细管）+温度值数字+ENTER来设定温度：进样口INJ、检测器DET、柱温箱COL。同时打开工作站电源，进入分析窗口。

D. 按各SYSTEM和ON键，仪器启动，开始升温，待温度达到设定后，调节氢气流量阀至 60 kPa 左右，调节空气流量阀至 45 kPa 左右，然后按住排空键进行点火，确认是否点火成功。此时应注意检查检测器的选择（相应按键为DET#）是否正确，如检测器开关此时应处于ON的状态，观察极性（POL）选择与当前的安装情况是否相符合。

E. 等待仪器稳定，基线走稳，在工作站上给样品取名字，即可进样，并同时单击START按钮或按一下色谱仪旁边的快捷按钮，进行色谱数据分析。分析结束时，单击STOP按钮，数据即自动保存。分析完毕进行数据后处理。

2) 关机步骤。

A. 关闭氢气及空气流量阀，操作温控系统，分别设定进样口、检测器及柱温箱温度为室温进行仪器的降温，等柱温低于 50 ℃，检测器及进样口低于 100 ℃时，关闭工作站窗口。

B. 关闭气源（载气 N_2、H_2、空气）。关闭气源时应先关闭钢瓶总压力阀，待压力指针回零后，关闭稳压表开关。

C. 关闭主机电源。

3) 注意事项。

A. 气体钢瓶总压力表不得低于 2 MPa。

B. 氢气比较危险，一定要经常检漏，不用时要立即关上。

C. 严禁无载气气压时打开电源。

D. 柱子要老化后再接上检测器，以免流失造成喷嘴堵塞。

E. 不使用的检测器，进样口最好在 OFF 状态。

（2）TCD 的操作规程

1）开机及进样分析。

A. 打开载气（氢气）钢瓶，调节减压阀至 0. 2～0. 3 MPa。

B. 连接好色谱柱，此时应连接两根色谱柱，其中一根作为参比。确认无漏气现象，确认进样垫及玻璃衬管处于良好状况，如需更换或清洗请在实验前完成。调节仪器上的载气总压表至 200 kPa。

C. 调节载气压力至分析条件（参比柱的流速应与分析柱的流速基本一致）。打开色谱主机电源，参照实验条件分别设定进样口温度（INJ）、检测器温度（DET）、柱温箱温度（COL），同时打开工作站电源，进入分析窗口。

D. 确认此时 TCD 检测器应处于 OFF 状态，且桥流为 0。按 SYSTEM 键开始升温，待达到设定温度后将 TCD 检测器置于 ON 的状态，将桥流设为分析条件所需，等待仪器稳定。

E. 进样、分析，分析结束进行数据后处理。等同 FID 操作。

2）关机步骤。

A. 将桥流设为 0，关闭检测器开关。

B. 分别设定进样口、检测器及柱温箱温度为室温进行仪器的降温，等柱温低于 50 ℃，检测器及进样口低于 100 ℃时，关闭工作站窗口。

C. 关闭气源及色谱主机电源。

3）注意事项。

A. 注意双流路的使用，不宜单流路使用 TCD 检测器。

B. 需特别注意严禁在未通载气的情况下加桥流。

C. 通过极性来调整出负峰的情况，由于载气的种类及样品的性质可能会出现负峰。

三、高效液相色谱仪

高效液相色谱（HPLC）法是在经典色谱法的基础上，于 20 世纪 60 年代后期引入了气相色谱理论而迅速发展起来的。以高压下的液体为流动相，并采用颗粒极细的高效固定相的柱色谱分离被检测样品，从而使柱效大大提高，同时柱后连有高灵敏度的检测器，可对流出物进行连续检测。高效液相色谱对样品的适用性广，不受分析对象挥发性和热稳定性的限制，因而弥补了气相色谱法的不足。HPLC 应用非常广泛，几乎遍及定量、定性分析 的各个领域。

目前常见的 HPLC 仪生产厂家国外有 Waters 公司、Agilent 公司（原 HP 公司）、岛津公司等，国内有大连依利特公司、上海分析仪器厂、北京分析仪器厂等。高效液相色谱仪的外观如图 5-41 所示。

（一）仪器的结构性能

高效液相色谱仪的结构与气相色谱仪结构相似，一般由高压输液系统、进样系统、分离系统、检测器、记录系统等五大部分组成，如图 5-42 所示。

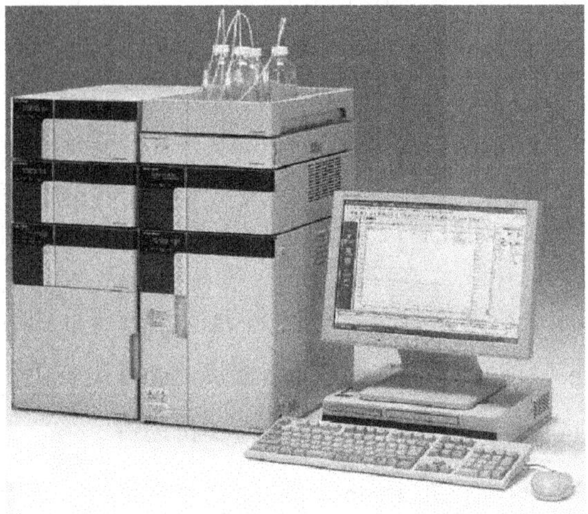

图 5-41 岛津 LC-20A 型高效液相色谱仪

工作过程首先是高压泵将储液器中流动相溶剂经过进样器送入色谱柱，然后从控制器的出口流出。当注入欲分离的样品时，流经进样器储液器的流动相将样品同时带入色谱柱进行分离，然后依先后顺序进入检测器，记录仪将检测器送出的信号记录下来，由此得到液相色谱图及相关数据。

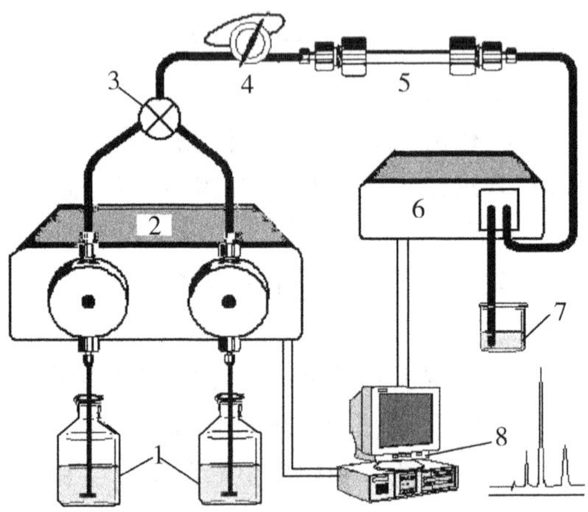

图 5-42 高效液相色谱仪的基本结构及流程

1. 储液瓶；2. 高压输液泵；3. 混合器和阻尼器；4. 进样器（阀）；5. 色谱柱；6. 检测器；7. 废液瓶；8. 数据处理和控制系统

1. 高压输液系统

高压输液系统由溶剂储存器、高压泵、梯度洗脱装置和压力表等组成。

（1）溶剂储存器　溶剂储存器一般由玻璃、不锈钢或氟塑料制成，容量为 1~2 L，用来储存足够数量、符合要求的流动相。

（2）高压输液泵　高压输液泵是高效液相色谱仪中关键部件之一，其功能是将溶剂储存器中的流动相以高压形式连续不断地送入液路系统，使样品在色谱柱中完成分离过程。

对泵的要求：输出压力高、流量范围大、流量恒定、无脉动，流量精度和重复性为 0.5%左右。此外，还应耐腐蚀，密封性好。

（3）梯度洗脱装置　梯度洗脱就是在分离过程中使两种或两种以上不同极性的溶剂按一定程序连续改变它们之间的比例，从而使流动相的强度、极性、pH 值或离子强度相应地变化，达到提高分离效果，缩短分析时间的目的。

2. 进样系统

进样系统包括进样口、注射器和进样阀等，它的作用是把分析试样有效地送入色谱柱上进行分离。

微量注射器和进样阀的基本结构与气相色谱仪的基本相似，但六通进样阀必须耐高压（35～40 MPa）。

3. 分离系统

分离系统包括色谱柱、连接管和恒温器等。色谱柱（图 5-43）是液相色谱的心脏部件，包括柱管与固定相两部分。柱管材料有玻璃、不锈钢、铝、铜及内衬光滑的聚合材料的其他金属。

柱管材料要求能耐腐蚀、耐高压，内径一般有 2.0 mm、3.0 mm、4.1 mm、4.6 mm 等，长度有 5 cm、10 cm、15 cm、25 cm 等。对固定相要求颗粒细、圆、均一、刚性强。

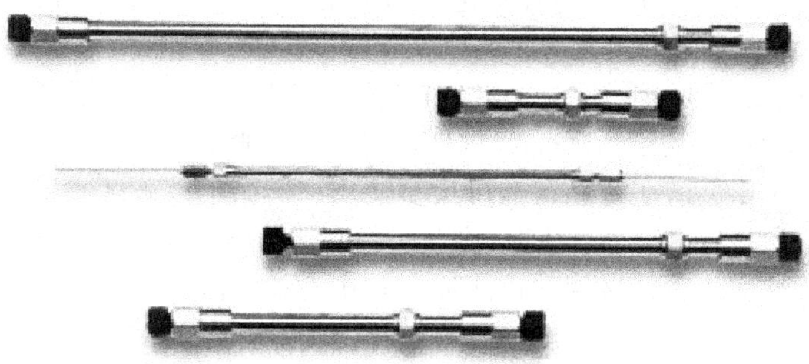

图 5-43　高效液相色谱仪常见的色谱柱外形

4. 检测器

检测器是液相色谱仪的关键部件之一，对检测器的要求是：灵敏度高、重复性好、线性范围宽、死体积小以及对温度和流量的变化不敏感等。在液相色谱中，有两种类型的检测器，一类是溶质性检测器，它仅对被分离组分的物理或物理化学特性有响应。属于此类检测器的有紫外、荧光、电化学检测器等。另一类是总体检测器，它对试样和洗脱液总的物理和化学性质响应。属于此类检测器的有示差折光检测器等。

目前，高效液相色谱仪最常用的检测器为紫外吸收检测器，它的光路如图 5-44 所示。

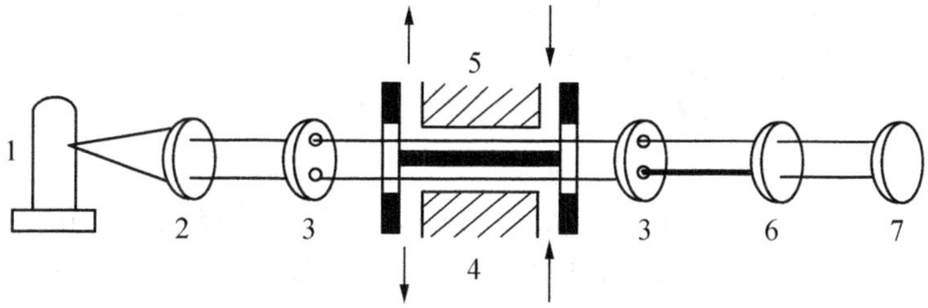

图 5-44　紫外检测器光路

1. 低压汞灯；2. 透镜；3. 遮光板；4. 测量池；5. 参比池；6. 紫外滤光片；7. 双紫外光敏电阻

5. 数据处理记录系统

早期的 HPLC 仪器是用记录仪记录检测信号，再手工测量计算。其后，使用积分仪计算并打印出峰高、峰面积和保留时间等参数。20 世纪 80 年代后，计算机技术的广泛应用使 HPLC 操作更加快速、简便、准确、精密和自动化。

（二）高效液相色谱法的特点

高效液相色谱法具有“三高一广一快”的特点。

1）高压。流动相为液体，流经色谱柱时，受到的阻力较大，为了能迅速通过色谱柱，必须对载液加高压，一般可达（150~300）$\times 10^5$ kg/cm^2。

2）高效。分离效能高。可选择固定相和流动相以达到最佳分离效果，比工业精馏塔和气相色谱的分离效能高出许多倍。

3）高灵敏度。紫外检测器可达 0.01 ng，进样量在微升数量级。

4）应用范围广。70%以上的有机化合物可用高效液相色谱分析，特别是高沸点、大分子、强极性、热稳定性差化合物的分离分析，显示出优势。

5）分析速度快、载液流速快。较经典液体色谱法速度快得多，通常分析一个样品在 15~30 min，有些样品甚至在 5 min 内即可完成，一般小于 1 h。

此外，高效液相色谱还有色谱柱可反复使用、样品不被破坏、易回收等优点。高效液相色谱的缺点是有“柱外效应”。在从进样到检测器之间，除了柱子以外的任何死空间（进样器、柱接头、连接管和检测池等）中，如果流动相的流型有变化，被分离物质的任何扩散和滞留都会显著地导致色谱峰的加宽，柱效率降低。高效液相色谱检测器的灵敏度不及气相色谱。

（三）HPLC 系统的操作技术（以光学检测器为例）

1. 开机前准备

1）根据实验目的要求选择色谱柱、检测器类型及流动相。

2）检查管路及各种信号线路是否连接正确，是否可以正常工作。

3）对流动相和样品等实验用到的各种溶液进行过滤和脱气处理。

2. 开机调试

1）接通电源，依次开启不间断电源、溶剂输送泵，先将机器预热 30 min，这时的流动相用 85%甲醇溶液（已脱气），而且要时刻注意输液管道内是否有气泡，如有气泡要进行排气。预热 30 min 后，开启检测器，待检测器自检结束后，打开打印机、电脑显示器、主机，最后打开色谱工作站。

2）根据需要在高效液相色谱系统上设定各种参数，如检测器波长、流动相流等参数。

3）更换流动相，要求流动相与检验方法相适应，同时注意排除气泡。

4）平衡系统。打开色谱工作站软件，输入实验信息并设定各项方法参数后，用检验方法规定的流动相冲洗系统，同时检查各管路连接处是否漏液，如漏液应予以排除；观察泵控制屏幕上的压力值，压力波动应不超过 1 MPa，如超过则可初步判断为柱前管路仍有气泡；观察基线变化。如果冲洗至基线漂移<0.01 mV/min，噪声<0.001 mV 时，可认为系统已达到平衡状态，可以进样。

3. 进样和进样后操作

（1）进样　进样前将检测器调零，使用软件中调零校正基线零点，用试样溶液清洗注射器，并排除气泡后抽取适量注入进样器中，从进样口进样。进样时要求操作稳当、连贯、迅速。

（2）进行样品记录分析　注样同时启动数据处理机，用色谱工作站软件进行数据采集和处理色谱信息，最后一峰出完后，应继续走一段基线，确认再无组分流出，方能结束记录。

（3）关机　样品测定结束后，将检测器关机，将输送管道的吸滤器放入装有 85% 甲醇溶液（已脱气）的储液瓶，进行管路系统清洗，30 min 后关机。

4. 数据分析

利用色谱工作站软件进行数据分析，完成检测报告。

实训 5-17　气相色谱仪的认识及基本操作技术

知识目标

1. 认识气相色谱仪的基本组成部件及其作用。
2. 熟悉气相色谱仪的气路系统（含外气路）。
3. 掌握气相色谱仪与色谱工作站的操作方法。

能力目标

1. 能连接气相色谱仪的气路并能操作气源、气路调节阀及气相色谱仪各项调节钮。
2. 学会气路的检漏技术。
3. 能准确进行进样操作。

【仪器和试剂】

仪器：气相色谱仪；色谱柱［2 m×3 mm 不锈钢柱，载体（硅烷化白色载体，60~80 目），固定液（DNP 20∶100）］，氮气钢瓶；微量进样器（1 μL，10 μL），毛笔，配套工具。

试剂：甲乙酮、环己烷、苯、乙醇，皂液。

【原理】

气相色谱仪由载气系统、进样系统、分离系统、检测系统等构成（图 5-45），各系统的构成、性能不同，操作方法步骤也不同。色谱完整的分析过程，一般包括仪器检查、开机、设置分析（仪器）参数、进样及记录测试数据等。仪器状态完好、参数设置合理及操作规范正确是分析检验的基本保证。进样技术的好坏，影响着分离、出峰效果及分析结果。一般进样相对误差为 2%~5%。进针位置及速度、针尖停留和拔出速度都会影响进样的重现性。因此要求进样时操作稳当、连贯、迅速。

【实训内容及操作】

在开启仪器之前，对照仪器读懂气相色谱仪的操作规程，熟悉各功能操作键或按钮的位置。

1. 气路系统操作

（1）气路的安装与检漏训练　在教师的指导下，完成以下操作。

1）钢瓶与减压阀的连接。

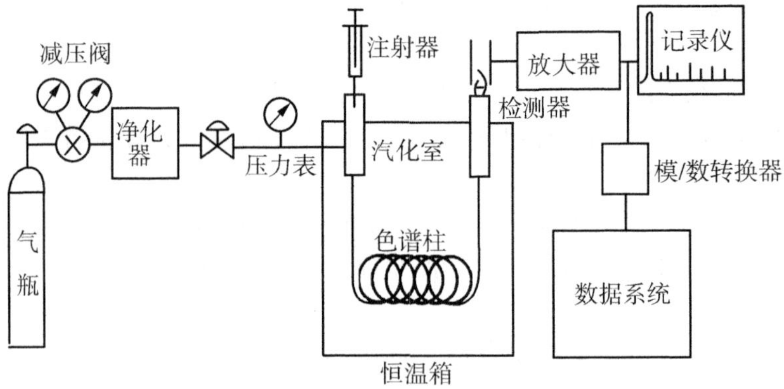

图 5-45　气相色谱仪的构成

2）减压阀与气体管道的连接。

3）气体管道与气相色谱仪的连接。

4）检查气路状况。打开气体钢瓶，用毛笔将皂液涂于各接头处，看是否有气泡溢出。若有，则表示漏气；若无，则表示不漏气。

（2）载气的输入与压力流量设置

1）逆时针方向打开载气（N_2）钢瓶总阀，顺时针方向调节减压阀“T 形杆”至压力表显示输出压力为 0.4 MPa。

2）调节载气柱前压稳压阀，对应载气流量约为 30 mL · min^{-1}。

2. 气相色谱仪的基本操作

（1）气相色谱仪开机　在载气通畅及稳定时，打开仪器电源开关与加热开关。

（2）工作参数设置　通过各温度控制按钮设置仪器各温度参数。

1）设置柱箱温度 90 ℃，COL 90 ENTER。

2）设置检测器温度 100 ℃，DET 100 ENTER。

3）设置汽化室温度 130 ℃，INJ 130 ENTER。

3. 色谱工作站的操作训练

1）打开色谱工作站，进入分析窗口，温度到设定值后点火，等待仪器稳定。

2）设置分析方法。

3）记录测试数据。

4. 进样操作训练

1）进样操作步骤。用丙酮、乙醇等溶剂清洗微量注射器 10 次以上→用待测溶液清洗微量注射器 5 次以上→气泡的排除→准确吸取待测溶液→进样。

2）进样技术。进样操作（图 5-46），要求操作稳当、连贯、迅速。进针位置及速度、针尖停留和拔出速度都会影响进样的重现性。

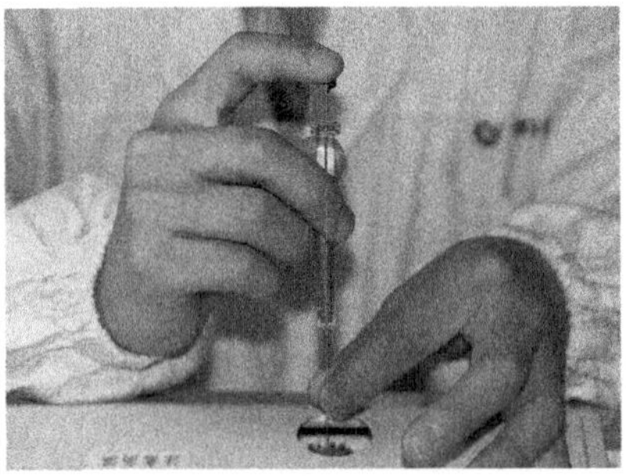

图 5-46　进样操作

3）以甲乙酮、环己烷、苯三种纯物质按一定比例混合物为试样，用 10 μL 微量注射器在气相色谱仪上练习不同进样量（0. 5 μL、1. 0 μL、2. 0 μL 等）操作，同时观察色谱图。

5. 关机

实验结束，按顺序完成如下操作：关闭色谱工作站→关闭各加热装置→仪器冷却至室温→关闭色谱仪开关→关闭气瓶开关→各开关旋钮旋至最低挡处。

【注意事项】

1）操作过程中，一定要先通载气再加热，以防损坏检测器。

2）取样后，要立即进样。进样时整个动作要稳定、连贯、迅速。

3）硅橡胶密封垫圈使用时间久后，要及时更换。

4）检测器 DET#，按 △ 或 ▽ 选择 FID 检测器，ON 开启，OFF 关闭。

【思考题】

1. 载气的作用及在色谱仪中流动顺序是什么？
2. 进样操作对色谱图有何影响？
3. 为什么先通载气后加热？

实训 5-18　气相色谱仪基本操作及定性分析方法

知识目标

1. 掌握色谱法定性分析的基本原理。
2. 熟悉气相色谱仪的结构、组成。
3. 了解根据保留值用已知物对照定性的方法。

能力目标

1. 学会色谱仪及其工作站软件的操作。
2. 能利用色谱图进行定性分析。

【仪器和试剂】

仪器：气相色谱仪（热导池检测器），微量进样器（10 μL，100 μL）。

试剂：苯、甲苯、二甲苯（均为分析纯），苯、甲苯、二甲苯混合标样（三种试剂浓度均为 50 $\mu g \cdot mL^{-1}$），二硫化碳。

【原理】

色谱法定性分析的任务是确定色谱图上任意一个峰所代表的物质。在色谱条件一定时，任何物质都有确定的保留值、相对保留值等保留参数。常用的定性分析的方法是标样比较法，即在同样的色谱操作条件下，比较样品和标样的保留时间、保留指数等是否相同，初步可判断样品峰为何物质出的峰。

对一个混合试样成功的分离，是气相色谱法完成定性及定量分析的前提和基础。衡量一对色谱峰分离的程度可用分离度 R 表示：

$$R = \frac{t_{R_2} - t_{R_1}}{\frac{1}{2}(W_2 + W_1)}$$

式中：t_{R_2}，W_2 和 t_{R_1}，W_1 分别是两个组分的保留时间和峰面积，当 $R=1.5$ 时，两峰完全分离；当 $R=1.0$ 时，98%的分离。在实际应用中，$R=1.0$ 时一般可以满足分析要求。

【实训内容及操作】

1. 开机

1）在开启仪器之前，对照仪器读懂气相色谱仪的操作规程。

2）听取教师讲解气相色谱仪主要部件的结构和原理，认真观察教师演示气相色谱仪的开机、调试、运行及分析流程。

3）检查气路系统是否正常，打开气瓶，待稳定后，打开电脑，开机。打开桌面上程序，按照要求操作，连接仪器和电脑。

2. 调试、建立色谱分离和检测条件

1）调试设置温度：柱温（恒温）110 ℃，检测器（TCD）温度 120 ℃，汽化室温度 125 ℃。

2）调节载气（N_2）流速。

3）用色谱工作站建立苯系物的分析方法，包括进样口温度（250 ℃）、载气流量（30~50 mL·min^{-1}）、压力（0.1 MPa）、升温程序（40 ℃保留 2 min，以 5 ℃·min^{-1}的速度升温到 180 ℃，保留 5 min）、检测器温度（FID，290 ℃）、燃气和助燃气比例（1∶10，即 $H_2$30 mL·min^{-1}，空气 300 mL·min^{-1}）等参数。

3. 样品分析

1）用微量注射器吸取 1 μL 混合标样，在进样口端进样，同时单击“开始”，则开始样品分析，观察样品峰的出峰情况。若峰形不佳或峰重合较多，则需调整方法建立中的各个参数，再重新进样分析，直到获得满意的峰形为止。

2）分别用微量注射器吸取 0.8 μL 的苯、甲苯、二甲苯单标样品，分别进样分析，操作同上。观察出峰情况。

4. 关机

实验完毕，依次关闭记录仪、热导池桥电流，将温度设置开关归零，待温度降至室温后，关闭主机电源，最后关闭载气。并将各开关旋钮旋至最低挡处。

【实验记录】

1. 分析条件

1）温度：室温________；柱温________；汽化室________；检测室________。

2）载气：压力________；流速________。

2. 色谱数据

峰序	组分	保留时间	峰高	峰面积

【数据处理】

1）根据单纯试样色谱图上各峰的保留时间 t_R、峰高、峰面积等数据，计算每两个峰的分辨率。

2）根据各纯试样及混合试样色谱图上各峰的保留时间 t_R 和死时间 t_M，指出混合试样中各色谱峰对应的物质。

【思考题】

1. 本实验中，进样量是否需要非常准确？为什么？
2. 气相色谱仪的操作次序是什么？
3. 试根据混合试样各组分及固定液的性质，解释各组分的流出顺序。

实训 5-19　气相色谱分析条件的选择和色谱峰的定性鉴定

知识目标

1. 了解气相色谱分离样品的基本原理。
2. 学习选择气相色谱分析的最佳条件。
3. 掌握根据保留值，进行已知物对照定性的分析方法。
4. 掌握归一化法测定混合物各组分的含量。

能力目标

1. 能正确操作色谱仪。
2. 会计算两组分的分离度。
3. 会用归一化法测定混合物各组分的含量。

【仪器和试剂】

仪器：气相色谱仪（任一型号）；氮气或氢气钢瓶；微量进样器 10 μL；色谱柱［苯系物专用检测柱（2 mm×2 m 不锈钢填充柱，其最高耐受温度 105 ℃）］。

试剂：苯、甲苯、乙苯、正己烷等（均为分析纯）。

【原理】

气相色谱是对气体物质或可以在一定温度下转化为气体的物质进行检测分析。一般根据出峰位置，确定组分的名称，根据峰面积确定浓度大小。

对一个混合试样成功地分离，是气相色谱法完成定性及定量分析的前提和基础。而其中气相色谱分离条件的选择至为关键。主要涉及以下几个方面：

（1）载气及流速对柱效的影响　一般有一个最佳载气流速，在实际分析中，为了缩短分析时间，选用的载气流速稍高于最佳流速。

（2）柱温的选择　选择原则是在难分离物质能得到良好的分离，分析时间适宜且峰形不托尾的前提下，尽可能采用较低的柱温。同时，选用的柱温不能高于色谱柱中固定液的最高使用温度（通常低 20～50 ℃）。对于沸程宽的多组分混合物可采用“程序升温法”，可以使混合物中低沸点和高沸点的组分都能获得良好的分离。

（3）汽化温度的选择　汽化温度的选择主要取决于待测试样的挥发性、沸点范围、稳定性等因素。汽化温度一般选在组分的沸点或稍高于其沸点，以保证试样完全汽化。对于热稳定性较差的试样，汽化温度不能过高，以防试样分解。

(4) 色谱柱长和内径的选择　能使待测组分达到预期的分离效果，尽可能使用较短的色谱柱。一般常用的填充柱为 1~3 m。填充色谱柱内径为 3~4 mm。

(5) 进样时间和进样量的选择　进样迅速（塞子状）以防止色谱峰扩张；进样量要适当，在检测器灵敏度允许下，尽可能用少的进样量：液体样为 0.1~10 μL，气体试样为 0.1~10 mL。

(6) 燃气和助燃气的比例　在气相色谱分析中，燃气和助燃气的比例会严重地影响组分的分离，一般两者的比例为 1∶8~1∶15。

真正实现对一个混合试样成功地分离，色谱条件的选择中最为关键的是色谱柱的选择、柱温的选择、载气的选择及其流速的确定、燃气和助燃气的比例等。

定性定量分析原理见前述相关内容。

【色谱条件】

汽化室温度：150 ℃；检测器温度：150 ℃；载气(N_2)流速：30~50 $mL \cdot min^{-1}$；燃烧气(H_2)流速：40~50 $mL \cdot min^{-1}$；助燃气(空气)流速：400~500 $mL \cdot min^{-1}$；柱温：65~100 ℃。

初始色谱条件：汽化室温度：150 ℃；检测器温度：150 ℃；载气(N_2)流速：30 $mL \cdot min^{-1}$；燃烧气(H_2)流速：40 $mL \cdot min^{-1}$；助燃气(空气)流速：400 $mL \cdot min^{-1}$；柱温：65 ℃。

【实训内容与操作】

1. 测试液的配制

分别取苯、甲苯及乙苯各 50 μL，注入 50 mL 容量瓶中，用正己烷稀释至刻度，密封摇匀。

2. 开机与调试

按程序打开主机、检测器及色谱工作站，设置色谱条件。

3. 样品的测定

先按照初始条件设定色谱条件，待仪器的电路和气路系统达到平衡，记录仪上的基线平直时，即可进样。

分别注入测试液（苯、甲苯、乙苯、正己烷及混合样）2 μL，记录色谱图，采集色谱数据。重复进样两次。进样后及时在记录纸上，于进样信号处标明标准溶液号码，注意：每做完一种标准溶液需用后一种待进样标准溶液洗涤微量进样器 5~6 次。

4. 柱温的选择

改变柱温：65 ℃、75 ℃、85 ℃，同上测试，分析判断柱温对分离的影响。

5. 载气流速的选择

改变不同的载气流速，同上测试，分析判断载气流速对分离的影响。

6. 燃气和助燃气的比例的选择

改变燃气和助燃气的比例，同上测试，分析判断燃气和助燃气的比例对分离的影响。

【数据及处理】

（1）记录初始实验条件下的色谱条件及色谱结果（各自组分及对应保留时间）并根据单一标准样的保留时间确定混合样品中各峰的物质名称。

记录实验条件：

1）色谱柱的柱长及内径__________。

2）载气及其流量__________。

3）燃气及其流量__________。

4）助燃气及其流量__________。

5）柱温__________。

6）检测器及检测温度__________。

7）汽化室温度__________。

记录各色谱图上各组分色谱峰的保留时间值，并填入下表中。

编号	$t_{苯}$				$t_{甲苯}$				$t_{乙苯}$			
	1	2	3	平均值	1	2	3	平均值	1	2	3	平均值
单标												
混合样												

（2）采用混合标样作为样品　改变柱温：60 ℃、65 ℃、75 ℃、85 ℃，同上测试，记录各色谱图上各组分色谱峰的保留时间值，并填入下表中。判断柱温对分离的影响。

温度/℃	$t_{苯}$				$t_{甲苯}$				$t_{乙苯}$			
	1	2	3	平均值	1	2	3	平均值	1	2	3	平均值
60												
65												
75												
85												

（3）计算测试液中各组分的含量。

【思考题】

1. 气相色谱定性分析的基本原理是什么？本实验中是怎样定性的？

2. 试讨论各色谱条件（柱温等）对分离的影响。

3. 本实验中的进样量是否需要准确，为什么？

4. 简要分析各组分流出先后的原因。

注：苯、甲苯、乙苯的密度分别取以下值（20 ℃）：

苯的密度：0.879 g/mL；甲苯的密度：0.865 g/mL；乙苯的密度：0.867 g/mL。

实训 5-20　气相色谱的定性与定量分析

知识目标

1. 学习计算色谱峰的分离度。
2. 掌握根据纯物质的保留值进行定性分析。
3. 掌握用归一化法定量测定混合物各组分的含量。

能力目标

1. 进一步学习气相色谱仪的使用方法。
2. 初步具备用色谱法进行定性、定量分析能力。

【仪器和试剂】

仪器：有记录仪的气相色谱仪（热导检测器），带减压阀的氢气高压钢瓶，秒表，色谱柱［柱长 2 m，内径 3 mm，6201 红色担体上涂渍有角鲨烷（100 ∶10～100 ∶15）固定液］，10 μL 注射器，医用 10 mL 注射器，青霉素瓶 5 个。

试剂：乙醇、乙酸乙酯、苯（AR），未知乙醇、乙酸乙酯、苯相对量的混合试样。

【原理】

1. 柱效能的测定

色谱柱的分离效能，主要由柱效率和分离度来衡量。柱效率是以样品中验证分离组分的保留值用峰宽来计算的理论塔板数或塔板高度表示的。

理论塔板数：$$n = 5.54\left[\frac{t_R}{W_{1/2}}\right]^2 = 16\left[\frac{t_R}{W_b}\right]^2$$

理论踏板高度：$$H = \frac{L}{n}$$

式中：t_R——保留值（s 或 mm）；

$W_{1/2}$——半峰宽（s 或 mm）；

W_b——峰宽（s 或 mm）；

L 为柱长（cm）。

理论塔板数越大或塔板高度越小，说明柱效率越好。但柱效率只反映了色谱对某一组分的柱效能，不能反映相邻组分的分离度，因此，还需计算最难分离物质的分离度。

分离度是指色谱柱对样品中相邻两组分的分离程度，对一个混合试样成功的分离，是气相色谱法完成定性及定量分析的前提和基础。分离度 R 的计算方法是

$$R = \frac{t_{R_2} - t_{R_1}}{W_{1/2(1)} - W_{1/2(2)}} \quad 或 \quad R = \frac{2(t_{R_2} - t_{R_1})}{W_{b_1} + W_{b_2}}$$

分离度数值越大，两组分分开程度越大，当 R 值达到 1.5 时，可以认为两组分完全分开。

2. 样品的定性

常用纯物质的保留值对照定性和标准加入法定性两种方法。

3. 样品的定量

一般可采用校正因子和归一两种方法。

【实训内容与操作】

1. 配制溶液

（1）乙醇、乙酸乙酯、苯标准混合溶液的配制　取洗净烘干的青霉素瓶一个，在分析天平上称重，然后用 5 mL 注射器分别取纯苯 2 mL、纯乙酸乙酯 2 mL、无水乙醇 1.5 mL 从橡皮盖中插入注入瓶内，每注入一个纯物质称重一次，记录三种物质各自的质量 W_1、W_2、W_3（g），混合均匀。

（2）测试液配制　用另一洗净烘干的青霉素瓶分别注入纯苯、纯乙酸乙酯、无水乙醇适量。

2. 色谱仪的开机和调试

1）认真阅读气相色谱仪操作说明书，熟悉仪器操作，按程序完成开机操作，并在教师指导下，完成色谱仪分析条件设置。

柱温：90 ℃；检测器温度：150 ℃；汽化室温度：120 ℃。

载气：氢气；载气流速：30 mL · min^{-1}。

2）打开色谱工作站，输入测量参数。

3. 进样

用 10 μL 注射器依次完成以下操作，重复 3 次。

1）分别进样乙醇、乙酸乙酯、苯纯物质 2 μL，记录色谱图上各峰的保留时间 t_R。

2）进未知试样 2 μL，记录色谱图上各峰的保留时间 t_R 及各色谱面积 A_i、半峰宽 $W_{1/2}$。

3）进乙醇、乙酸乙酯、苯标准混合液 2 μL，记录色谱图上各峰的保留时间 t_R、峰面积 A_i。

【结果处理】

1）将试样组分峰的保留时间 t_R 与纯物质的保留时间 t_R 对照，确定试样中各峰所代表的物质。

2）计算乙醇、乙酸乙酯之间的分离度。

3）根据标准混合液中的各组分的峰面积及组分的质量，以苯为标准，计算乙醇、乙酸乙酯的相对校正因子。

4）根据试样各组分色谱面积和相对校正因子，计算未知混合试样中各组分的质量分数。

【注意事项】

1）进样器所取样品要避免带有气泡以保证进样重现性。

2）柱温的升温速率切忌过快，以保持色谱柱的稳定性。关机时一定要等柱温降下来再关载气。

【思考题】

1. 归一法对进样量的准确性有无严格要求？

2. 本实训能否用 N_2 做载气，它对结果是否有影响？

3. 载气的压力、流速对色谱数据 t_R、W、h、$W_{1/2}$ 以及分离效率 R 是否有影响？

4. 进样量对色谱数据 t_R、W、h、$W_{1/2}$ 以及 R、ω_i 是否有影响？

实训 5-21　液相色谱仪的结构认识与基本操作

知识目标

1. 认识液相色谱仪的基本组成部件及其作用。
2. 学习液相色谱仪的操作过程。
3. 了解液相色谱仪色谱工作站及软件的操作方法。

能力目标

1. 能正确认识液相色谱仪各个组成部分，学会操作。
2. 掌握液相色谱仪的操作流程，能分析常见问题的产生原因。
3. 能熟练完成进样操作。

【仪器和试剂】

仪器：液相色谱仪，微量进样器（1 μL，10 μL）。

试剂：色谱甲醇，萘或蒽溶液。

【原理】

岛津 LC-10A 高效液相色谱系统组成：1 个 LC-10ATvp 溶剂输送泵、Rheodyne7725i 手动进样阀、SPD-10Avp 紫外-可见检测器、色谱数据工作站和计算机，数据采集和处理软件为《CS-Light 色谱中文数据系统》。色谱过程如图 5-47 所示。

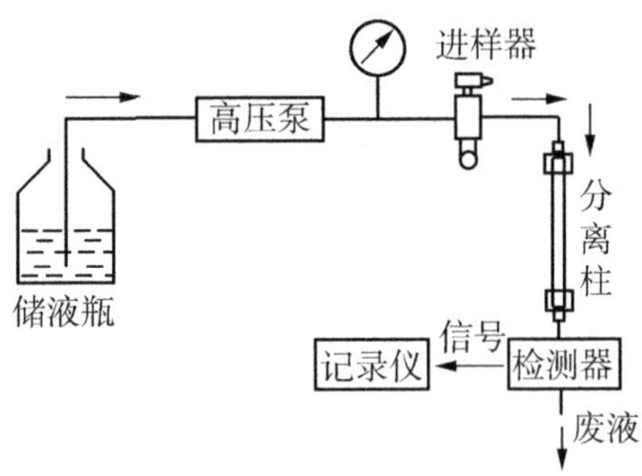

图 5-47　色谱过程

【实训内容与操作】

1. 开机前准备

1）准备所需的流动相，用合适的 0.45 μm 滤膜过滤，超声波脱气 20 min。

2）根据待检样品的需要更换合适的洗脱柱（注意方向）和定量环。

3）配制样品和标准溶液（也可在平衡系统时配制），用合适的 0.45 μm 滤膜过滤。

4）检查仪器各部件的电源线、数据线和输液管道是否连接正常，特别注意输液管道内是否有气泡。

2. 开机

接通电源，依次开启不间断电源、溶剂输送泵，这时的流动相用色谱甲醇溶液（已脱气），预热 30 min 后，开启检测器，待检测器自检结束后，打开打印机、电脑显示器、主机，最后打开色谱工作站。

3. 参数设定

（1）波长设定　在检测器显示初始屏幕时，按【func】键，用数字键输入所需波长值，按【Enter】键确认。按【CE】键退出到初始屏幕。

(2) 流速设定　在输送泵显示初始屏幕时，按【func】键，用数字键输入所需的流速（柱在线时流速一般不超过 1 mL·min^{-1}），按【Enter】键确认。按【CE】键退出。

4. 排除管路中的气泡

1）将输送管道的吸滤器放入装有色谱甲醇的储液瓶（已排气）中。

2）逆时针方向转动泵的排液阀<180°，打开排液阀。

3）按泵的【purge】键，pump 指示灯亮，泵大约以 2 mL·min^{-1}的流速冲洗，3 min（可设定）后自动停止。

4）将排液阀顺时针方向旋转到底，关闭排液阀。

5. 平衡系统

1）打开“CS-Light Real Time Analysis 按钮”，单击【单次分析】，输入实验信息并设定各项方法参数后，通过放大和缩小功能查看基线。

2）观察泵控制屏幕上的压力值，压力波动应不超过 1 MPa。如超过则可初步判断为柱前管路仍有气泡，重复 3 操作。

3）观察基线变化。如果冲洗至基线漂移<0.01 mV·min^{-1}，噪声<0.001 mV 时，可认为系统已达到平衡状态，可以进样。

6. 进样操作

1）待基线平衡后，按检测器【zero】键调零，单击软件中【CBM 调零】校正基线零点，单击【样品记录】填写样品信息，单击【开始】向 CBM 数据传送仪发出指令，等待进样。

2）用试样溶液清洗进样针，并排除气泡后抽取适量试样液，定量环进样抽取溶液量应远大于定量环的容积（定量环的容积 3 倍以上），进样阀处于 inject 状态下，插入进样针，旋转至 load 状态，注入样品液，再旋转至 inject 状态完成进样，拔下进样针。

重复 3~5 次。

7. 清洗系统和关机

1）数据采集完毕后，关闭检测器，继续以工作流动相冲洗 10 min 后，换水冲洗。

2）清洗进样阀，用启动注射器吸 10 mL 超纯水，将注射针导入口冲洗头连接到注射器出口上（不要针），并将它们一起接到进样口上，使进样阀保持在 inject 位置，慢慢将水推入，水将通过注射针导入口、引导管、注射针导入管和注射针密封圈，由样品溢出管排出。

3）清洗柱：实验完成后，管路及 C18 柱用甲醇以 1 mL·min^{-1}冲洗 30 min 以上；实验中如使用缓冲盐流动相，应用水∶甲醇=1∶9的溶液冲洗管路及色谱柱后，分别用 20 mL 超纯水冲洗柱塞杆外部和法兰盘上小孔。

4）清洗完成后，先将流速降到 0，再依次关闭泵、UPS，断开电源。

8. 按照要求填写仪器设备使用记录。

【数据处理】

参见《CS-Light 色谱中文数据系统参考手册》。进样结束，数据处理完成后，关闭所有窗口，在主界面下退出系统，关闭软件，再依次关闭电脑主机、显示器、打印机。

【注意事项】

1）进样时使用的微量进样器一定是平口，尖口会使橡胶垫损坏；进样时整个动作要稳定、连贯、迅速。

2）硅橡胶密封垫圈使用时间久后，要及时更换。

3）使用缓冲盐流动相分析样品后，一定要将管路及泵清洗干净，防止缓冲盐溶液干燥后形成的无机盐颗粒堵塞管路及输液泵。

【思考题】

1. 为什么流动相及样品溶液需要前处理？

2. 为什么要平衡系统？

实训 5-22　高效液相色谱柱效能的评定

知识目标

1. 了解高效液相色谱仪的基本结构。
2. 初步掌握高效液相色谱仪的基本操作方法。
3. 学习高效液相色谱柱效能的评定及分离度的测定方法。

能力目标

1. 能正确操作高效液相色谱仪。
2. 掌握效能与分离度的计算。

【仪器与试剂】

仪器：高效液相色谱仪（带自动进样器或配置微量进样器），分析天平，10 μL 微量进样器，青霉素瓶。

试剂：苯、萘、联苯（均为分析纯），甲醇（色谱纯），纯净水。

【原理】

液相色谱法对试样组分的定性、定量分析与气相色谱法相同，一般根据出峰位置，确定组分的名称，根据峰面积确定浓度大小。

对一个混合试样成功地分离，是液相色谱法完成定性及定量分析的前提和基础。而其中色谱分离条件的选择至关重要。主要涉及色谱柱、固定液、流动液、温度等方面。

苯、萘、联苯分子非极性部分的总表面积不同，缔合能力不同，其保留时间也不同。通过计算色谱峰的理论塔板数以及各个化学物质间的分离度评价色谱柱的效能。

【色谱条件】

色谱柱：C18，4.6 mm×150 mm，5 μm。

流动相：甲醇-水（80∶20，*V/V*）。

流速：1 mL · min^{-1}。

检测波长：254 nm。

柱温：30 ℃。

进样量：10 μL。

【实训内容及操作】

1）分别配制含苯、萘、联苯浓度均为 1 mg · mL^{-1}的标准储备液各 10 mL。

2）分别吸取上述标准储备液各 2 mL 置于 10 mL 容量瓶中，加流动相稀释，并定容至刻度，摇匀，得到含苯、萘、联苯的混合标准溶液。

3）按仪器操作规程开机，预热 30 min 后，开启检测器，待检测器自检结束后，打开打印机、电脑显示器、主机，最后打开色谱工作站。设置相应色谱条件。

4）进样测试：分别用微量进样器吸取苯、萘、联苯标准储备液及苯、萘、联苯的混合标准溶液各 10 μL 进样，同时记录色谱图。每个试样重复 3 次。

【数据处理】

1）根据色谱数据分析填写下表：

组分	试验号	t_R/min	W/min	$W_{1/2}$/min	n/（塔板 · m^{-1}）
苯	1				
	2				
	3				
	平均				
萘	1				
	2				
	3				
	平均				
联苯	1				
	2				
	3				
	平均				

2）分析判断苯、萘及联苯在混合标准溶液色谱图上的出峰顺序。

3）根据保留时间与峰宽信息，计算相邻物质对间的分离度。

【思考题】

1. 如何用实验方法判别色谱图上苯、萘、联苯的色谱峰归属？
2. 如何改变色谱条件，可以减小苯、萘、联苯的保留时间？
3. 若实验中的色谱峰无法完全分离，应如何改变实验条件以获得改善？

实训 5-23　高效液相色谱法测定饮料中的苯甲酸

知识目标

1. 理解反相色谱的原理及应用。

2. 学习物质分离的条件选择。

3. 学习物质的定性和定量分析方法。

能力目标

1. 熟练液相色谱仪的操作，能准确完成进样。

2. 能得到定量分析的正确结果。

【仪器和试剂】

仪器：高效液相色谱仪（紫外检测器），微量进样器，超声波清洗器。

试剂：甲醇（经 0.45 μm 滤膜过滤），稀氨水（1+1），乙酸铵溶液（0.02 mol·L^{-1}，经 0.45 μm 滤膜过滤），碳酸氢钠溶液（20 g·L^{-1}），苯甲酸标准溶液［准确称取 0.100 0 g 苯甲酸，加碳酸氢钠溶液（20 g·L^{-1}）5 mL，加热溶液，移入 100 mL 容量瓶中，加水定容至 100 mL，苯甲酸含量为 1 mg·mL^{-1}，作为储备溶液］，苯甲酸使用溶液（取苯甲酸标准储备液 10 mL，放入 100 mL 容量瓶中，加水至刻度。此溶液含有苯甲酸 0.1 mg·mL^{-1}，经 0.45 μm 滤膜过滤）。

【原理】

苯甲酸是我国目前最常用的食品防腐剂，其主要作用是防止由微生物的活动而引起的食品变质。但是苯甲酸的过量摄入，可对人们的健康造成危害：如苯甲酸进入人体后，在肝脏内与甘氨酸结合，代谢成马尿酸由尿排出，对肝脏造成一定的损害；同时口服过多的苯甲酸，在体内积蓄过多会对身体造成一定的危害。我国《食品添加剂卫生使用标准》（GB 2760—1996）中规定，苯甲酸在酱油、醋中的最大使用量为 1.0×10^{-3}，葡萄酒中为 8.0×10^{-4}，碳酸饮料中为 2.0×10^{-4}。

苯甲酸易溶于甲醇等有机溶剂，略溶于水，因此苯甲酸为极性化合物，可以用甲醇与水的混合流动相进行色谱分离分析；同时苯甲酸为弱酸性化合物，在水中存在部分电离。因此正确选择流动相的极性和缓冲流动相合适的 pH 是决定分离好坏的关键。当采用甲醇与水作流动相时，甲醇和水的比例不同时，流动相的极性得到改变，苯甲酸的峰形以及保留时间都有所改变，同时缓冲流动相合适的 pH 可以改变峰的对称性以及解决拖尾现象，达到分离苯甲酸的目的，并可对分析情况做出正确的评价。

色谱的定性分析是以保留时间为依据的，在相同的实验条件下，分别测定苯甲酸纯物质和饮料样品中各组分的保留值，将两者进行对比，就可确定饮料中何种组分为苯甲酸，对其进行定性分析。

定量分析可以利用峰面积与含量的对应关系，计算饮料样品中苯甲酸的含量。即先配制标准浓度的苯甲酸，定量进样，由被测组分和标准组分的峰面积比来求得被测组分的浓度。计算公式如下：

$$c_i=\frac{A_i}{A_s}\cdot c_s$$

式中：c_i——样品浓度，mg·mL^{-1}；

c_s——标准品浓度，mg·mL^{-1}；

A_i——样品峰面积；

A_s——标准品峰面积。

本实验以汽水为样品，超声除去二氧化碳，调 pH 至中性，过滤后进入高效液相色谱，经反相色谱分离后，根据保留时间和峰面积进行定性分析和定量分析。

【色谱条件】

（1）色谱柱　ODS-C18 不锈钢柱。

（2）流动相　甲醇:乙酸铵(0.02 mol/L)（5:95）。

（3）流速　1 mL/min。

（4）进样量　10 μL。

（5）检测器　紫外检测器：230 nm。

【实训内容与操作】

1. 开机调试

按仪器操作规程开机，设置相应色谱条件。

2. 配制测试液

称取 5.00~10.0 g 汽水试样，放入小烧杯中，用超声波除去二氧化碳，用氨水(1+1)调 pH 约 7，加水定容至 10 mL，经滤膜（0.45 μm）过滤。

3. 进样操作

1）待基线平衡后，按检测器【zero】键调零，单击软件中【CBM 调零】校正基线零点，单击【样品记录】填写样品信息，单击【开始】向 CBM 数据传送仪发出指令，等待进样。

2）用试样溶液清洗进样针，并排除气泡后抽取适量试样液，定量环进样抽取溶液量应远大于定量环的容积（定量环的容积 3 倍以上），进样阀处于 inject 状态下，插入进样针，旋转至 load 状态，注入试样液，再旋转至 inject 状态完成进样，拔下进样针。重复 3 次。取得色谱数据。

3）用苯甲酸使用溶液（0.1mg · mL^{-1}）重复 2）操作 5 次以上，得到相应色谱数据。

【数据处理】

1）根据外标法，作出校准曲线，计算测试液中的苯甲酸的含量。

2）计算试样中苯甲酸的浓度。

计算结果保留两位有效数字。

【思考题】

1. 反相色谱和正相色谱有什么区别？

2. 使用高效液相法测定物质含量，哪几步实验操作对结果影响大？

附　　录

附录 1　部分常用试剂的配制方法

试剂名称	浓度/$(mol \cdot L^{-1})$	配制方法
$BiCl_3$	0.1	溶解 31.6 g $BiCl_3$ 于 330 mL 6 $mol \cdot L^{-1}$盐酸中，加水稀释至 1 L
$SbCl_3$	0.1	溶解 22.8 g $SbCl_3$ 于 330 mL 6 $mol \cdot L^{-1}$盐酸中，加水稀释至 1 L
$SnCl_2$	0.1	溶解 22.6 g $SnCl_2 \cdot 2H_2O$ 于 330 mL 6 $mol \cdot L^{-1}$盐酸中，加水稀释至 1 L。加入几粒锡，以防止氧化
$Hg(NO_3)_2$	0.1	溶解 33.4 g $Hg(NO_3)_2 \cdot 1/2\ H_2O$ 于 1 L 0.6 $mol \cdot L^{-1}$ HNO_3 中
$Hg_2(NO_3)_2$	0.1	溶解 55.1 g $Hg_2(NO_3)_2 \cdot 2H_2O$ 于 1 L 0.6 $mol \cdot L^{-1}$ HNO_3 中，并加入少许汞
$(NH_4)_2CO_3$	1	将 90 g 研细的 $(NH_4)_2CO_3$ 溶于 1 L 2 $mol \cdot L^{-1}$氨水中
$FeSO_4$	0.25	溶解 69.5 g $FeSO_4 \cdot 7H_2O$ 于适量水中，加入 5mL 18 $mol \cdot L^{-1}$ H_2SO_4，再加水稀释至 1 L，放入几枚干净的小铁钉
$(NH_4)_2SO_4$	饱和	将 50 g $(NH_4)_2SO_4$ 溶于 100 mL 热水中，冷却后过滤
Na_2S	1	溶解 40 g $Na_2S \cdot 9H_2O$ 和 40 g NaOH 于水中，稀释至 1 L
$(NH_4)_2S$	3	在 200 mL 浓氨水（15 $mol \cdot L^{-1}$）中，通入 H_2S，直至不再吸收为止。然后加入 200 mL 浓氨水，稀释至 1 L
$K_3[Fe(CN)_6]$	0.02	取 $K_3[Fe(CN)_6]$ 0.6~1 g 溶解于水中，稀释至 100 mL（使用时临时配制）
二乙酰二肟		溶解 10 g 二乙酰二肟于 1 L 95%的乙醇中
镁试剂		溶解 0.01 g 镁试剂于 1 L 1 $mol \cdot L^{-1}$NaOH 溶液中
镁铵试剂		将 100 g $MgCl_2 \cdot 6H_2O$ 和 100 g NH_4Cl 溶于水中，加入 50 mL 浓氨水，用水稀释至 1 L
奈氏试剂		溶解 115 g HgI_2 和 80 g KI 于水中，稀释至 500 mL，加入 500 mL 6 $mol \cdot L^{-1}$NaOH 溶液，静置后取其清液，保存在棕色瓶中
甲基红		将 2 g 甲基红溶于 1 L 60%乙醇中
甲基橙		将 1 g 甲基橙溶于 1 L 水中
酚酞		将 1 g 酚酞溶于 1 L 90%乙醇中
石蕊		将 2 g 石蕊溶于 50 mL 水中，静置一昼夜后过滤。在滤液中加入 30 mL 95%乙醇，再加水稀释至 100 mL
氯水		在水中通入氯气直至饱和（使用时临时配制）
溴水		在水中滴入溴至饱和
碘水	0.01	溶解 1.3 g 碘和 5 g KI 于尽可能少的水中，加水稀释至 1 L
品红溶液	1%	将 1 g 品红溶于 100 g 水中
淀粉溶液	1%	将 1 g 淀粉和少量水调成糊状，倒入 100 mL 沸水中，煮沸后冷却即可

附录 2　几种常用洗液的配制及使用

1. 铬酸洗液

将 20 g $K_2Cr_2O_7$ 溶于 20 mL 水中。在冷却下慢慢加入 400 mL 浓 H_2SO_4（98%）。

用铬酸洗液清洗玻璃器皿：浸润或浸泡数小时，再用水冲洗。洗液要回收，多次使用。若发现变绿，即不再使用。该洗液有强烈的腐蚀性，不得与皮肤接触。

2. 氢氧化钠的乙醇溶液

溶解 120 g 固体 NaOH 于 120 mL 水中，用 95%乙醇稀释至 1 L。

在铬酸洗液洗涤无效时，可用此洗液清洗各种油污。由于碱对玻璃有腐蚀作用，此洗液不得与玻璃仪器长时间接触。

3. 含高锰酸钾的氢氧化钠溶液

将 4 g 高锰酸钾固体溶于少量水中，加入 100 mL 10%NaOH 溶液。

用此洗液清洗玻璃器皿内壁油污或其他有机物质的方法：将该洗液倒入待洗之玻璃器皿内，5~10 min 后倒出，在壁的污垢处即析出一层 MnO_2。再加入适量浓盐酸，使之与 MnO_2 反应而生成氯气，则起到清除污垢的作用。

4. 硫酸亚铁的酸性溶液

含有少量 $FeSO_4$ 的稀 H_2SO_4 溶液。

该洗液用于洗涤由于储存 $KMnO_4$ 溶液而残留在玻璃器皿上的棕色污斑。

附录 3　常用缓冲溶液的配制方法

1. 甘氨酸-盐酸缓冲液（0.05 $mol\cdot L^{-1}$）

*X*mL 0.2 $mol\cdot L^{-1}$甘氨酸+*Y*mL 0.2 $mol\cdot L^{-1}$ HCl，再加水稀释至 200 mL。

pH	*X*	*Y*	pH	*X*	*Y*
2.0	50	44.0	3.0	50	11.4
2.4	50	32.4	3.2	50	8.2
2.6	50	24.2	3.4	50	6.4
2.8	50	16.8	3.6	50	5.0

甘氨酸相对分子质量为 75.07，0.2 $mol\cdot L^{-1}$甘氨酸溶液含 15.01 $g\cdot L^{-1}$。

2. 邻苯二甲酸-盐酸缓冲液（0.05 $mol\cdot L^{-1}$）

*X*mL 0.2 $mol\cdot L^{-1}$邻苯二甲酸氢钾+*Y*mL 0.2 $mol\cdot L^{-1}$HCl，再加水稀释到 20 mL。

pH（20 ℃）	*X*	*Y*	pH（20 ℃）	*X*	*Y*
2.2	5	4.070	3.2	5	1.470
2.4	5	3.960	3.4	5	0.990
2.6	5	3.295	3.6	5	0.597
2.8	5	2.642	3.8	5	0.263
3.0	5	2.022			

邻苯二甲酸氢钾相对分子质量为 204.23，0.2 mol·L^{-1}邻苯二甲酸氢溶液含 40.85 g·L^{-1}。

3. 磷酸氢二钠-柠檬酸缓冲液

pH	0.2 mol·L^{-1} Na_2HPO_4 体积/mL	0.1 mol·L^{-1}柠檬酸体积/mL	pH	0.2 mol·L^{-1} Na_2HPO_4 体积/mL	0.1 mol·L^{-1}柠檬酸体积/mL
2.2	0.40	19.60	5.2	10.72	9.28
2.4	1.24	18.76	5.4	11.15	8.85
2.6	2.18	17.82	5.6	11.60	8.40
2.8	3.17	16.83	5.8	12.09	7.91
3.0	4.11	15.89	6.0	12.63	7.37
3.2	4.94	15.06	6.2	13.22	6.78
3.4	5.70	14.30	6.4	13.85	6.15
3.6	6.44	13.56	6.6	14.55	5.45
3.8	7.10	12.90	6.8	15.45	4.55
4.0	7.71	12.29	7.0	16.47	3.53
4.2	8.28	11.72	7.2	17.39	2.61
4.4	8.82	11.18	7.4	18.17	1.83
4.6	9.35	10.65	7.6	18.73	1.27
4.8	9.86	10.14	7.8	19.15	0.85
5.0	10.30	9.70	8.0	19.45	0.55

Na_2HPO_4 相对分子质量为 141.96，0.2 mol·L^{-1}溶液为 28.40 g·L^{-1}。

$Na_2HPO_4 \cdot 2H_2O$ 相对分子质量为 178.05，0.2 mol·L^{-1}溶液为 35.01 g·L^{-1}。

$C_6H_8O_7 \cdot H_2O$ 相对分子质量为 210.14，0.1 mol·L^{-1}溶液为 21.01 g·L^{-1}。

4. 柠檬酸-柠檬酸钠缓冲液（0.1 mol·L^{-1}）

pH	0.1 mol·L^{-1}柠檬酸体积/mL	0.1 mol·L^{-1}柠檬酸钠体积/mL	pH	0.1 mol·L^{-1}柠檬酸体积/mL	0.1 mol·L^{-1}柠檬酸钠体积/mL
3.0	18.6	1.4	5.0	8.2	11.8
3.2	17.2	2.8	5.2	7.3	12.7
3.4	16.0	4.0	5.4	6.4	13.6
3.6	14.9	5.1	5.6	5.5	14.5
3.8	14.0	6.0	5.8	4.7	15.3
4.0	13.1	6.9	6.0	3.8	16.2
4.2	12.3	7.7	6.2	2.8	17.2
4.4	11.4	8.6	6.4	2.0	18.0
4.6	10.3	9.7	6.6	1.4	18.6
4.8	9.2	10.8			

柠檬酸 $C_6H_8O_7 \cdot H_2O$ 相对分子质量为 210.14，0.1 mol·L^{-1}溶液为 21.01 g·L^{-1}。

柠檬酸钠 $Na_3C_6H_5O_7 \cdot 2H_2O$ 相对分子质量为 294.12，0.1 mol·L^{-1}溶液为 29.41 g·L^{-1}。

5. 乙酸-乙酸钠缓冲液（0.2 mol·L^{-1}）

pH	0.2 mol·L^{-1} NaAc 体积/mL	0.3 mol·L^{-1} HAc 体积/mL	pH	0.2 mol·L^{-1} NaAc 体积/mL	0.3 mol·L^{-1} HAc 体积/mL
3.6	0.75	9.25	4.8	5.90	4.10
3.8	1.20	8.80	5.0	7.00	3.00
4.0	1.80	8.20	5.2	7.90	2.10
4.2	2.65	7.35	5.4	8.60	1.40
4.4	3.70	6.30	5.6	9.10	0.90
4.6	4.90	5.10	5.8	9.40	0.60

$Na_2Ac\cdot 3H_2O$ 相对分子质量为 136.09，0.2 mol·L^{-1}溶液为 27.22 g·L^{-1}。

6. 碳酸钠-碳酸氢钠缓冲液（0.1 mol·L^{-1}）（Ca^{2+}、Mg^{2+}存在时不得使用）

pH		0.1 mol·L^{-1} Na_2CO_3 体积/mL	0.1 mol·L^{-1} $NaHCO_3$ 体积/mL
20 ℃	37 ℃		
9.16	8.77	1	9
9.40	9.12	2	8
9.51	9.40	3	7
9.78	9.50	4	6
9.90	9.72	5	5
10.14	9.90	6	4
10.28	10.08	7	3
10.53	10.28	8	2
10.83	10.57	9	1

$Na_2CO_3\cdot 10H_2O$ 相对分子质量为 286.2，0.1 mol·L^{-1}溶液为 28.62 g·L^{-1}。

$NaHCO_3$ 相对分子质量为 84.0，0.1 mol·L^{-1}溶液为 8.40 g·L^{-1}。

附录 4　强酸、强碱、氨水的质量分数与密度、物质的量浓度的关系

质量分数/%	H_2SO_4		HNO_3		HCl		KOH		NaOH		氨水	
	密度/(g·cm^{-3})	c/(mol·L^{-1})	密度/(g·cm^{-3})	c/(mol·L^{-1})	密度/(g·cm^{-3})	c/(mol·L^{-1})	密度/(g·cm^{-3})	c/(mol·L^{-1})	密度/(g·cm^{-3})	c/(mol·L^{-1})	密度/(g·cm^{-3})	c/(mol·L^{-1})
2	1.013		1.011		1.009		1.016		1.023		0.992	
4	1.027		1.022		1.019		1.033		1.046		0.983	
6	1.040		1.033		1.029		1.048		1.069		0.973	
8	1.055		1.044		1.039		1.065		1.092		0.967	
10	1.069	1.1	1.056	1.7	1.049	2.9	1.082	1.9	1.115	2.8	0.960	5.6
12	1.083		1.068		1.059		1.100		1.137		0.953	
14	1.098		1.080		1.069		1.118		1.159		0.946	
16	1.112		1.093		1.079		1.137		1.181		0.939	
18	1.127		1.106		1.089		1.156		1.213		0.932	
20	1.143	2.3	1.119	3.6	1.100	6	1.176	4.2	1.225	6.1	0.926	10.9

续表

质量分数/%	H_2SO_4		HNO_3		HCl		KOH		NaOH		氨水	
	密度/($g\cdot cm^{-3}$)	c/($mol\cdot L^{-1}$)	密度/($g\cdot cm^{-3}$)	c/($mol\cdot L^{-1}$)	密度/($g\cdot cm^{-3}$)	c/($mol\cdot L^{-1}$)	密度/($g\cdot cm^{-3}$)	c/($mol\cdot L^{-1}$)	密度/($g\cdot cm^{-3}$)	c/($mol\cdot L^{-1}$)	密度/($g\cdot cm^{-3}$)	c/($mol\cdot L^{-1}$)
22	1.158		1.132		1.110		1.196		1.247		0.919	
24	1.178		1.145		1.121		1.217		1.268		0.913	12.9
26	1.190		1.158		1.132		1.240		1.289		0.908	13.9
28	1.205		1.171		1.142		1.263		1.310		0.903	
30	1.224	3.7	1.184	5.6	1.152	9.5	1.268	6.8	1.332	10	0.898	15.8
32	1.238		1.198		1.163		1.310		1.352		0.893	
34	1.255		1.211		1.173		1.334		1.374		0.889	
36	1.273		1.225		1.183	11.7	1.358		1.395		0.884	18.7
38	1.290		1.238		1.194	12.4	1.384		1.416			
40	1.307	5.3	1.251	7.9			1.411	10.1	1.437	14.4		
42	1.324		1.264				1.437		1.458			
44	1.342		1.277				1.460		1.478			
46	1.361		1.290				1.485	16.1	1.499			
48	1.380		1.303				1.511		1.519			
50	1.399	7.1	1.316	10.4			1.538	13.7	1.540	19.3		
52	1.419		1.328				1.564		1.560			
54	1.439		1.340				1.590		1.580			
56	1.460		1.351				1.616	16.1	1.601			
58	1.482		1.362						1.622			
60	1.503	9.2	1.373	13.3					1.643	24.6		
62	1.525		1.384									
64	1.547		1.394									
66	1.571		1.403									
68	1.594		1.412	15.8								
70	1.617	11.6	1.421	15.8								
72	1.640		1.429									
74	1.664		1.437									
76	1.687		1.445									
78	1.710		1.453									
80	1.732		1.460	18.5								
82	1.755		1.467									
84	1.776		1.474									
86	1.793		1.480									
88	1.808		1.486									
90	1.819	16.7	1.491	23.1								
92	1.830		1.496									
94	1.837		1.500									
96	1.840		1.504									
98	1.841	18.4	1.510									
100	1.838		1.522	24								

注：表中物质的量浓度（c）与密度（ρ）、质量分数（ω）、摩尔质量（M）的关系式是 $c=\frac{\rho\times\omega\times 1\,000}{M}$。

附录 5 碱、酸和盐的溶解性表（293 K）

阳离子＼阴离子	OH^-	NO_3^-	Cl^-	SO_4^{2-}	S^{2-}	SO_3^{2-}	CO_3^{2-}	SiO_3^{2-}	PO_4^{3-}
H^+		溶、挥	溶、挥	溶	溶、挥	溶、挥	溶、挥	微	溶
NH_4^+	溶、挥	溶	溶	溶	溶	溶	溶	溶	溶
K^+	溶	溶	溶	溶	溶	溶	溶	溶	溶
Na^+	溶	溶	溶	溶	溶	溶	溶	溶	溶
Ba^{2+}	溶	溶	溶	不	—	不	不	不	不
Ca^{2+}	微	溶	溶	微	—	不	不	不	不
Mg^{2+}	不	溶	溶	溶	—	微	微	不	不
Al^{3+}	不	溶	溶	溶	—	—	—	不	不
Mn^{2+}	不	溶	溶	溶	不	不	不	不	不
Zn^{2+}	不	溶	溶	溶	不	不	不	不	不
Cr^{3+}	不	溶	溶	溶	—	—	—	不	不
Fe^{2+}	不	溶	溶	溶	不	不	不	不	不
Fe^{3+}	不	溶	溶	溶	—	—	不	不	不
Sn^{2+}	不	溶	溶	溶	不	—	—	—	不
Pb^{2+}	不	溶	微	不	不	不	不	不	不
Bi^{3+}	不	溶	—	溶	不	不	不	—	不
Cu^{3+}	不	溶	溶	溶	不	不	不	不	不
Hg^+	—	溶	不	微	不	不	不	—	不
Hg^{2+}	—	溶	溶	溶	不	不	不	—	不
Ag^+	—	溶	不	微	不	不	不	不	不

附录 6 常用酸、碱的密度、质量分数和浓度

试剂名称	$\rho/(g \cdot mL^{-1})$	$\omega/\%$	$c/(mol \cdot L^{-1})$
盐酸	1.18~1.19	36~38	11.6~12.4
硝酸	1.39~1.40	65~68	14.4~15.2
硫酸	1.83~1.84	95~98	17.8~18.4
磷酸	1.69	85.0	14.6
高氯酸	1.68	70.0~72.0	11.7~12.0
冰乙酸	1.05	99.0~99.8	17.4
氢氟酸	1.13	40.0	22.5
氢溴酸	1.49	47.0	8.60
氨水	0.88~0.90	25.0~28.0	13.3~14.8

附录 7　不同温度时纯水、乙醇、汞的相对密度

温度/℃	相对密度			温度/℃	相对密度		
	纯水	乙醇	汞		纯水	乙醇	汞
5	0.999 9	0.802 0	13.583	18	0.998 6	0.791 1	13.551
6	0.999 9	0.801 2	13.581	19	0.998 4	0.790 2	13.549
7	0.999 9	0.800 3	13.578	20	0.998 2	0.789 4	13.546
8	0.999 8	0.799 5	13.576	21	0.998 0	0.788 6	13.544
9	0.999 8	0.798 7	13.573	22	0.997 8	0.787 7	13.541
10	0.999 7	0.797 8	13.571	23	0.997 5	0.786 9	13.539
11	0.999 6	0.797 0	13.568	24	0.997 3	0.786 0	13.536
12	0.999 5	0.796 2	13.566	25	0.997 0	0.785 2	13.534
13	0.999 4	0.795 3	13.563	26	0.996 8	0.784 3	13.522
14	0.999 2	0.794 5	13.561	27	0.996 5	0.783 5	13.529
15	0.999 1	0.793 6	13.559	28	0.996 2	0.782 6	13.527
16	0.998 9	0.792 8	13.556	29	0.995 9	0.781 8	13.524
17	0.998 8	0.791 9	13.554	30	0.995 6	0.780 9	13.522

主要参考文献

[1] 夏玉宇．化学实验手册．北京：化学工业出版社，2004.

[2] 蔡维平．基础化学实验（一）．北京：科学出版社，2005.

[3] 初玉霞．化学实验技术基础．北京：化学工业出版社，2002.

[4] 北京师范大学《化学实验规范》编写组．化学实验规范．北京：北京师范大学出版社，1990.

[5] 索陇宁．化学实验技术．北京：高等教育出版社，2006.

[6] 高职高专化学教材编写组．有机化学实验．北京：高等教育出版社，2001.

[7] 高职高专化学教材编写组．无机化学实验．北京：高等教育出版社，2002.

[8] 伍百奇．化学分析实训．北京：高等教育出版社，2006.

[9] 李发美．分析化学实验指导．北京：人民卫生出版社，2004.

[10] 吴肇亮．基础化学实验．北京：石油工业出版社，2002.

[11] 北京师范大学无机化学教研室．无机化学实验．北京：高等教育出版社，2001.

[12] 李爱勤．化学实验技术．北京：中国农业大学出版社，2009.

[13] 宋光泉．大学通用化学实验技术．北京：高等教育出版社，2010.